本书出版受广东医科大学博士科研启动经费资助

吴笑韬 著

新时代思想政治教育资源开发

理论阐释与路径

DEVELOPMENT OF
IDEOLOGICAL AND POLITICAL
EDUCATION RESOURCES
IN THE NEW ERA

Theoretical Interpretation and Approaches

社会科学文献出版社
SOCIAL SCIENCES ACADEMIC PRESS (CHINA)

序　言
思想政治教育资源开发的时代诉求

资源为实践活动提供物质依托并划定尺度界限，资源的丰富程度一定意义上决定实践活动的深度与广度。在思想政治教育这一特定实践领域，资源不仅是传递价值观念、塑造政治认同、培育道德素养的具象化依托，更构成了教育活动得以开展的客观条件与内在规定性。从马克思主义实践哲学的视角审视，在本质上思想政治教育资源开发是对教育实践活动所需"对象性存在"的创造性发掘与整合过程，是教育主体能动性作用于客体的关键环节。从资源开发角度丰富思想政治教育实践，既是提升其教育供给实效性的重要途径，也是推动其时代化发展的战略性探索。

在中华民族伟大复兴战略全局与世界百年未有之大变局深度互构、相互激荡的时代语境下，我国社会主要矛盾的历史性转化与国际格局的深刻重塑，共同催生了意识形态领域的新特征、新挑战与新需求。这构成了对思想政治教育资源体系进行深刻变革的强烈时代诉求：它必然要求思想政治教育超越传统的资源依赖模式，实现对潜在资源形态的系统性发掘、对既有资源结构的创造性重组以及对异质性资源的跨界整合，以构建更具适应性、韧性与引领力的资源供给体系。如何科学、高效地开发与配置思想政治教育资源，为新时代思想政治教育的高质量发展提供坚实支撑，已成为回应这一时代诉求、兼具理论价值与实践紧迫性的重大课题。

吴笑韬博士的专著《新时代思想政治教育资源开发：理论阐释与路径》

正是对这一时代诉求进行深入思考与系统回应的学术结晶。该著作立足于新时代思想政治教育实践的现实场域，从本体论、认识论、方法论与实践论四个层面，系统构建了包含理论阐释、主体力量、场域内容与具体策略在内的思想政治教育资源开发研究框架，展现出三大鲜明而可贵的学术特点。

第一，体现了理论构建的创新性与体系化追求。该书集中于基础理论的创新发展，运用系统论、资源依赖理论等多学科理论工具，对"思想政治教育资源"的核心内涵、价值生成机制、开发的内在逻辑与基本原则等元问题，进行了系统化、学理化阐释。作者力图超越以往学界对该问题的经验性、碎片化研究，提出了一系列富有学理性的新观点。他对新时代思想政治教育资源开发理论框架的系统性构建，不仅深化了对思想政治教育过程要素结构及其动态关联的认识，更有效拓展了思想政治教育学科的理论边界，将资源维度提升为理解思想政治教育运行规律的关键分析单元。这充分体现了作者深厚的理论积淀、敏锐的问题意识以及勇于开拓创新的学术勇气。

第二，呈现了对新时代思想政治教育发展态势的敏锐把握。该书深刻剖析了在复杂社会转型与技术革命双重驱动下，新时代思想政治教育呈现出的新态势，分析了新时代背景下思想政治教育者与受教育者的双重资源需求，并从资源开发主体的角色定位、身份构成以及合力发挥等方面探讨了新时代背景下如何发挥思想政治教育的主体力量，前瞻性地洞察到以人工智能、大数据、新媒体为代表的新一轮科技革命对思想政治教育产生的影响。该书深入剖析了技术作为新型资源本身及其作为开发工具的双重属性，科学阐释了技术赋能如何重构教育内容的生产、互动与评价机制，为精准把握技术驱动下思想政治教育形态的深刻变革提供了关键性的学理支撑。

第三，展示了对新时代思想政治教育资源开发策略探索的系统性与前瞻性。新时代思想政治教育面临价值多元化冲击、教育对象代际特征显著变化、传统教育模式效能衰减等现实挑战，该书在策略层面进行了系统而富有建设性的探索。作者以问题为导向，综合运用政策分析、案例研究、比较研究等方法，提出了新时代思想政治教育资源开发应遵循导向性与兼容性相结合、充足性与可持续性相结合、批判性与建设性相结合、与时俱进与积淀传承相结合等原则。在路径设计上,该书构建了一个多维立体的开发路径体系,包括批判与建构、拓展与培植、转化与创生、整合与继承等路径,提出运用新媒体技术开发网络思政资源、利用大数据技术开发数字思政资源、依托人工智能技术实现"精准思政",重点研究如何将人工智能、大数据等前沿技术深度融入资源识别、整合、呈现与评估的全流程,实现技术驱动的精准化、智能化与个性化资源供给。这些策略紧密贴合国家战略需求与社会发展趋势,不仅为破解当前思想政治教育实践中的"供需错位""效能瓶颈"等困境提供了可操作的方案,更前瞻性地回应了构建适应未来社会发展的思想政治教育资源生态体系的时代诉求。

全书以独特的"资源开发"为理论视角,揭示了资源要素在新时代思想政治教育高质量发展中的基础性、支撑性与驱动性作用。这一视角的选取,不仅为破解思想政治教育实效性难题开辟了新的理论进路,更在深层次上丰富和深化了对思想政治教育作为特定社会意识形态本质属性及作为资源依赖型社会实践运行过程的哲学认识。作者所提出的一系列具有原创性的理论观点和系统化的实践策略,为在新时代背景下推动思想政治教育理论体系的守正创新、实践模式的转型升级提供了学理参照与方法论启示。同时,该书所构建的"资源—主体—场域—技术"四位一体的分析框架,也为广大思想政治教育工作者在复杂环境中有效识别、整合、激活与优化各类育人资源,全面提升思想政治教育的针对性、亲和力与实效性,提供了极具价值的实践导引与行动指南。

作为导师,我见证了吴笑韬在博士求学期间为此项研究倾注的心血与汗水,感受到他作为一名青年学者严谨求实、勇于探索的治学精神。从聚焦时代重大课题的选题确立,到构建逻辑自洽、结构严整的理论框架;从海量文献资料的辩证性吸收,到核心观点的反复凝练,直至最终书稿的字斟句酌、精益求精,整个研究过程浸润着他深厚的学术积累和坚韧不拔的探索意志。这本专著正是他学术旅程中坚实足迹的忠实记录,是独立科研能力与创新潜质的集中展现。尤为值得肯定的是,该专著体现出的问题意识、时代关怀和学术担当,彰显了一位新时代哲学社会科学工作者将个人学术追求融入国家发展伟业的责任感与使命感。当然，思想政治教育资源开发是一个伴随时代变迁、技术革新和实践深化而永无止境的开放性课题，该专著作为一个开拓性的研究成果，对思想政治教育资源开发历史演进脉络的系统性梳理、对不同历史时期资源开发模式及其成效的深度比较与经验提炼，以及对未来资源开发面临的前沿性、伦理性挑战的预见性探讨，尚有进一步深化与拓展的空间，这既是学术发展的必然，也为后续研究指明了富有潜力的方向。

期待吴笑韬博士以本专著的出版为崭新起点，继续保持对学术前沿的敏锐感知和对重大现实问题的深切关怀，在思想政治教育资源开发的深耕细作中进一步拓展研究的广度与深度。第一，可深化对资源开发内在机理的微观探究，主要包括：不同类型资源（如显性与隐性、实体与虚拟资源）的转化机制；资源开发效能评估的指标体系构建；新技术应用的风险防控与伦理规范等。第二，可加强跨学科、跨国别的比较研究，汲取相关领域的成果，如教育资源开发、文化资源开发等的先进理念与实践经验，推动思想政治教育资源开发理论的国际化对话与本土化创新。第三，要注重研究成果向实践应用的转化，加强与一线教育工作者、政策制定者、技术研发人员的协同合作，推动理论构想落地为可推广、可复制的实践模式，切实服务于立德树人根本任务的落实与思想政治教育体系的现代化转型。只有持续深化对思想政治教育资源开发规律的探索与创新，才能有效回应时代发展的深刻诉求，为培养担当民族复兴大任的时代新人提供更坚实、更富活力的思想文化资源支撑。我坚信，吴笑韬博士能在学术求索的征途上勇攀高峰，不断产出更具思想穿透力、理论创造力和实践引导力的优质学术成果，为推动新时代思想政治教育学科的繁荣发展贡献更大的智慧和力量。

刘同舫

2025 年夏 于杭州

目 录

绪 论 ………………………………………………………………… 001

第一章 新时代思想政治教育资源开发的理论阐释 …………… 026
第一节 新时代思想政治教育资源开发概念的界定 ………… 026
第二节 新时代思想政治教育资源开发研究的理论基础及借鉴 …… 053
第三节 新时代思想政治教育资源开发的意义及特征 ……… 067

第二章 新时代思想政治教育资源开发的主体 ………………… 077
第一节 思想政治教育资源开发主体的角色定位 …………… 077
第二节 新时代思想政治教育资源开发主体的构成 ………… 098
第三节 新时代思想政治教育资源开发主体合力的形成 …… 104

第三章 新时代思想政治教育资源开发的场域与内容 ………… 112
第一节 新时代思想政治教育资源的分类和构成 …………… 112
第二节 新时代思想政治教育资源开发的场域拓展 ………… 137
第三节 新时代思想政治教育资源开发的主要内容 ………… 142

第四章 新时代思想政治教育资源开发的策略 ………………… 155
第一节 新时代思想政治教育资源开发的基本原则 ………… 155

第二节　新时代思想政治教育资源开发的主要路径 …………… 163
第三节　新时代思想政治教育资源开发的技术创新 …………… 177

结　语 …………………………………………………………… 189

参考文献 ………………………………………………………… 192

后　记 …………………………………………………………… 203

绪　论

　　资源是任何一种人类实践活动得以顺利开展的基本条件，思想政治教育也不例外。随着思想政治教育理论研究的深化和实践的发展，思想政治教育资源对实现思想政治教育目的的重要价值受到普遍重视，思想政治教育资源相关论题也开始受到学界关注。学界就思想政治教育资源的性质、构成、开发、利用、管理等有关问题进行了深入研究，在各种有关思想政治教育资源问题的研究中，思想政治教育资源的开发是居于核心和基础地位的重要问题，也是几乎所有思想政治教育资源相关问题的研究都绕不开的问题。中国共产党在逾百年的发展历程中始终高度重视思想政治教育，思想政治教育在中国革命、建设、改革事业中发挥了"生命线"的作用，并逐渐成为中国共产党的政治优势和优良传统，而这一切都有赖于丰富的、优质的思想政治教育资源作支撑，有赖于思想政治教育资源的有效开发。当今世界正面临百年未有之大变局，思想政治教育也面临新的机遇和挑战，肩负实现高质量发展的时代要求，因此，需要构建新的工作格局和资源体系。

第一节　选题缘由及研究意义

一　选题缘由

　　党的十八大以来，以习近平同志为核心的党中央高度重视思想政治工作。一方面，习近平总书记就加强和改进思想政治工作作出一系列重要论

新时代思想政治教育资源开发：理论阐释与路径

述，针对新时代思想政治教育面临的新形势、新问题和新挑战，深刻论述了新时代思想政治教育在实现中华民族伟大复兴的历史进程中如何更好地发挥其重要作用和功能，为构建新时代思想政治工作新格局、切实提高思想政治教育有效性、推动思想政治教育高质量发展、更有成效地培养社会主义建设者和接班人指明了方向，提供了根本指导。这既对思想政治教育资源开发提出了新的要求，凸显了思想政治教育资源开发的重要意义和价值；也为以高质量的资源开发和供给支撑新时代思想政治教育高质量发展提供了根本遵循。2014年12月，习近平总书记在视察南京军区机关时强调，"要把红色资源利用好、把红色传统发扬好、把红色基因传承好"[①]，指出了红色资源对更加扎实有效地开展思想政治工作的重要作用；2020年9月，习近平总书记在湖南考察时强调，"要把课堂教学和实践教学有机结合起来，充分运用丰富的历史文化资源，紧密联系中国共产党和中国人民的奋斗历程，深刻领悟马克思主义中国化的内在道理，深刻领悟为什么历史和人民选择了中国共产党和社会主义，进一步坚定'四个自信'"[②]，指出了学校思想政治教育拓展资源来源的重要意义，对新时代思想政治教育资源来源的拓展提出了明确的要求。习近平总书记就加强和改进思想政治工作作出的一系列重要论述，尤其是涉及思想政治教育资源的重要论述，为我们从"资源视角"来思考如何提升新时代思想政治教育有效性提供了根本指导。实际上，习近平总书记不仅在阐述思想政治教育有关问题时体现了对资源问题的重视，在阐述加快构建中国特色哲学社会科学自主知识体系问题时，也体现了对资源问题的重视。比如，在阐述中国特色哲学社会科学的特点时，他强调要"体现继承性、民族性"，要善于融通古今中外各种资源，特别是要把握好"马克思主义的资源"、"中华优秀传统文化的资源"和"国外哲学社会科学的资源"

[①] 《习近平在视察南京军区机关时强调 贯彻全军政治工作会议精神 扎实推进依法治军从严治军》，《人民日报》2014年12月16日，第1版。

[②] 《习近平在湖南考察时强调 在推动高质量发展上闯出新路子 谱写新时代中国特色社会主义湖南新篇章》，《人民日报》2020年9月19日，第1版。

这三方面资源。① 另一方面，党和国家出台了一系列加强新时代思想政治工作的政策，对构建"大思政"工作格局、构建新时代思想政治教育资源系统等提出了明确要求，作出了全面的工作部署。比如，教育部等十部门印发的《全面推进"大思政课"建设的工作方案》，针对"一些地方和学校对'大思政课'建设的重视程度不够，开门办思政课、调动各种社会资源的意识和能力还不够强，课程教材体系还需要进一步完善"等问题，强调要充分调动全社会力量和资源，提出了建设"大课堂"、搭建"大平台"、建好"大师资"，建设全国高校思政课教研系统，设立一批实践教学基地，推出一批优质教学资源等措施，体现了强烈的资源意识。又比如，强调要"搭建大资源平台"，建设高校思政课教学创新中心资源开发系统，推动教学资源建设常态化机制化等；在如何建好用好实践教学基地方面，提出了"有条件的学校可与有关基地建立长效合作机制，加强研究和资源开发"等措施。该工作方案体现了对思想政治教育资源开发和建设"资源库"的重视，彰显了新时代思想政治教育资源开发和资源系统建构的重要实践意义。具体而言，选择"新时代思想政治教育资源开发"作为本书的研究选题，主要基于以下四个方面的缘由。

一是思想政治教育资源开发问题是思想政治教育过程论中比较重要的问题，而且这个问题目前在思想政治教育基础理论层面的讨论尚不充分，属于比较前沿的思想政治教育基础理论问题，开展本研究是进一步完善思想政治教育基础理论特别是思想政治教育过程论的需要。思想政治教育资源是支撑思想政治教育顺利开展的基本条件，思想政治教育资源开发是思想政治教育过程的重要环节，对实现思想政治教育资源的有效供给，从而保证思想政治教育的实效性具有重要意义。尽管在长期的实践中，我们已经积累和取得了丰富的思想政治教育资源开发的经验和成果，学界对这个问题也从不同角度进行了探讨，取得了一定的研究成果，但是目前学界对这些经验和成果的总结仍然存在比较明显的理论高度不够、历史纵深度和系统性不足等问题。总

---

① 习近平：《论党的宣传思想工作》，中央文献出版社，2020，第 226~227 页。

体来看，学界对思想政治教育资源开发问题的关注更多停留在具体操作层面。例如，从开发的对象来看，关注比较多的是某种或某类具体的思想政治教育资源的开发，而较少在思想政治教育基础理论层面、资源开发的一般机制层面来进行探讨。无论是经验提炼还是理论升华，都有待进行更加深入和系统的研究。为数不多的关于思想政治教育资源问题的整体性研究专著，限于篇幅也未能对思想政治教育资源开发问题进行深入系统的探究，特别是未能对新时代思想政治教育资源开发的时代特点进行考察和阐述。因此，对新时代思想政治教育资源开发有关问题进行更为深入和全面的探究和阐释，一方面可以为提升新时代思想政治教育有效性提供新思路，另一方面可以进一步完善思想政治教育基础理论体系。这是笔者确定本研究选题的第一个缘由。

二是回应和解决新时代思想政治教育面对的一系列新挑战和新问题。新时代对思想政治教育资源供给提出了新的更高要求，需要我们对思想政治教育资源开发问题进行更深入的研究，开展本研究是解决新的历史条件下思想政治教育资源供给和需求矛盾，进而更好解决新时代思想政治教育面临的一系列新问题的需要。随着社会转型的深化、多元文化背景的形成以及新时代社会主要矛盾的变化，思想政治教育生态也发生了深刻的变化，新时代思想政治教育面临着一系列有待解决的新问题。这一系列的变化反映在思想政治教育过程中则集中体现在随着社会主要矛盾的变化及人的主体性的增强，思想政治教育客体的思想政治素质的形成对思想政治教育资源的需求发生了深刻的变化，对思想政治教育资源的供给提出了新的要求，从而使得思想政治教育资源开发问题凸显。新时代思想政治教育的外部环境和内在运行机制发生了深刻变化，思想政治教育要有效应对由此产生的一系列挑战和问题并取得成效，既要改善思想政治教育方式方法，也要加强思想政治教育资源开发和供给。思想政治教育资源的有效开发和供给是思想政治教育主体的主体性获得的必要条件和重要体现。深入探讨思想政治教育资源开发问题，是进一步明确思想政治教育主体的主体性、厘清主体的角色定位，以及提高思想政治教育主体的资源开发意识和资源供给的责任意识，从而切实提高新时代思想政治教育实效性的重要举措,这是笔者确定本研究选题的第二个缘由。

三是新时代思想政治教育实践面临着新的形势,需要构建新的工作格局以推动思想政治教育高质量发展,由此需要建立新的思想政治教育资源体系,开展本研究是实现新时代思想政治教育高质量发展的需要。党的十八大以来,习近平总书记就思想政治工作作出了一系列重要论述,深刻阐明了新时代思想政治工作的重大意义、根本任务、方针原则、基本要求等,丰富和发展了我们党对思想政治工作的规律性认识,为进一步提高新时代思想政治教育的实效性提供了根本遵循。为了使思想政治教育逐渐突破学校思政课的局限,逐渐向"课程思政""社会大思政"拓展,学校思想政治教育要"开门办思政",链接和联动多种资源投入思想政治教育中。这就对提高新时代思想政治教育实效性的资源支持提出了新的更高要求,因此,需要加强思想政治教育资源的开发和构建新的思想政治教育资源体系。新时代以来党和国家事业所取得的历史性成就、发生的历史性变革形成了丰富的政治资源、文化资源、教育资源等,极大拓展了新时代思想政治教育资源的场域和开发路径。如何对资源进行有效和科学的开发,从而为不断提升新时代思想政治教育实效性和推动新时代思想政治教育高质量发展提供更有力的资源支撑,就成为重要的时代课题。这是笔者确定本书选题的第三个缘由。

四是当今世界新一轮科技革命正迅猛发展,尤其是随着新媒体技术、人工智能技术、大数据技术的飞速发展,教育加快数字化转型,思想政治教育也面临数字化的挑战,开展本研究是探索新技术的应用对新时代思想政治教育高质量发展的促进作用机制的需要。随着一系列新技术在思想政治教育实践中的广泛应用,新时代思想政治教育越来越在形态上呈现出"网络思政""数字思政"的鲜明特征,并为"精准思政"的实现提供了更加强大的资源支撑,"网络思政"、"数字思政"和"精准思政"越来越成为新时代思想政治教育现代化的外在表征和发展要求。一系列新技术的发展和应用,不仅极大地改变了新时代思想政治教育的发展态势、存在形态和运行状态,还深刻地改变了思想政治教育资源的供给机制和资源体系的构建逻辑。通过新媒体、人工智能和大数据等技术的广泛应用,借助科技发展实现思想政治教育资源的科学和有效开发,运用新技术开发新的思想政治教育资源,成为推动新时代思想政治教育高质量发展的重要着力点和借力点。开展本研究将有助于揭示新技术的应用对推动新时代思想政治教育高质量发展的重要意义,这是笔者确定本书选题的第四个缘由。

二 研究意义

本书选题中的思想政治教育资源开发问题是思想政治教育过程论中的基础问题,而且这个问题目前在思想政治教育基础理论层面的讨论尚不充分,属于比较具有前沿性的思想政治教育基础理论问题,为进一步深入探讨思想政治教育资源开发与社会主义意识形态建设的内在关联性、思想政治教育主客体关系等问题提供了新的思路。本书选题也是一个时代性较鲜明和实践性较强的问题,为提高新时代思想政治教育有效性、实现新时代思想政治教育高质量发展提供了新的思路。

(一)理论意义

在关于思想政治教育长期的实践探索和理论研究中,学界积累了丰富的实践经验,取得了丰硕的理论研究成果。特别是思想政治教育学作为一门独立的学科诞生后,经过40多年的发展,学科的基础理论体系逐渐形成并不断完善。一般认为,目前思想政治教育基础理论体系主要包括四个板块的内容:思想政治教育基本理论研究、思想政治教育的形成和发展研究、思想政治教育方法理论研究、思想政治教育管理理论研究。[①] 随着我国社会主要矛盾的变化,思想政治教育资源的供给侧与需求侧的矛盾越来越成为提高新时代思想政治教育有效性的主要矛盾,在实践层面思想政治教育资源对推动新时代思想政治教育高质量发展的作用越来越大,思想政治教育资源开发问题逐渐引起学界的重视并成了新的研究对象和研究领域。近年来,学界对思想政治教育资源开发的有关问题进行了较为深入的探究,也取得了一系列研究

---

① 张耀灿等:《现代思想政治教育学》,人民出版社,2006,第29页。

成果。但从总体来看，目前思想政治教育资源问题的相关研究比较薄弱，特别是基础理论层面研究的系统性和深入度都还有待进一步提升。思想政治教育资源理论还没有被纳入思想政治教育学科理论体系的理论版图中，对思想政治教育资源开发相关问题的研究尚存在理论盲区，这不能不说是思想政治教育理论体系的一个缺陷。因此，对思想政治教育资源开发问题进行理论阐释，有助于推动思想政治教育基础理论体系的进一步完善。笔者力图为深入探究思想政治教育资源的开发问题构建一个新的分析框架，希望有助于进一步推动思想政治教育基础理论研究的深化。鉴于目前学界对思想政治教育资源有关问题的研究现状，笔者认为，思想政治教育资源开发问题是一个在思想政治教育基础理论研究中比较薄弱的论题。本书将立足于新时代思想政治教育资源开发的理论阐释，试图在思想政治教育基础理论层面锚定思想政治教育资源开发问题研究的理论位向，为探讨新时代思想政治教育资源开发问题构建新的分析框架，以深化人们对思想政治教育资源开发有关问题的认识，将为进一步深入探讨思想政治教育资源开发与社会主义意识形态建设的内在关联性、思想政治教育主客体关系等思想政治教育基础理论研究中尚存在较大分歧的问题提供新的思路。

（二）实践意义

从宏观层面来看，新时代思想政治教育资源不仅是重要的政治资源、教育资源，还是重要的文化资源。对思想政治教育资源开发问题进行系统深入的研究，可以为解决思想政治教育资源的供需矛盾提供新思路，为构建"大思政"工作格局拓展思想政治教育新空间，为更有效维护和巩固党对意识形态工作领导权提供新手段，为推动新时代思想政治教育高质量发展提供新策略。

从微观层面来看，对新时代思想政治教育资源开发问题进行研究，有助于为开展思想政治教育提供更充足的资源，从而提高新时代思想政治教育有效性。新时代思想政治教育要取得实效，不仅需要创新思想政治教育方式方法，还有赖于不断增加思想政治教育资源的有效供给。

第二节 研究现状

一 研究现状

（一）国内研究现状

对思想政治教育资源问题的研究在 2000 年后逐渐受到学界的重视。西南大学罗洪铁教授是较早对思想政治教育资源问题开展专题研究的学者。在《思想政治教育研究》和《思想政治教育原理与方法基础理论研究》两本专著中，他对这个问题进行了比较集中的论述。此后，对思想政治教育资源相关问题的研究吸引了越来越多学者的关注，并涌现了一批研究专著。根据目前所掌握的研究资料，陈华洲所著的《思想政治教育资源论》是最早对思想政治教育资源问题进行系统研究的专著。此后，《思想政治工作资源论》、《现代思想政治教育精神资源开发与利用》以及《思想政治教育资源研究》等一批专著先后出版，都从不同的层次和视角对思想政治教育资源开发问题进行了专题研究。陈华洲的专著《思想政治教育资源论》对思想政治教育资源的含义与特征以及思想政治教育的现代资源观进行了阐述，并就思想政治教育资源的分类、思想政治教育资源的功能、思想政治教育资源开发利用的成本与效益、思想政治教育资源的开发、思想政治教育资源的配置、思想政治教育资源的利用等问题进行了比较深入的论述，构建了关于思想政治教育资源问题的分析框架，其中就设置专章对思想政治教育资源开发问题进行了探讨。不过限于篇幅，该专著对思想政治教育资源开发问题探讨的深度和广度都有待进一步拓展。陈清的《思想政治工作资源论》也是一部对思想政治工作资源进行系统性研究的学术专著。该专著以更宽广的视野对思想政治工作资源的概念、特征和分类进行了论述，并对思想政治工作资源的功能、开发、利用、整合和评价进行了专题探讨。相比《思想政治教育资源论》而言，《思想政治工作资源论》更加侧重理论性和规律性层面的探究，试图构建一个更加具有概括力和系统性的分析框架，而且该书着力探讨"思想政治

绪 论

"工作"资源,更加明确地突破了"教育学"视域的局限性。该书设专章探讨了思想政治工作资源的开发问题,就思想政治工作资源的分类、资源开发的特征、资源开发的主体、资源开发的客体、资源开发的手段和资源开发的途径等问题进行了阐述。这个分析框架对我们开展本研究工作具有很好的参考借鉴意义。王刚的《思想政治教育资源研究》也是一部对思想政治教育资源问题进行整体性研究的学术专著,不过与《思想政治教育资源论》和《思想政治工作资源论》两部专著相比,《思想政治教育资源研究》的研究对象和研究方式都有所不同。在研究对象上,该书明确是对中国共产党组织开展的思想政治教育资源的研究;在研究内容上,该书在对思想政治教育资源的内涵进行界定的基础上,重点对中国共产党思想政治教育资源进行了历史考察,对中国共产党思想政治教育资源的构成、作用、开发、利用以及管理等重要问题进行了探究。该书从历史考察的视角研究思想政治教育资源问题,对若干主要的思想政治教育资源类别的开发、利用和管理提出了具体的建议,具有较强的创新性,也可为本研究提供直接借鉴。张艳红的《德育资源论》则是从德育的视角对思想政治教育资源问题进行总体性研究,其中涉及思想政治教育资源开发的一般规律的研究以及个别典型案例的开发经验的总结,也可以为本书的研究工作提供借鉴。邱仁富的《新时代思想政治教育引论》设有专章讨论思想政治教育的大数据构建问题,呼吁新时代思想政治教育者要树立大数据意识,认为思想政治教育的大数据,主要包括人们思想观念变化的大数据以及思想政治教育学科发展的大数据,指出内外两套系统直接关系到思想政治教育学科发展的未来。① 这些论述尽管没有直接表述为资源,但这里的"大数据"就是重要的思想政治教育资源,体现了该作者强烈的资源开发意识,也为我们思考新技术的应用如何提高新时代思想政治教育资源开发的实效提供了有益的启发。

这些专著在不同层面或从不同的视角对思想政治教育资源的开发问题进行了探讨,既有对某种类型的思想政治教育资源开发的研究,也有对思想政

---

① 邱仁富:《新时代思想政治教育引论》,中国社会科学出版社,2022,第104页。

治教育资源开发的普遍性规律的探究,这为本研究的开展奠定了良好的基础。关于这个问题的研究成果,除了专著还有各类期刊论文。这些成果主要集中在三个方面。

一是对思想政治教育资源开发的内涵进行界定。对思想政治教育资源开发的内涵进行界定,是开展思想政治教育资源开发研究的基础性工作。目前学界对这个问题的看法比较一致,基本上都认为思想政治教育资源开发是对潜在的资源或对资源潜在的功能进行挖掘,从而使其成为具有现实使用价值和功能的资源。其中比较有代表性的观点是陈华洲提出的。他认为:"所谓思想政治教育资源开发是指一定的社会、阶级和政党根据思想政治教育的需要,对潜在的思想政治教育资源进行挖掘,使之成为现实资源,或对现有的思想政治教育资源的未知功能进行挖掘,充分发挥其潜能,从而有效地服务于思想政治教育的动态过程。"① 对思想政治教育资源开发的内涵这样定义有其合理性,有助于人们认识思想政治教育资源开发的主体、对象、结果和目的,但也有其局限性,需要我们进一步深入探究阐释。比如,这样的定义只是从资源开发的一般性意义上进行阐述,可适用于对任何资源开发过程的描述,而思想政治教育资源开发的特殊性没有得到深入有效的揭示。又比如,思想政治教育资源开发是把潜在的资源转化为现实的资源,但何为"潜在的资源",何为"现实的资源"没有界定清楚,还有待进一步廓清。

二是对思想政治教育资源开发的方法进行研究。关于思想政治教育资源开发方法的研究,主要聚焦于探讨如何实现思想政治教育资源的有效开发、如何使思想政治教育资源开发取得良好成效等问题,是有关思想政治教育资源开发的方法论研究,回答的是思想政治教育资源"如何开发"的问题。目前学界对这个问题的探究,主要集中于探讨思想政治教育资源开发的特点、类型、原则、方式方法、技术等问题,形成了一些很有参考价值的成果。陈华洲比较系统地分析了思想政治教育资源开发的特点,并据此梳理了资源开发的类型。他认为思想政治教育资源开发具有积极性、继承性和时代性的特

---

① 陈华洲:《思想政治教育资源论》,中国社会科学出版社,2007,第157页。

点；并按不同的标准，将思想政治教育资源开发分为自然资源开发和社会资源开发、横向开发和纵向开发、单向开发和综合开发、数量开发和质量开发等。对于不同的开发对象，他则提出了不同的具体开发方法。[①] 王刚梳理了思想政治教育资源开发需要遵循的基本原则，他认为思想政治教育资源的开发和利用应遵循方向性原则、效益性原则、整体性原则、可持续性原则、开发性原则，并对时间资源、媒介资源和理论资源的开发方式进行了归纳。[②] 张艳红则结合不同的德育案例总结了不同类型的德育资源的开发经验，提出了包括校内资源、历史资源、社会资源以及传媒与网络资源在内的德育资源的开发利用策略。[③] 学者们对思想政治教育资源开发方法的多角度探讨，有效地深化了思想政治教育资源开发的方法论研究，为本书更深入更有效地探究思想政治教育资源开发的策略提供了很有价值的借鉴。

三是对某种具体类型的思想政治教育资源的开发进行研究。学界主要是对中华优秀传统文化思想政治教育资源、学校思想政治教育资源、社区思想政治教育资源、文学作品思想政治教育资源、红色资源等具体类型的思想政治教育资源开发进行研究。这是目前关于思想政治教育资源开发问题研究成果最丰富的领域之一。尤为值得注意的是，近年来，对红色资源的开发利用，尤其是对红色资源的思想政治教育功能的挖掘，越来越受到学界的重视，成了思想政治教育资源开发研究的热点课题，相关研究成果也呈快速增长的态势。尽管红色资源与思想政治教育资源不能完全等同，但是红色资源研究热潮的出现和形成，也从侧面反映了学界对思想政治教育资源问题的重视，这种现象的出现，本身也彰显了思想政治教育资源开发的价值。对红色资源的研究，特别是关于红色资源开发问题的研究成果，可以为思想政治教育资源的开发研究提供重要的借鉴。

此外，可以为探讨新时代思想政治教育资源开发问题提供借鉴的，还包括关于中国共产党思想政治教育史、执政资源开发、马克思主义中国化等的

---

① 陈华洲：《思想政治教育资源论》，中国社会科学出版社，2007，第160~168页。
② 王刚：《思想政治教育资源研究》，西南师范大学出版社，2017，第125~138页。
③ 张艳红：《德育资源论》，中国社会科学出版社，2013，第179~227页。

研究成果。

一是中国共产党思想政治教育史研究。从宏观的历史纵深视角来看，一部中国共产党思想政治教育史也是一部思想政治教育资源开发史，思想政治教育资源开发史是中国共产党思想政治教育史的重要组成部分。新时代思想政治教育资源的开发，是在过往的思想政治教育资源开发成果的基础上进行的，同时也为未来思想政治教育资源的开发奠定基础。因此，对新时代思想政治教育资源开发问题进行探究，可将其放置于中国共产党思想政治教育发展的历史进程中。目前关于中国共产党思想政治教育史的研究专著主要有两类。一类是中国共产党思想政治教育通史研究。这些专著大多对中国共产党在各个历史时期开展的思想政治教育主题、形态、主要内容、理论资源等进行了全面的梳理和全景式的展示，主要聚焦于揭示中国共产党思想政治教育的发展脉络，比如王树荫的《中国共产党思想政治教育史》。另一类是对特定群体或领域的思想政治教育史进行研究。比如，军队思想政治教育是中国共产党思想政治教育的重要组成部分，姜思毅主编的《中国人民解放军政治工作史》对中国人民解放军开展的思想政治教育进行了专门的梳理和总结。高校是人才集聚的地方，也是中国共产党开展思想政治教育的主阵地，高校开设的思想政治理论课，是中国共产党开展思想政治教育的主渠道。冯刚、张晓平、苏洁主编的《中国共产党高校思想政治教育发展史》就是对中国共产党高校思想政治教育的发展历程及历史经验进行系统梳理总结的专著。这些专著或全面回顾和总结了中国共产党思想政治教育的发展历程，或对党在某些领域面向某些群体开展的思想政治教育进行了专门和专题的研究，为本研究提供了史学视野和史料。另外，在CNKI中国学术期刊网络出版总库中还可以搜索到以中国共产党思想政治教育史相关问题为选题的博士学位论文、硕士学位论文，以及围绕这个问题展开研究的大量期刊论文。

这些研究从不同视角、不同阶段、不同领域对中国共产党思想政治教育的发展历程、实践经验、功能发挥等方面进行了探讨，有助于我们对中国共产党思想政治教育的发展历程及历史经验有更全面和更深入的把握。尽管这些研究的对象主要是中国共产党思想政治教育史，但其中也涉及不同历史时期中国共产党开展思想政治教育所使用的资源及资源的获取等一系列问题。关于中国共产党思想政治教育史的研究成果，主要是为本研究提供历史视角和史料。新时代思想政治教育资源开发，既要回应思想政治教育在新的发展阶段所面临的独特的时代需求，也蕴含着思想政治教育发展历程中内在的历史演进逻辑。比如，中国共产党在一百多年的奋斗历程中基于实践经验凝练形成的中国共产党人的精神谱系，既是不同历史时期党开展思想政治教育的宝贵资源，同时，其作为一个整体，也是新时代思想政治教育的重要资源。对中国共产党人的精神谱系的形成及凝练进行研究，是思想政治教育资源开发研究的重要内容。事实上，思想政治教育资源问题应该是党的思想政治教育史研究中的一个值得高度重视的问题，对党的思想政治教育的发展历程进行回顾和梳理，应该包括对不同历史时期党开展思想政治教育所获取和利用资源的演变历程的回顾。或者说，思想政治教育史研究应该重视思想政治教育资源开发史的研究。正如有学者指出，应从中国共产党思想政治教育的资源拓展等五个方面拓展中国共产党思想政治教育史研究视域，关于中国共产党思想政治教育资源的拓展，他认为应从传统文化资源、历史资源、现实资源、理论资源、本土资源等不同类型的资源入手研究，呼吁学界关注和重视对这个问题的研究。[①] 由此可见，思想政治教育资源问题也是在中国共产党思想政治教育史研究中越来越应引起研究者关注的问题。这些研究成果对本书的研究工作具有直接的参考意义。

二是关于执政资源开发问题的研究。20 世纪中后期，受到西方行为主义政治学对政治资源问题研究的影响，执政资源问题逐渐受到学界的重视。1997 年，毛仲伟在《台湾政党合作走向浅析》一文中首次使用了"执政资源"这一概念。之后，陈小林、张立华等学者对执政资源进行了更深入的研究。2004 年 6 月，胡锦涛强调："党的执政理论建设是一项系统工程，包括执政理念、执政基础、执政方略、执政体制、执政方式、执政资源等主要方

---

① 陈金龙：《中国共产党思想政治教育史研究的视域拓展》，《思想理论教育》2017 年第 11 期。

面。"① 此后，关于如何开发、获取和利用执政资源成了推进党的执政理论建设的重要论题，执政资源开发成为学界广泛关注的重要论题。执政资源开发问题的研究成果对本研究主要有以下借鉴作用。第一，学者对执政资源的定义，可以为我们界定思想政治教育资源的内涵提供借鉴。有学者认为，执政资源就是支持政治集团取得并巩固执政地位、履行执政使命、提升执政效能、实现执政目标的各种有利因素的总和。② 这强调了执政资源对于政党实现执政目标的重要作用，强调了执政资源的本质是实现执政目标的有利因素，这种对资源功能的强调，对学界定义思想政治教育资源的内涵产生了直接的影响。还有学者认为，执政资源是指能够为政党自身生存发展及发挥主导国家政治作用提供有效支持的各种物质和非物质资源总和。③ 思想政治教育是执政集团取得和维护执政地位的重要手段，思想政治教育资源是重要的执政资源，两者具有同质性。因此，关于执政资源的内涵界定、类别、功能发挥等方面的研究成果都有助于我们进一步科学界定思想政治教育资源的内涵。第二，把思想政治教育资源开发放置于加强社会主义意识形态建设和巩固党对意识形态工作领导权这一更宏大的视野下来审视，有助于我们突破思想政治教育学、教育学的视角局限、理论局限和学科局限，深化对思想政治教育资源开发的认识，进而为揭示思想政治教育资源开发与社会主义意识形态建设的内在联系提供启发。第三，党的执政资源开发问题的有关研究成果，可以为指导思想政治教育资源的开发研究提供借鉴。比如，社会主义意识形态是中国共产党极为重要的执政资源，意识形态生产是维护执政合法性的内在诉求和推动其他执政资源开发的重要抓手。有学者指出，作为一种执政资源，意识形态对于维护政治秩序的意义是不言而喻的。意识形态提供了国家政治生活的基本目的、主要规则、权力的性质及运行方式、利益的分配原则等方面共识的基础。当这个基础相对牢固时，统治者的权力便有了较大

---

① 《认真总结执政能力建设经验 大力加强党的执政理论建设》，《人民日报》2004 年 7 月 1 日。
② 赵中源：《民生与执政资源开发研究》，人民出版社，2014，第 1 页。
③ 王韶兴主编《政党政治论》，山东人民出版社，2011，第 344 页。

的合法性，就比较容易得到被统治者的认同。① 意识形态是思想政治教育资源的核心部分，是思想政治教育的基础性资源。意识形态生产是思想政治教育资源开发的重要体现，意识形态生产的成果则是思想政治教育资源的核心部分，意识形态生产集中体现了思想政治教育资源开发的本质，意识形态生产与思想政治教育资源的开发高度互涉。又比如，政治合法性资源是执政资源的核心部分，思想政治教育资源开发也与政治合法性资源的开发息息相关，两者也高度互涉。因此，这些问题的研究成果，都可以为本研究提供重要借鉴。

三是关于马克思主义中国化问题的研究。马克思主义中国化研究为深入阐释思想政治教育资源开发提供与时俱进的理论指导。马克思主义中国化的历史进程中所实现的理论创新，既为思想政治教育提供理论指导，又为其提供核心资源。从某种意义上来说，马克思主义中国化的过程，就是不断给中国共产党思想政治教育提供核心资源的过程。从这个角度来看，马克思主义中国化的过程同时也是思想政治教育资源开发的过程，构成了思想政治教育资源开发的历史主线。从思想政治教育资源开发史的视角来看，中国共产党人在推进马克思主义中国化的历史进程中坚持理论创新，先后创立了毛泽东思想、邓小平理论，形成了"三个代表"重要思想、科学发展观，创立了习近平新时代中国特色社会主义思想，从而为不同时期的思想政治教育提供了核心资源。新时代，用马克思主义中国化的最新成果——习近平新时代中国特色社会主义思想指导开展思想政治教育，推动习近平新时代中国特色社会主义思想的广泛传播和深入学习，是思想政治教育的中心任务和重要使命，而习近平新时代中国特色社会主义思想也是中国共产党思想政治教育核心资源的重要组成部分。关于马克思主义中国化的研究成果，尤其是关于习近平新时代中国特色社会主义思想的形成逻辑的研究成果，为本研究提供了历史的和理论的双重指导。

总的来说，目前学者们已经对思想政治教育资源开发问题进行了多角

---

① 赵中源：《民生与执政资源开发研究》，人民出版社，2014，第103页。

度、多层次的研究并取得了丰硕成果,与思想政治教育资源开发相关的其他问题的研究成果也为本研究提供了有益的启发和借鉴,从而为开展新时代思想政治教育资源开发研究奠定了良好基础。不过总体而言,学界对思想政治教育资源开发问题的整体性、系统性的研究尚处于起步阶段,理论建构与实践提炼的深度和广度都不够,理论建构还不够全面系统,对新时代思想政治教育资源开发实践经验的总结特别是具有历史纵深性的总结还不足,对这个问题的研究总体上还没有真正纳入思想政治教育史和思想政治教育基础理论的研究版图,与马克思主义中国化、中国共产党思想政治教育史的经验总结等重大论题的研究的耦合度还不够。

（二）国外研究现状

就目前所掌握的文献资料来看,国外学者关于思想政治教育资源开发的直接研究成果不太多见,与本研究相关度比较高的研究成果主要包括关于资源开发的一般性研究、西方马克思主义学者对意识形态有关论题的探讨以及关于政治资源问题的研究成果。

国外学者关于资源开发的一般性研究,可以为我们认识和把握新时代思想政治教育资源的概念、功能和属性提供借鉴。国外学者主要聚焦于揭示资源之于人类生存和发展的重要意义、资源与人类社会可持续发展的关系等。比如 Edward B. Barbier 把可持续发展定义为"在保持自然资源的质量和其所提供服务的前提下,使经济发展的净利益增加到最大限度",揭示了资源的稳定供给对于支撑人类社会实现可持续发展的重要意义。1972 年,以梅多斯为代表的罗马俱乐部发表了题为《增长的极限》的报告,这份报告深刻地阐述了自然环境的重要性以及人口和资源之间的关系,认为以制造业为核心的人类社会的经济增长已经达到极限,导致人类社会出现了五大危机:人口爆炸、资源枯竭、淡水与粮食危机、环境污染以及穷国与富国之间差距日益扩大带来的政治经济危机。[①] 1987 年,世界环境与发展委员会（WCED）发表了题为《我们共同的未来》的报告,提出了可持续发展的模式和理念,明确

[①] 肖安宝:《资源创造论:新时代的资源哲学》,光明日报出版社,2011,第 8 页。

绪 论

阐述了"既满足当代人需求,又不损害后代人满足其自身需求的能力"的"可持续发展"概念,论述了资源对于人类社会实现可持续发展的重要意义。这些研究成果为我们科学认识和把握资源在思想政治教育过程中的角色和作用提供了重要启示,资源的获取和开发对推动思想政治教育发展至关重要,这就为我们提供了思考如何推动思想政治教育高质量发展的"资源视角"。而资源开发需要遵循的原则比如可持续性原则,也是思想政治教育资源开发应遵循的原则。

国外学者特别是西方马克思主义的代表人物卢卡奇、柯尔施和葛兰西对意识形态与政治合法性的内在关联、意识形态领导权、社会主义意识形态的生产与建设、意识形态的物质载体等问题进行探讨而形成的有关理论,可以为新时代思想政治教育资源开发理论阐释提供借鉴。卢卡奇在《历史与阶级意识——关于马克思主义辩证法的研究》中深入地探讨了合法性与意识形态的关系问题。他指出,人们对国家和法的权威的认可和尊重,是从意识形态的教化中获得的。资产阶级意识形态让无产阶级群众认为"资产阶级的国家、法律和经济是他们生存的唯一可能的环境","这就是合法性的意识形态基础。它并不总是有意识的背叛或甚至有意识的妥协。它其实是对国家的自然的和本能的态度,在行动的人看来,国家仿佛是混沌世界中唯一固定不变的东西。如果共产党想要为它的合法的和非法的策略创造一种健康的基础,这种世界观就必须克服"。[①] 在卢卡奇看来,意识形态斗争实际上是合法性的获取策略,无产阶级只有在与资产阶级的斗争中,努力形成自觉的阶级意识,构建社会主义意识形态并在与资产阶级的斗争中获胜,才能在革命斗争中取得真正的胜利。卢卡奇的意识形态理论对于我们深刻理解和把握思想政治教育的本质和目的具有重要的启发意义,而他关于社会主义意识形态构建的论述,则为我们揭示思想政治教育资源开发与意识形态生产和构建的内在关联很有借鉴意义。柯尔施关于

---

① 〔匈〕卢卡奇:《历史与阶级意识——关于马克思主义辩证法的研究》,杜章智、任立、燕宏远译,商务印书馆,2020,第363页。

意识形态专政的理论，强调了无产阶级在取得革命胜利掌握政权之后，也不能放松对资产阶级意识形态的斗争，①为我们把握意识形态的批判性功能和建设性功能的辩证关系提供了思路，这对于把握思想政治教育资源开发所蕴含的意识形态建设性和批判性的辩证关系具有重要意义。葛兰西在《狱中札记》中系统论述了哲学、政治、文化、历史、知识分子、政党和国家等问题，阐述了他对于意识形态概念的新理解，强调了意识形态和文化问题在无产阶级夺取政权的斗争中的重要地位，并提出了相对政治社会的"政治领导权"的"文化领导权"或"精神的和道德的领导权"，这有助于拓宽我们探讨思想政治教育资源开发与意识形态领导权内在关联的思路。葛兰西还特别重视"有机知识分子"在争夺意识形态领导权中的作用。在他看来，"有机知识分子"的功能在于通过宣传工作发挥其作用，将所属阶级的道德、价值、信仰、智识等灌输给其他社会成员，使他们认同与服从一定阶级的权威和统治。正是由于"有机知识分子"所发挥的重要作用，所以争取他们的支持并通过他们来影响更多的社会成员，对于获取领导权具有十分重要的意义。他写道："任何在争取统治地位的集团所具有的最重要的特征之一，就是它为同化和'在意识形态上'征服传统知识分子在做斗争，该集团越是同时成功地构造其有机的知识分子，这种同化和征服便越快捷、越有效。"②葛兰西关于"有机知识分子"的论述，对我们探讨思想政治教育资源开发主体的角色和职责定位具有重要的借鉴意义。

与思想政治教育资源开发问题相关度较高并具有重要参考意义的还有西方学者对于政治资源问题的研究。关于政治资源问题的研究随着西方行为主义政治学的兴起而成为政治学研究的重要论题。行为主义政治学是20世纪在美国兴起的一个政治学学派。该学派围绕政治资源形成了具有代表性的政治研究理论和方法，其代表人物主要有罗伯特·A. 达尔、哈罗德·D. 拉斯韦

---

① 俞吾金：《意识形态论》，上海人民出版社，1993，第233页。
② 〔意〕安东尼奥·葛兰西：《狱中札记》，曹雷雨、姜丽、张跣译，河南大学出版社，2014，第8页。

尔、G. A. 阿尔蒙德、埃齐翁尼、威廉姆·甘森、丹尼斯·朗等。行为主义政治学者围绕"政治资源"这一核心概念提供了政治行为分析视角和框架，探讨了政治资源在政治行为中所起的重要作用，着重研究了政治资源的提取、分配、利用、消耗等问题，对政治资源的开发、建设、维护等问题进行了阐释，深入分析了政治主体所掌控政治资源的数量和质量与其权力的大小的内在联系。比如，行为主义政治学代表人物达尔认为，政治是影响力的运用，而影响力"在量上的差异可以归结为三个基本因素，一是资源，相关资源的分布差别。相关资源是一个人可用于影响他人行为的手段。这类资源包括金钱、信息、食物……工作、友谊、社会地位、制定和实施法律的能力、投票，以及形形色色的其他事物。二是技能，个人在使用相关资源上的技能和效率的差异，这类技能和效率的差异又来自学习与实践这类技能的天赋、机会和刺激的差异。三是动机，个人出于政治目的而使用其潜在的相关资源在程度上的差异"。① 行为主义政治学所建构的政治行为分析框架，虽然针对的是政治资源，但是对探讨思想政治教育资源的有关问题也具有重要的参考意义。首先，思想政治教育资源作为一种重要的政治资源，具有政治资源的一般属性，思想政治教育资源开发，也遵循政治资源开发的一般规律，因此，行为主义政治学对政治资源开发的分析，可以为本书提供有益参考；其次，思想政治教育作为维护特定阶级政治地位的重要手段，其资源的开发从根本上来说也属于政治行为。因此，行为主义政治学对政治行为的分析，尤其是关于资源在政治行为中的重要作用的阐释，可以为我们分析把握资源在思想政治教育过程中的重要作用提供借鉴。

二 研究有待深化的方向

针对目前国内外研究的现状，我们认为，对思想政治教育资源开发问题研究的进一步深化，需要在以下四个研究方向上取得新的进展。

---

① 〔美〕罗伯特·A. 达尔、布鲁斯·斯泰恩布里克纳：《现代政治分析》，吴勇译，中国人民大学出版社，2012，第46~47页。

一是研究的论域需要进一步拓展。目前思想政治教育过程论普遍把思想政治教育过程局限于思想政治教育资源的利用阶段,而忽视了作为思想政治教育资源利用前提和基础的资源开发阶段,思想政治教育资源开发有关问题的理论阐释尚未成为思想政治教育基础理论版图的一部分,也没有纳入思想政治教育过程论研究中,研究的论域比较窄。同时,思想政治教育主体的资源开发者和供给者的角色没有受到足够的重视,目前学者们对思想政治教育资源开发问题的研究主要聚焦于对红色资源、课程资源等某些具体类型资源的开发,因此,需要在此基础上进一步拓展研究的视域,使研究的资源类型更加丰富。

二是研究的理论层次需要进一步提升。目前的思想政治教育资源开发问题研究已经初步实现了从"问题意识"向"理论形态"的提升,但是依然存在对思想政治教育资源开发问题的理论意义阐析不充分的问题,在理论研究层面整体上缺乏"资源意识"、没有形成成熟的研究范式,对思想政治教育资源开发问题研究存在理论高度和深度均不足的问题。关于思想政治教育资源开发相关问题的零散性、一般性研究成果比较多,但系统性、专门性研究成果较少;对某些具体类型资源开发的对策层面研究较多,但一般性的规律层面研究还不足,对于思想政治教育资源开发一般性规律性的内在机制研究还不够深入,原理性、基本理论层面的研究成果较少,因此,需要加大力度提升研究的理论层次。

三是研究的实践耦合性需要进一步加强。目前关于思想政治教育资源开发问题的研究,多为教材式的理论建构或对策性的意见建议,深入、系统地对思想政治教育资源开发进行历史梳理和实践经验凝练的研究比较少,对中国共产党思想政治教育资源的开发实践进行理论性、历史性和现实性相结合的研究则更少,因此,思想政治教育资源开发的理论研究与实践的耦合性需要进一步加强。特别是立足于新时代思想政治教育的资源需求对思想政治教育资源开发问题展开研究,从而为思想政治教育高质量发展提供强大的资源支撑,则需要进一步增强研究的实践耦合性。

四是研究的视野需要进一步拓宽。对思想政治教育资源开发有关问题

绪 论

的研究，不能仅局限在思想政治教育过程视野中，而要放置于中国共产党思想政治教育发展史这个更宽广的视野中，放置于推进马克思主义中国化、探索中国式现代化的道路以及实现中华民族伟大复兴的历史进程中进行多维考察，需要在中国共产党思想政治教育资源开发与促进新时代思想政治教育高质量发展的内在关联和内在逻辑中进行考察，这有助于从更宽广的视野、更多维的视角来思考和审视新时代思想政治教育资源的开发问题。

第三节 研究的主要内容与方法

一 研究的主要内容

（一）理论阐释：构建新时代思想政治教育资源开发研究的分析框架

尽管目前学界关于思想政治教育资源问题的研究取得了较为丰富的成果，但是对于"思想政治教育资源""思想政治教育资源开发"等主要概念的内涵等问题，学界还存在较大的分歧，需要进一步明晰。这就需要对与新时代思想政治教育资源开发问题相关的"资源""思想政治教育""思想政治教育资源""思想政治教育资源开发"等概念的内涵进行界定，明确新时代思想政治教育资源开发的马克思主义的理论指导、思想政治教育学科的理论支撑以及教育学、政治学等相关学科的理论借鉴，从而为本书的研究工作奠定坚实基础。对新时代思想政治教育资源开发的理论阐释还包括对新时代思想政治教育资源开发的目标和任务的阐述，以及对新时代思想政治教育资源开发对推动思想政治教育在新时代背景下实现高质量发展的重要意义的阐述。

（二）开发主体：新时代思想政治教育资源开发的主体力量

主要阐述新时代思想政治教育资源开发主体的角色定位、构成及类型，新时代思想政治教育资源开发多种主体合力的形成等问题，聚焦于探讨"新时代思想政治教育资源由谁开发"的问题。从宏观上来看，思想政治教育资源开发主体是一个由领导主体、管理主体和实施主体等多种主体构成的系统；从微观上来看，在思想政治教育过程中，思想政治教育资源开发主体是思想政治教育主体在思想政治教育资源开发阶段的主要角色，承担着社会主义意识形态的生产者、意识形态物质载体和传播途径的建设者、思想政治教育资源的供应者三重角色和责任。新时代思想政治教育资源开发需要激发资源开发的主体力量，要加强党对新时代思想政治教育资源开发的全面领导，并加强政策指导、平台建设和队伍建设，以形成思想政治教育资源开发的强大合力。

（三）开发对象：新时代思想政治教育资源开发的基本场域及主要内容

主要阐述新时代思想政治教育资源的类型及构成，以明晰新时代思想政治教育资源开发的对象和主要内容，聚焦于探讨"新时代思想政治教育资源开发什么"的问题。新时代思想政治教育资源是一个由思想性资源、政治性资源和保障性资源等多种类型资源构成的复杂系统，在空间场域、历史场域和文化场域都得到了极大的拓展，因此，新时代思想政治教育资源开发具有十分宽广的场域。立足于思想政治教育资源开发的时代要求，新时代思想政治教育资源开发的主要内容包括在推进马克思主义中国化的进程中实现核心资源的开发，在以中国式现代化全面推进中华民族伟大复兴的进程中实现政治资源的开发，在推进新时代思想政治教育理论和实践创新中实现教育资源的开发，在推进中华优秀传统文化资源和红色资源开发的进程中实现文化资源的开发。

（四）开发策略：新时代思想政治教育资源开发的对策与技术创新

主要阐述新时代思想政治教育资源开发的基本原则、主要路径、主要方法以及技术创新等开发策略问题，聚焦于探讨"思想政治教育资源如何开发"的问题。新时代思想政治教育资源开发要根据不同的对象采取不同的对策。要遵循导向性与兼容性相结合、充足性与可持续性相结合、批判性与建设性相结合、与时俱进与积淀传承相结合等原则，通过批判与建构、拓展与培植、转化与创生、整合与继承等路径，同时针对新时代思想政治教育所呈现的网络思政、数字思政等新形态，新时代思想政治教育资源开发需要科学

绪　论

运用新媒体、大数据和人工智能等技术，以科技创新赋能新时代思想政治教育资源高质量开发。

二　研究的主要方法

（一）文献研究的方法

本书所研究的新时代思想政治教育资源开发问题，学界在思想政治教育基础理论层面的讨论不够充分，对新时代思想政治教育实践中的资源开发经验总结也不足。总体而言，目前学界以"新时代思想政治教育资源开发"为论题的研究成果相对较少。但是学界与此相关的研究成果比较丰富，因而需要对大量的文献资料进行深入整理、全面分析、科学借鉴，为本研究提供坚实的文献基础。

（二）跨学科研究的方法

新时代思想政治教育资源开发问题具有很强的学科交叉性，本书将注重汲取教育学、政治学、社会学等相关学科的理论养分，积极借鉴吸收近年来新媒体、大数据、人工智能等技术的创新发展给新时代思想政治教育资源开发带来的创新理念，多视角分析与多维度探究思想政治教育资源开发问题，努力发挥跨学科、多视角交叉的研究优势。

（三）系统研究的方法

系统研究的方法，就是运用系统思维，将研究对象的构成进行系统性分析并将研究的问题放置于更宏大的系统中进行考察，从而科学揭示和把握研究对象各构成部分的相互联系及研究对象与其他影响因素的相互作用的研究方法。新时代思想政治教育资源是一个由思想性资源、政治性资源和保障性资源等多种类型资源构成的复杂系统，每一部分又由若干类型的资源构成。同时，新时代思想政治教育资源开发需要形成多种主体协同推进的主体力量。这都要求本研究运用系统研究的方法，对新时代思想政治教育资源的构成进行系统分析，将新时代思想政治教育资源开发问题的研究放置于更大的社会系统中进行考察，并进行多视角的系统探究。

第四节　研究思路

本书以马克思主义有关理论为理论基础，以思想政治教育学的相关理论为支撑，以哲学、政治学、教育学、社会学等学科的相关理论为借鉴，以新时代思想政治教育高质量发展对构建新的资源系统的时代要求为出发点，以进一步完善思想政治教育理论体系、提高新时代思想政治教育有效性为旨归，力图为推动新时代思想政治教育高质量发展提供一个"资源支持路径"。本书一方面对新时代思想政治教育资源开发问题进行了理论阐释，有助于进一步完善思想政治教育基础理论体系；另一方面为推动新时代思想政治教育高质量发展提供有效的对策。

本书按照"什么是思想政治教育资源—由谁来开发—开发的主要内容—如何开发"的逻辑展开论述。在理论阐释部分，本书首先对资源、思想政治教育资源、思想政治教育资源开发等相关概念的内涵进行界定，并阐明思想政治教育资源和思想政治教育资源开发在思想政治教育过程中对于建构思想政治教育主客体关系所起到的作用。在此基础上，对新时代思想政治教育资源的构成、开发主体合力的形成、开发的主要内容、开发的策略等问题进行比较系统的论述。

对思想政治教育资源开发问题的探讨，首先需要界定资源、思想政治教育资源、思想政治教育资源开发等相关概念的内涵，并阐明思想政治教育资源和思想政治教育资源开发在思想政治教育过程中对于建构思想政治教育主客体关系所起到的作用，明确什么是思想政治教育资源、什么是思想政治教育资源开发以及思想政治教育资源在思想政治教育过程中所起到的重要作用。在此基础上，以马克思主义与中国化马克思主义为指导，以思想政治教育学的有关理论为支撑，同时借鉴哲学、政治学、社会学、教育学等学科的相关理论。明确新时代背景下思想政治教育资源开发的主体、内容和场域，探讨新时代思想政治教育资源开发的方式方法和技术，为切实推动新时代思想政治教育高质量发展、不断提高思想政治教育有效性提供有力的资源支撑。

绪　论

"谁来开发"是新时代思想政治教育资源开发的主体问题。新时代思想政治教育资源开发主体是一个由多种主体构成的多主体系统。中国共产党是思想政治教育资源开发的领导主体，各级文化管理部门、各级教育行政部门等负责思想政治教育的管理部门是新时代思想政治教育资源开发的管理主体，学校、博物馆、爱国主义教育基地等主题教育基地、新闻出版机构等组织和机构是思想政治教育资源开发的实施主体。这些不同类型的主体构成了新时代思想政治教育资源开发的主体力量。新时代思想政治教育资源开发需要发挥各种类型主体的力量，从而形成思想政治教育资源开发的强大合力。

新时代思想政治教育资源开发要取得良好的成效，需要探究和回答"开发什么"的问题，从而明确新时代思想政治教育资源开发的主要内容。新时代思想政治教育资源是一个由思想性资源、政治性资源和保障性资源三大部分构成的资源系统，这些资源存在于空间场域、历史场域和文化场域中，这三种场域也就构成了新时代思想政治教育资源开发的场域。新时代，思想政治教育资源开发的空间场域、历史场域和文化场域都得到拓展，呈现出鲜明的时代特点。新时代思想政治教育资源开发主要包括核心资源开发、政治资源开发、教育资源开发和文化资源开发等内容。

新时代思想政治教育资源的开发要取得良好效果，需要遵循一定的原则并根据不同对象有针对性地通过各种路径进行开发，这些开发原则和开发路径构成了新时代思想政治教育资源开发的策略。新时代思想政治教育资源的开发应遵循导向性与兼容性相结合、充足性与可持续性相结合、批判性与建设性相结合、与时俱进与积淀传承相结合等原则，通过批判与建构、拓展与培植、转化与创生、整合与继承等路径，并科学运用新媒体、大数据和人工智能等技术，以适应"网络思政"、"数字思政"和"精准思政"等新时代思想政治教育的不同形态对思想政治教育资源的需求，从而为新时代思想政治教育高质量发展提供资源支撑。

第一章　新时代思想政治教育资源开发的理论阐释

党的十八大以来，中华民族伟大复兴战略全局和世界百年未有之大变局"两个大局"相互激荡，意识形态领域形势发生了全局性根本性转变，思想政治教育也面临着新的形势、新的挑战，对思想政治教育资源的开发和供给提出了新的更高要求。这就需要我们立足新时代背景，在习近平新时代中国特色社会主义思想的指导下，以思想政治教育学有关理论为支撑，充分借鉴有关学科的相关理论，从而多维度、多层次对新时代思想政治教育资源开发问题进行深入系统的理论阐释，从而进一步深化我们对思想政治教育资源开发问题的认识，充分彰显本研究的时代意义。

第一节　新时代思想政治教育资源开发概念的界定

探讨思想政治教育资源开发问题，需要对一系列核心概念的内涵进行界定。一方面，这些概念都具有多义性，需要我们明晰它们的具体内涵；另一方面，明确这些重要概念的内涵，也是本研究的重要目标和主要内容。我们需要厘清"资源""思想政治教育""思想政治教育资源"等核心概念的内涵，从而对"新时代思想政治教育资源开发"概念进行科学界定，这是顺利开展思想政治教育资源开发研究的基础工作。然而，目前学界对这些概念的内涵还存在不同的看法，因此有必要在目前学界有关研究成果的基础上，进一步厘清这些概念的内涵。

一 资源与资源开发

"资源"是一个常用的词语,也是一个内涵十分丰富的概念。随着人类实践活动的广度和深度不断拓展,"资源"的种类越来越多,其内涵也越来越丰富。《辞海》把资源定义为"天然存在的自然物,不包括人类加工制造的原料,如土地资源、矿产资源、水利资源、生物资源和海洋资源,是生产的原料来源和布局场所"[1]。这样的理解是把资源看作满足人类生产生活需要的自然界存在的生产原料和开展生产的空间场所。有学者认为,资源是在人类实践中生成、创造的。资源是指"在一定条件下,能够满足人类需要,并且参与到人类活动中创造出财富的各种要素的总和"[2],即资源必须满足两个基本条件:一是资源本身的效用性,二是能够被人类所利用。还有学者从哲学的视角来探究何为资源,指出事物要成为资源,必须具备两个条件:一是事物本身具有某种属性,二是这个事物能够进入生产过程并生产出满足人们需要的产品。由此而论,资源是与人类实践能力相联系,能满足人类生存和发展需要的客观存在的事物。该学者进一步指出,在存在形态上,资源或是潜在的或是现实的,而潜在的资源何时、何种程度上成为满足人们需要的现实资源,取决于人们的社会实践能力。[3] 这些观点揭示了"资源"的一般属性,也反映了人们对资源的一般看法也即人们的资源观随着实践的深化而出现的变化。由此我们可以归纳出资源的三个基本属性:一是资源是客观存在的事物(包括有形的和无形的、物质的和精神的);二是资源是可以满足人的需要的事物,它对于人的价值性体现在可以满足人的某种需要;三是资源与人类实践活动的开展息息相关,其类型和范围随着人类实践活动广度和深度的拓展而不断扩大。对此,我们还可以推导出资源的另外两个特征。一是资源的短缺性。资源是可以满足人类需要的事物,而人的需要是没有限度

---

[1] 辞海编辑委员会编纂《辞海》,上海辞书出版社,1999,第1738页。
[2] 王刚:《思想政治教育资源研究》,西南师范大学出版社,2017,第25页。
[3] 肖安宝:《资源创造论:新时代的资源哲学》,光明日报出版社,2011,第32~34页。

的，由此可知，资源因短缺性和稀缺性而成为被争夺的对象。二是资源发挥效用的实践性。资源需要进入实践活动中才能切实发挥满足人的需要之作用并体现出对人的价值性。

结合上述分析，我们认为，可以从广义和狭义两种视角来把握"资源"的内涵。狭义上的资源，就是指能满足人类各种需要的天然存在的生产原料，这是资源的原初含义。不过，狭义的资源概念已经无法与我们目前的实践水平相匹配，因此，我们更多时候是从广义上来理解资源的。广义上的资源，就是能满足主体需要和支撑主体顺利开展实践活动，实现其特定目的的各种客观存在的有利因素。这样定义资源，意在强调以下几点：第一，资源能满足实践主体的各种需要，主体既可以是个人，也可以是政党、阶级、国家等组织或群体；第二，资源是实践主体顺利开展实践活动的基本条件；第三，资源是客观事物，但是存在形态是多样的，既可以是有形的，也可以是无形的，既可以是物质的，也可以是精神的。

对资源的开发，是人们获取资源、利用资源的前提，也是实现资源的可持续供给和利用、发挥资源作用的基础环节。"开发"意为"通过垦殖、开采等手段利用过去没有被利用的资源创造财富"或"发现并利用"。[①] 由此可见，"开发"是把原有的或潜在的东西变成比原来有更大价值的新东西的一种劳动过程。"资源开发"则是把原来的或潜在的资源转变为具有更大价值的或现实的资源，从而实现资源从无到有的数量增加和从有到新、从新到优的质量提升。资源开发的结果是产生新的资源、提升原有资源的质量或提高原有资源的功能，其目的在于实现资源的可持续供给和利用。

二　思想政治教育资源的内涵

"思想政治教育资源"是思想政治教育资源研究的核心概念。在以往对思想政治教育资源有关问题的研究中，学者们从不同的视角对其内涵进行了界定并形成了诸多观点，其中以下四种观点较有代表性。

---

① 沈米成、宋福聚主编《新编现代汉语词典》，吉林教育出版社，2008，第633页。

第一章　新时代思想政治教育资源开发的理论阐释

第一种是"因素说"。这种观点认为思想政治教育资源就是有利于实现思想政治教育目的的各种因素。比如，有学者认为，思想政治教育资源是指"在阶级社会中，随着思想政治教育活动的开展而产生并不断丰富的，为思想政治教育活动所利用并对思想政治教育活动目标的实施产生重要作用的物质、精神因素的总和"[①]。"因素说"认为思想政治教育资源本质上是有利于实现思想政治教育目标的各种因素，强调了这些因素的物质形态和精神形态。值得注意的是，这一观点认为思想政治教育资源是在思想政治教育活动开展的过程中产生并得以积累的，也就是说资源的产生是随着思想政治教育活动的开展而同步进行的，思想政治教育资源开发内蕴于思想政治教育活动中，思想政治教育资源是开展思想政治教育活动的必然衍生物。同时，这一观点还认为思想政治教育资源产生的历史场域是阶级社会。这就从思想政治教育资源产生的历史场域、产生的机制，以及思想政治教育资源的价值和存在形态等方面揭示了思想政治教育资源的内涵。

第二种是"要素说"。这种观点认为思想政治教育资源是有利于实现思想政治教育目的的各种要素。有学者指出，"思想政治教育资源是指在一定的阶级社会中，能够被统治阶级纳入到思想政治教育活动中进行开发、利用和管理，从而有利于实现思想政治教育目的的各种构成要素的总和"[②]。与"因素说"一样，"要素说"也认为思想政治教育资源的价值性体现为有利于实现思想政治教育的目的，也认为思想政治教育资源存在的历史场域是阶级社会。但与"因素说"相比，"要素说"明确了思想政治教育资源的开发、利用和管理的主体是统治阶级，而在存在形态上，则没有把资源局限于物质形态和精神形态。在生成机制上，"要素说"认为思想政治教育资源并非在思想政治教育活动的开展过程中形成，而是在思想政治教育活动过程中被思想政治教育主体纳入思想政治教育活动中来的。这就是说，思想政治教育资源能否形成，取决于其能否被思想政治教育主体纳入思想政治教育过程

[①] 罗洪铁主编《思想政治教育研究》，四川人民出版社，2002，第96页。
[②] 王刚：《思想政治教育资源研究》，西南师范大学出版社，2017，第29页。

中，这是思想政治教育资源"是其所是"的关键，从而揭示了思想政治教育主体与思想政治教育资源的密切关系。同时，在这个过程中，思想政治教育主体的职责在于开发、利用和管理思想政治教育资源，思想政治教育资源开发是统治阶级的重要职责。此外，"要素说"还强调了思想政治教育资源是思想政治教育过程的构成要素，是构成思想政治教育过程不可缺少的要素。

第三种是"存在说"。这种观点对思想政治教育资源的内涵进行了非常宽泛的界定，认为符合一定历史条件具有一定属性并进入思想政治教育活动中的一切存在都是思想政治教育资源。比如，有学者认为："思想政治教育资源就是指一定社会历史条件下的，具有思想政治教育信息、功能和价值的，且被融入思想政治教育活动中的一切存在。"①"存在说"与"因素说""要素说"一样，都强调了思想政治教育资源产生和存在的历史性和在思想政治教育过程中的"在场性"。相对而言，这种观点更加强调了思想政治教育资源的历史条件性及自身所具有的信息、功能和价值等属性及其与思想政治教育活动的关系，同时对于思想政治教育资源的存在形态，持一种更加开放的态度，几乎不对思想政治教育资源的存在形态作出限定，囊括几乎所有形态的资源，当然也容易走向资源泛化的另一面。

第四种是"政治资源说"。有学者认为思想政治教育资源是一个国家政治资源的重要组成部分，它是政治主体用于开展思想政治工作，形成最广泛的政治共识，维系政治体系和政治秩序的一切物质和非物质性资源。②与"因素说"、"要素说"和"存在说"等观点相比，这种观点更加强调思想政治教育资源的政治属性和政治功能，认为思想政治教育资源本质上是一种政治资源，利用的主体也明确为政治主体，对思想政治教育资源的本质、功能和应用的目标的界定更加明确和具体。在功能上，则更加突出了思想政治教育资源对于实现政治目标的作用。这种观点尽管目前在学界的影响不太广，却具有启发性，为厘定思想政治教育资源的内涵提供了新的视角和新的

---

① 陈清：《对思想政治教育资源概念的厘定》，《中国成人教育》2007年第19期。
② 傅安洲、阮一帆、王兴：《高度重视和加强思想政治教育资源体系建设》，《学校党建与思想教育》2005年第7期。

思路。不过这种观点将思想政治教育资源界定为政治资源的一种，仅强调其对于实现政治目标的功能，则有其片面性。

上述四种代表性观点从不同的视角出发对思想政治教育资源的内涵进行了探索，各有其理论贡献，推动了学界对这一问题的研究走向深入，也为我们多维度认识思想政治教育资源的内涵提供了启发和借鉴，开拓了研究这一问题的思路。不难发现，这几种观点的定义方法是大致相同的，即都通过明确其在思想政治教育活动中可被开发利用，并明确其具有有利于实现思想政治教育活动目的的功能来对其进行定义，这是符合思想政治教育资源属性的，也充分揭示了思想政治教育资源的主要功能和作用。但是这些定义又都有其局限性，需要我们进一步进行辨析并使其内涵更加明晰。

在上述的四种定义中，前三种定义的局限性主要体现在以下两点。一是这三种定义把思想政治教育资源的上位概念确定为"因素""要素""存在"等最一般的事物存在形式。一方面，这有利于最大限度地划定思想政治教育资源的外延边界，尽可能地囊括可被纳入思想政治教育过程的各种资源。另一方面，这样也不可避免地模糊了思想政治教育资源的外延边界。按照这三种定义，似乎没有什么不能成为思想政治教育资源。如此，"思想政治教育资源"就成为一个内涵不确定、外延无限大的几乎可以无所不包的概念，反而难以有效地揭示思想政治教育资源的本质属性。二是没有明确思想政治教育的目的或目标到底是什么。无论是"因素说"、"要素说"还是"存在说"，对于思想政治教育资源的界定并没有本质区别，界定的方法也大致相同，都是通过明确资源能否有助于实现思想政治教育目的来限定其资源的范围。但是这三种观点只是笼统地指出思想政治教育资源是有利于实现思想政治教育目的或目标的要素、因素或存在，而对于要达到的目的或目标是什么，则没有进一步界定清楚，也正因此，思想政治教育资源的内涵无法得以有效界定。

第四种定义"政治资源说"在一定程度上弥补了前三种观点的不足。比如，它把思想政治教育资源的属确定为政治资源，认为思想政治教育资源是政治资源的一部分，还对思想政治教育资源的功能进行了阐释。"政治资源

新时代思想政治教育资源开发：理论阐释与路径

说"对思想政治教育的目的进行了更为明确的界定，从而比较明确地界定了思想政治教育资源的内涵和外延。尽管"政治资源说"有其片面性，但与"因素说""要素说""存在说"三种观点相比，这一定义在对思想政治教育资源的本质属性的揭示上前进了一步，比较有效地突破了前三种观点的局限性，为我们更准确地厘定思想政治教育资源的内涵提供了有益的启发。

针对目前思想政治教育定义存在的上述问题，我们不妨借助逻辑学关于定义的方法来重新检视前述几种观点，以期更科学地揭示"思想政治教育资源"的内涵，从而对其进行科学定义。从逻辑学的视角来看，所谓定义，就是揭示概念内涵的逻辑方法。下定义的方法主要有两种，一种是属加种差定义，另一种是语词定义。其中属加种差定义又可以分为性质定义、发生定义、功用定义和关系定义。① 这就为我们科学定义"思想政治教育资源"提供了最基础的方法论。显然，上述思想政治教育资源的四种主要定义，都是采取了属加种差的定义方法。"因素说"、"要素说"和"存在说"等三种定义把思想政治教育资源相邻的属定为"因素"、"要素"和"存在"，"政治资源说"则把思想政治教育资源相邻的属定为"政治资源"。这样，前三种关于思想政治教育资源的定义就是厘定思想政治教育资源与同"属"（因素、要素、存在）的其他"种"的差别。不难发现，这三个定义所确定的属（因素、要素、存在）过于宽泛，并不是思想政治教育资源相邻的属，而种差未能很好地把思想政治教育资源与其他的因素、要素或存在的本质差别揭示出来，于是就导致了前文我们提到的问题：很难列举出什么东西不是思想政治教育资源。"政治资源说"将思想政治教育资源相邻的属定为"政治资源"，相比其他三种观点而言，比较明确地框定了思想政治教育资源所属的资源类别，但是将思想政治教育资源认定为政治资源，则又忽视了思想政治教育资源的教育属性，因此，这个定义也有不足之处。

事实上，思想政治教育资源有政治资源的属性，也有教育资源的属性，因此，其与政治资源和教育资源具有密切联系。有鉴于此，有学者对思想政

---

① 《普通逻辑》编写组编《普通逻辑》，上海人民出版社，2011，第122~128页。

第一章 新时代思想政治教育资源开发的理论阐释

治教育资源、教育资源、政治资源三者关系进行了辨析，认为思想政治教育资源与教育资源的关系应该是个别与一般的关系，思想政治教育资源本质上是一种特殊的教育资源。至于思想政治教育资源与政治资源的联系，两者在内容上有交叉性，在作用发挥上有互补性。① 这种辨析尽管还是认为思想政治教育资源从属于教育资源，但同时注意到思想政治教育资源与政治资源的联系，意识到从政治学视角来探究思想政治教育资源问题的必要性，这为准确把握思想政治教育资源的属性和内涵，更加全面、更加科学地揭示思想政治教育资源概念的内涵提供了思路。我们可以通过综合考察政治资源、教育资源、思想政治教育、意识形态等几个相关概念的内涵来厘定"思想政治教育资源"的内涵。

第一，政治资源。"政治资源"作为一个政治学概念，随着行为主义政治学的兴起而被广泛应用于分析政治行为。行为主义政治学围绕政治资源的获取、供给和分配而形成的新的政治分析范式，为政治学分析提供了一种新的方法和途径。在行为主义政治学所建构的分析框架中，政治就是关于制定政策、分配资源、采取必要手段推动政策实施的行为，政治竞争的最终目标是政策控制，政治权力等政治资源是控制政策的重要力量。在行为主义政治学的代表人物达尔看来，政治就是影响力的运用。影响力的形式可以分为 7 类：诱导、权力、暴力、强制、说服、操纵以及权威。在这 7 类影响力中，他尤为推崇权威和说服。政治资源是决定政治活动主体的政治影响力大或小的主要变量，因此，他尤其重视通过考察影响力来界定何为政治资源。他认为，政治资源就是"一个人可用于影响他人行为的手段"，"包括一个人或者一个集团所获取的能够直接或间接影响他人行为的任何东西"，它包括"金钱、信息、食物、武力威胁、职业、友谊、社会地位、立法权、投票以及形形色色的其他东西"。② 另一位行为主义政治学派代表人物威廉·甘森把

---

① 陈华洲:《思想政治教育资源论》，中国社会科学出版社，2007，第 43~46 页。
② 〔美〕罗伯特·A. 达尔、布鲁斯·斯泰恩布里克纳:《现代政治分析》，吴勇译，中国人民大学出版社，2012，第 55、65 页。

新时代思想政治教育资源开发：理论阐释与路径

政治资源分为强制资源、诱导资源和说服资源，① 也是立足于考察政治资源与政治影响力两者的关系来分析政治行为。

行为主义政治学的一些著作译介到国内后，引起了国内政治学研究者的关注。受其影响，国内不少学者在进行政治分析时，也从不同视角对政治资源这一概念的内涵进行了界定。与达尔等人从微观角度来界定政治资源不同，国内学者更多地从宏观的视角来界定政治资源的内涵。比如，傅安洲等学者认为，政治资源是政治主体为实现一定的政治目的而用来影响政治客体的政治手段和政治财富。同时，政治资源是影响社会发展最为重要的社会资源，是政治演进的最重要因素，它对于社会的良性运行和现代化进程起着关键性作用，是维系或变革特定社会政治体系和政治秩序的决定性因素。② 界定政治资源概念的内涵对把握思想政治教育资源的内涵具有重要的借鉴意义。这是因为，思想政治教育资源问题成为学界关注的论题，与学界对政治资源问题的重视密不可分。对于政治行为主体来说，思想政治教育资源是重要的政治资源，属于威廉·甘森所说的十分重要的"说服资源"，对政治秩序合法性的阐释、证明和维护具有重要意义。因此，行为主义政治学者对政治资源的功能和属性的阐述，可以为我们认识思想政治教育资源的功能和属性，从而厘定思想政治教育资源的内涵提供重要借鉴。

综合对比分析前述各种关于政治资源的定义，我们认为，无论是从个体微观的视角还是从群体宏观的视角来看，政治资源都是指政治主体（个人或政治集团）为了满足其开展政治活动的需要，且为了获取、维护其政治地位和权力而用于影响他人行为的物质及非物质的有利条件，包括被纳入政治行为中的、可以产生政治影响力的各种可以满足人们开展政治活动需要的资源。政治资源是一种资源，可以满足政治主体开展政治活动、实现政治目的的需要，这是成为政治资源的前提；同时，它还是被政治主体纳入政治行为中并

---

① 赵中源：《民生与执政资源开发研究》，人民出版社，2014，第94页。
② 傅安洲、阮一帆、王兴：《高度重视和加强思想政治教育资源体系建设》，《学校党建与思想教育》2005年第7期。

第一章 新时代思想政治教育资源开发的理论阐释

产生政治影响力的资源,这是一种资源成为政治资源并发挥政治资源功能的关键。

第二,教育资源。教育资源是从经济学视角研究教育问题而产生的一个概念,因此,教育资源亦称"教育经济条件",是教育过程中所占用、使用和消耗的人力、物力和财力资源,即人力资源、物力资源、财力资源的总和。① 不过,随着教育实践的逐渐发展,教育资源的内涵也逐渐丰富和发展。比如有学者认为,所谓教育资源,是指构成教育活动和满足这一活动所需要的各种因素,包括人力资源、物力资源、财力资源、时空资源、信息资源、文化资源、制度资源、政策资源、关系资源等。② 教育资源与思想政治教育资源两者都是用于培养人的资源,两者有重合的部分,但并非完全的包含与被包含的关系,因为并非所有的思想政治教育资源都可以被认为是教育资源。比如,政治行为中所利用到的权力资源、组织资源等资源就难以被认定为教育资源,却是重要的政治资源和思想政治教育资源。教育资源、政治资源与思想政治教育资源的这种部分交叉但并非完全的包含与被包含的关系,正是思想政治教育资源既是重要的教育资源又是重要的政治资源的双重属性的鲜明体现。由此看来,思想政治教育资源既不能简单地被认为是一种教育资源,也不能简单地被认为是一种政治资源,它既具有教育资源的属性也具有政治资源的属性,而要准确厘定其内涵,这就涉及对何为"思想政治教育"的理解。

第三,思想政治教育。思想政治教育是思想政治教育学科的核心概念和基础概念,然而目前学界对这一概念内涵的认识仍然存在不同的意见。这就造成了不同的学者在研究思想政治教育资源相关问题的时候,所指称的"思想政治教育"的内涵是有差别的。比如对于何为"思想政治教育",几乎每一本相关教材都给出一个不完全相同的定义。目前关于"思想政治教育"比较有代表性的定义可以分为两大类,一类是"教育学视野"的定义,另一类

---

① 教育大辞典编纂委员会编《教育大辞典》第6卷,上海教育出版社,1992,第304页。
② 张艳红:《德育资源论》,中国社会科学出版社,2013,第9页。

是"政治学视野"的定义。教育学视野的定义,是从教育学的视角和层面来揭示思想政治教育本质属性的一种定义方式,认为思想政治教育本质上是一种教育实践活动。比如有学者认为,思想政治教育是以教育为中心的社会实践活动,涵盖了教育活动的全部过程和旨归,从而与其他社会实践活动形式相区别。① 虽然教育学视野的定义不否认思想政治教育具有鲜明的阶级性和政治属性。但这种定义方式显然倾向于认为思想政治教育的教育性是第一位的,阶级性和政治性是通过其教育性体现出来的,更加强调思想政治教育的教育属性及对教育规律的遵循。相比而言,政治学视野的定义认为思想政治教育在本质上是一种政治实践活动,思想政治教育要实现的目的是政治目的,更加强调思想政治教育的政治属性和政治目标。比如有学者认为,思想政治教育是一个社会主流意识形态建构、维护与发展的特殊政治实践活动。② 还有学者从新时代思想政治教育在推进国家治理体系和治理能力现代化方面所发挥的作用的视角来探讨思想政治教育的本质,认为"思想政治教育的本质应当是人类进入阶级社会以后,特定社会共同体(诸如阶级、政党、集团、群体)所开展的有目的性、有计划性、有组织性的特殊治理活动"③,同时指出,进行社会主流意识形态灌输和教化是思想政治教育具有的根本属性,④ 更加强调思想政治教育与意识形态的密切联系:"新时代思想政治教育不仅与意识形态密切相关,而且是意识形态工作的重要组成部分","新时代思想政治教育还是坚持、维护和发展意识形态的必要手段与重要途径"。⑤ 有学者更是认为,"思想政治教育是属于意识形态领域的社会实践"⑥。因此,"思想政治教育具有意识形态属性这个本质规定,在学界达成了最广泛、最

---

① 张耀灿等:《现代思想政治教育学》,人民出版社,2006,第49~51页。
② 沈壮海:《思想政治教育有效性研究》,武汉大学出版社,2016,第211页。
③ 王学俭等:《新时代思想政治教育基本问题研究》,人民出版社,2021,第20页。
④ 王学俭等:《新时代思想政治教育基本问题研究》,人民出版社,2021,第35页。
⑤ 王学俭等:《新时代思想政治教育基本问题研究》,人民出版社,2021,第30页。
⑥ 徐文良:《难忘的历程:高等学校思想政治教育的回顾与思考》,吉林人民出版社,2008,第3页。

基本的观念共识"①。思想政治教育是什么，在很大程度上也需要通过阐明思想政治教育与意识形态的关系来揭示。

第四，意识形态。然而对于"意识形态是什么"，也并非一个简单的问题。意识形态作为一个哲学、政治学概念，内涵几经变迁，呈现出复杂的多义性。英国学者大卫·麦克里兰曾指出，人们对意识形态的基本内涵、定义与应用存在激烈的争论，认为它"在整个社会科学中是最难以把握的概念"②。不过，尽管人们对意识形态的内涵有诸多的不同见解，但是在意识形态作为一个严格的总体性观念体系，规约并支配着每个人的思想，是人类社会存在和发展的一个不可或缺的要素，对社会秩序的维护具有重要作用等方面已形成了普遍共识。

意识形态的功能集中表现为维护一定阶级利益的合法性，这种对合法性的维护通常是通过对特定社会秩序进行批判或者辩护，从而达到维护特定社会秩序的目的而实现的。意识形态既可以揭示一定的社会秩序的不合理性也可以强化其合理性，前者体现的是意识形态的批判性功能，后者体现的是意识形态的建构性功能。但是不管如何，意识形态的最重要功能是为特定社会秩序的合理性和合法性提供解释和辩护。这种辩护主要体现为意识形态为特定社会秩序的运作提供思想基础和价值支持，通过"说服"民众认同和支持特定社会秩序，从而将其合理性转化为其稳定的合法性。而主流意识形态，则是统治阶级系统化的阶级意识，是反映社会经济基础和政治结构的观念性上层建筑，是影响社会稳定与发展的重要精神要素。③ 对于统治阶级来说，维护其统治地位和阶级利益的意识形态是其获取和维护统治地位的重要资源。意识形态与政治权力的密切联系、与社会秩序的密切联系，使它成为重要的政治资源。统治阶级要取得统治地位或者获得国家权力，不仅要建构一种社会秩序，还要让包括被统治阶级在内的全社会成员认可这种秩序。当然

---

① 钟启东：《思想政治教育的意识形态逻辑》，《思想教育研究》2023年第1期。
② 〔英〕大卫·麦克里兰：《意识形态》，孔兆政、蒋龙翔译，吉林人民出版社，2005，第1页。
③ 沈壮海主编《新编思想政治教育学原理》，中国人民大学出版社，2022，第70页。

新时代思想政治教育资源开发：理论阐释与路径

这两点经常纠缠在一起从而互相产生作用，正如马克思恩格斯所指出的，"随着每一次社会秩序的巨大历史变革，人们的观点和观念也会发生变革"①。那么，统治阶级如何使被统治阶级承认其所建构的社会秩序呢？其主要通过生产建构意识形态并对社会成员进行意识形态教化来达成其目的。

综合关于意识形态内涵及主要功能所形成的基本共识，我们认为，意识形态即一定阶级或政治集团出于维护自身利益而自觉建构的，能够反映社会经济形态和政治制度，并为特定社会秩序的合理性和合法性进行阐释和提供辩护的思想体系。显然，阶级性是意识形态的第一属性，政治功能是其第一功能。因此，以传播意识形态、进行意识形态教化为基本任务的思想政治教育，其阶级性应该是第一属性，政治功能应该是第一功能。明确了这一点，就从根本上明确了思想政治教育本质上是一种政治实践活动。同时，思想政治教育作为一种政治实践活动，是通过教育的形式来进行的，这是思想政治教育区别于其他政治实践活动的特殊之处。因此，思想政治教育既是一种特殊的政治实践活动，又是一种特殊的教育实践活动。这也就是思想政治教育资源既具有教育资源的属性，又具有政治资源属性的根本原因。

学者们从不同视角、不同层面阐述了思想政治教育的含义，有助于我们更科学和更全面地把握其内涵。从政治学视野来定义思想政治教育，其侧重强调思想政治教育的阶级性、政治性，突出的是思想政治教育的政治属性；从教育学视野来定义思想政治教育，其侧重强调思想政治教育对人的思想建构，更加强调思想政治教育在促进人的社会性发展、人的社会交往能力的培养、人的思想素质的形成等方面的功能，更彰显了思想政治教育的教育属性。但同时，我们也要看到，无论是从教育学视野还是从政治学视野对思想政治教育进行定义，都无法全面地揭示思想政治教育的内涵，因而，我们需要一个更加具有统合性的定义，从而使两个视野中所揭示的思想政治教育属性得以合理揭示和彰显，而不是相互否认或排斥。通过对前述几种关于思想政治教育内涵的观点进行比较，我们认为，沈壮海关于思想政治教育的本质

---

① 《马克思恩格斯全集》第10卷，人民出版社，1998，第253页。

第一章 新时代思想政治教育资源开发的理论阐释

的论述,为我们厘定思想政治教育的内涵提供了很好的启发。正如他所指出的,就本质而言思想政治教育是一个社会主流意识形态建构、维护与发展的特殊政治实践活动。①

比较不同学科对思想政治教育的理解,我们认为思想政治教育是一定阶级或政治集团为了使社会成员认可和承认特定的社会秩序而生产、建构特定的意识形态,并通过教育的形式传播特定的意识形态来阐释、论证和维护特定社会秩序的合理性和合法性,引导人们形成相应的思想政治素质,从而达到促进人的全面发展和维护特定社会秩序的目的的社会实践活动。这样定义思想政治教育,意在强调以下四点:一是思想政治教育本质上是意识形态教化,是一定阶级或政治集团为了维护特定社会秩序而开展的政治实践活动;二是意识形态是思想政治教育的重要资源,意识形态生产构成了思想政治教育资源开发的基本意蕴;三是思想政治教育包含思想政治教育资源的开发和利用两个环节,因而也包括意识形态的生产和教化两个环节,其作用在于阐释和维护其所建构的社会秩序的合理性和合法性;四是思想政治教育一方面致力于特定意识形态的建构和维护,另一方面也担负着引导人们形成相应的思想政治素质,促进人的全面发展的重任。因此,思想政治教育的教育性和政治性都有其特殊性,是特定意识形态的传播与人的思想政治素养的提升的统一。对此有学者指出:"思想政治教育便是这样的一种社会实践活动,它以自己的方式,致力于相应意识形态的构建、维护和发展,担负着培养人的思想政治素质的重任。意识形态的传播与接受、人的思想政治素质的教育和培养是同一个过程的不同方面,二者统一于思想政治教育的具体实践之中。"② 就个人层面而言,思想政治教育的目标在于通过教育的方式使人形成社会所要求的思想政治素质。这一过程可以形象地形容为在人的精神世界进行建设,而在人的精神世界进行建设,无疑需要运用各种"建材"来进行精神建设活动,这种"建材"即思想政治教育资源。

---

① 沈壮海:《思想政治教育有效性研究》,武汉大学出版社,2016,第211页。
② 沈壮海主编《新编思想政治教育学原理》,中国人民大学出版社,2022,第4页。

新时代思想政治教育资源开发：理论阐释与路径

我们之所以对不同视野中思想政治教育的含义进行比较，并对与它有密切联系的几个概念的内涵进行辨析，是希望能在多视角的审视中对思想政治教育资源的含义进行更全面的揭示和厘定。一方面，思想政治教育是一种特殊的政治实践活动。从其活动目的来看，其特殊性在于思想政治教育通过意识形态的生产、建构、传播和教化来达到维护社会秩序的目的；从其活动的形式来看，其特殊性则体现为思想政治教育是通过教育的形式来引导人们形成特定的思想政治素质，借助教育的形式来推进意识形态的建构和传播，体现了思想政治教育作为一种政治实践活动在形式上的特殊性。从这个意义上来说，意识形态是思想政治教育资源的重要组成部分，意识形态生产则是思想政治教育资源开发的重要途径。另一方面，思想政治教育与一般的教育活动相比也有不同之处，即它是一种特殊的教育实践活动。思想政治教育的这种特殊性，主要体现在其目标、本质上。从目标上来看，思想政治教育既要维护特定社会秩序的合理性和合法性并为其提供辩护，又要引导思想政治教育客体培养特定的思想政治素质，促进人的全面发展；从本质上来看，思想政治教育是通过教育的方式来进行意识形态建构和传播的政治实践活动。正因如此，思想政治教育是一种特殊的政治实践活动、教育实践活动。[①] 事实上，政治学和教育学两种视野都是理解思想政治教育的本质和核心职能，也就是理解"思想政治教育是什么"所不可或缺的。从政治学视野来考察思想政治教育，实质上是从宏观的视角来理解和把握思想政治教育的本质和功能，在形态上更多表现为"宏观思想政治教育"；而从教育学视野来考察思想政治教育，实质上是从微观的视角来理解和把握思想政治教育的本质和功能，在形态上更多表现为"微观思想政治教育"。"微观思想政治教育"则更多表现为学校思想政治教育甚至"思想政治教育教学"。而宏观思想政治教育和微观思想政治教育作为思想政治教育存在的两种形态，"两者互为前提，互相促进，各自都有其重要作用，共同构成思想政治教育整体"[②]。新时

[①] 沈壮海主编《新编思想政治教育学原理》，中国人民大学出版社，2022，第2页。
[②] 平章起、梁禹祥：《思想政治教育基本理论问题研究》，南开大学出版社，2010，第42页。

代思想政治教育在宏观和微观两个层面上、在政治学和教育学两种视野中都有新的发展，微观的精细化发展和宏观的系统性提升相得益彰，但总体上呈现出从微观到宏观拓展的趋势，更加注重通过构建"大思政"工作格局来提升新时代思想政治教育的有效性，在体现个体价值的同时，还体现社会价值和国家价值。① 这使得新时代思想政治教育资源的开发场域和来源都得到极大拓展。

综合对这几个与思想政治教育资源开发密切相关的概念进行辨析，我们认为，可以通过以下思路来厘定思想政治教育资源的内涵：首先它是一种资源，这就意味着它能满足主体维护一定政治秩序的需要和客体形成一定思想政治素质的需要；其次它既是一种政治资源，也是一种教育资源，既能满足思想政治教育主体通过教育的形式开展政治活动的需要，又能满足思想政治教育客体的思想政治素质形成和全面发展的需要；最后它既是进行意识形态教化的资源，也是影响和改造人的精神世界，引导人们形成相应的思想政治素质从而说服人认同和维护特定社会秩序的政治资源，同时还是促进人的全面发展的教育资源。据此我们认为，思想政治教育资源是能发挥教育功能、有助于引导思想政治教育客体接受思想政治教育主体所倡导的意识形态并形成特定的思想政治素质的各种思想性资源、政治性资源和保障性资源的总和，是开展思想政治教育的基本条件，具有稀缺性、非自动生成性和可争夺性等一般属性。

思想政治教育资源开发在思想政治教育活动中居于基础地位，是思想政治教育过程的重要环节，是为思想政治教育顺利开展提供稳定的和可持续的资源保障的关键环节。然而，对于何为思想政治教育资源开发，目前学界基本上都借鉴资源开发的一般定义，即都倾向于认为思想政治教育资源开发就是思想政治教育资源的数量增加、功能显现。比如有学者认为，所谓思想政治教育资源开发，是指一定的社会、阶级和政党根据思想政治教育的需要，对潜在的思想政治教育资源进行挖掘，使之成为现实资源，或对现有的思想

---

① 沈壮海主编《新编思想政治教育学原理》，中国人民大学出版社，2022，第45~67页。

政治教育资源的未知功能进行挖掘,充分发挥其潜能,从而有效地服务于思想政治教育的动态过程。① 还有学者指出,思想政治教育资源开发包含两个方面:一是思想政治教育资源开发的内容,包括对已有的思想政治教育资源和潜在的思想政治教育资源进行开发;二是思想政治教育资源开发的作用和目的在于,提高思想政治教育资源的数量、质量和效益,解决思想政治教育资源的可持续利用问题。② 这种定义将思想政治教育资源开发理解为发现资源的新功能和将潜在的资源转化为现实资源,有其合理性,但总体上还只是对思想政治教育资源开发进行一般性的阐述,因为对思想政治教育资源开发的这种定义,适用于定义所有资源开发,思想政治教育资源开发的特殊性没有得到有效揭示。

我们对"思想政治教育""思想政治教育资源"等概念的内涵进行了辨析,为揭示思想政治教育资源开发的意蕴奠定了基础。从本质上来看,思想政治教育即意识形态教化,而意识形态及其物质载体和传播途径是思想政治教育资源的重要组成部分。据此我们认为,思想政治教育资源开发,即思想政治教育主体推进意识形态生产以及将政治资源、教育资源、文化资源等各种资源转化为可纳入思想政治教育过程、有助于实现思想政治教育目的的思想政治教育资源,或者挖掘已有思想政治教育资源潜能以更好发挥其功能的实践活动。

三 思想政治教育资源的一般属性及开发动力

思想政治教育资源所具有的稀缺性、非自动生成性、可争夺性等一般属性,客观上形成了促进思想政治教育资源开发的动力。正是思想政治教育资源的这些属性及所蕴含的开发动力,使思想政治教育资源开发成为必要和必然,也使思想政治教育资源开发成为思想政治教育过程不可或缺的重要环节。

---

① 陈华洲:《思想政治教育资源论》,中国社会科学出版社,2007,第157页。
② 王刚:《思想政治教育资源研究》,西南师范大学出版社,2017,第122~123页。

（一）思想政治教育资源的稀缺性产生的推动力

任何资源成其为资源都是人类社会实践发展的结果，同时也受到人类社会实践发展程度的限制，受到人们认识水平、实践能力和技术条件的限制。资源之于人类的价值在于其对人类需求的满足，而人类需求的无限性与资源供给的相对有限性决定了资源具有稀缺性。思想政治教育资源也不例外，思想政治教育资源的稀缺性，其根本原因在于人的资源需求是无限的；同时，由于主客观条件的限制，思想政治教育资源开发主体所能开发的思想政治教育资源相对于客体的资源需求而言，总是相对有限的。这种客体资源需求的无限性与主体资源供给的有限性之间的矛盾，就使得思想政治教育资源在不同程度上存在稀缺性。也就是说，相对于思想政治教育客体资源需求的无限性，思想政治教育主体所提供的资源总是有限的。资源的稀缺性使思想政治教育资源开发处于"永无止境"的状态，是思想政治教育资源开发保持持久动力的重要原因。

思想政治教育资源的稀缺性使得思想政治教育主体的资源供给压力一直存在。供给资源是思想政治教育主体所肩负的责任，也是思想政治教育主体获得主体性的重要保证。思想政治教育资源的稀缺性意味着资源开发不是一劳永逸的，因此，在客观上迫使思想政治教育主体不得不持续推进资源开发，这也是保持其主体性、有效履行主体责任的重要体现。

思想政治教育资源的稀缺性使得满足思想政治教育客体的资源需求的"缺口"一直存在。思想政治教育客体对资源需求的无限性与思想政治教育资源的相对稀缺性，客观上推动思想政治教育主体不断加大资源开发的力度、拓宽资源开发的广度和增加资源开发的深度，以满足客体多方面、多层次的资源需求。

思想政治教育资源的稀缺性使得思想政治教育活动的资源支撑的不充分性一直存在。为思想政治教育顺利开展提供资源支撑，是思想政治教育资源开发的直接目的。思想政治教育资源的稀缺性客观上使得思想政治教育主体的资源供给与思想政治教育客体对资源的满足存在张力，从而促使思想政治教育主体切实履行资源供给的责任。

（二）思想政治教育资源的非自动生成性产生的内驱力

思想政治教育资源的非自动生成性意味着思想政治教育资源并非现成的，必须经由开发才能生成和获取；思想政治教育资源本身并不会自发地对思想政治教育过程发挥现实的作用，而是必须由主体将其纳入思想政治教育过程并对其合理开发利用后，才能有效地发挥实现思想政治教育目的的作用。思想政治教育资源的非自动生成性使得开发成为获取思想政治教育资源的前提。这就使得思想政治教育资源开发处于"不可停滞"的状态。

一方面，思想政治教育资源的非自动生成性意味着意识形态生产和意识形态物质载体、传播途径的建设不可停滞。思想政治教育资源无法自动生成，这决定了思想政治教育主体的开发是其获取的前提，这也是意识形态生产、思想政治教育资源开发与政治权力相关联的重要原因，因为这意味着谁掌握了开发权，谁就可以垄断资源的供给，从而成为实际的思想政治教育主体。

另一方面，思想政治教育资源的非自动生成性决定了思想政治教育资源开发是现实的自觉的社会实践活动。具体来说，思想政治教育资源的非自动生成性，意味着思想政治教育资源的有效性是有时效性的。思想政治教育资源开发既受历史条件的制约，又必然反映特定历史时期思想政治教育对资源的要求，适应某个历史时期思想政治教育需要的资源，不一定适应另一个历史时期的思想政治教育的需要。无论何种情况，思想政治教育资源既无法自然生成，也无法一直有效，要保证思想政治教育资源对实现思想政治教育目标的有效性发挥支撑作用，思想政治教育资源的开发就不可停滞。

（三）思想政治教育资源的可争夺性衍生的客观要求

思想政治教育资源的可争夺性体现了思想政治教育资源开发的斗争性和竞争性。这意味着思想政治教育资源开发处于"不可放松"的状态。思想政治教育资源的可争夺性意味着需要维护思想政治教育资源开发成果。维护和管理思想政治教育"资源库"，不断优化思想政治教育资源体系，是思想政治教育主体的重要职责。

一方面，意识形态工作领导权的获取和维护需要思想政治教育资源的支撑，意识形态工作领导权的确立有赖于对思想政治教育资源的争夺。反过来，意识形态工作领导权的争夺也通过思想政治教育资源的可争夺性得以体现。对于这一点，在资产阶级与无产阶级的意识形态斗争中体现得尤为鲜明。在文艺复兴和宗教改革之后，西方资产阶级建立了具有鲜明自由主义色彩的资本主义意识形态。通过资产阶级的一系列宣传教化活动，资本主义意识形态得以在全社会推广。个人主义也就成为西方的核心价值观之一，自由化、市场化和私有化的秩序也就成为西方推崇的"普世价值"。[①] 然而，西方资产阶级的意识形态建构从一开始就表现得侵略性十足，正如特里·伊格尔顿所指出的，对抗性是资本主义与生俱来的本质，这不仅适用于资本主义社会中的阶级冲突，也适用于资本主义国家之间为了抢夺资源和势力范围而发起的战争。[②] 资产阶级力图通过推行意识形态教化，把绝大多数人变成资产阶级意识形态的思想仆从。要克服这一点，无产阶级政党在无产阶级革命运动中就要不断开展批判资产阶级意识形态的斗争，激发无产阶级的阶级自觉，培养工人的阶级意识，使无产阶级与资产阶级意识形态彻底决裂。列宁对此有清醒的认识，他指出："我们的任务是要战胜资本家的一切反抗，不仅是军事上和政治上的反抗，而且是最深刻、最强烈的思想上的反抗。"[③] 随着经济全球化的深入发展，西方国家开始凭借政治、经济、文化、军事等方面的优势，在意识形态领域的进攻性企图变得越来越明显。两种意识形态生存空间的创建和拓展，很大程度上取决于资产阶级和无产阶级开展的思想政治教育的有效性，也取决于思想政治教育资源是否得到有效供给。争夺思想政治教育资源无论是对资产阶级还是对无产阶级拓展和维护其意识形态的生存空间都意义重大。

思想政治教育资源的可争夺性首先体现为对历史资源进行不同的阐释。历史资源是思想政治教育资源的重要来源。对历史资源的不断继承和创新，

---

① 张志丹：《意识形态功能提升新论》，人民出版社，2017，第100~101页。
② 〔英〕特里·伊格尔顿：《马克思为什么是对的》，李杨、任文科、郑义译，新星出版社，2011，第242页。
③ 《列宁全集》第39卷，人民出版社，2017，第448页。

反映了不同阶级的意识形态生产策略，从而转化为为不同阶级利益服务的思想政治教育资源。这种资源的可争夺性突出地体现在通过话语阐释实现意识形态资源的争夺上。

思想政治教育资源的可争夺性还体现为对现实进行不同的解释。从某种意义上来说，现实是被建构出来的。在不同的世界观、价值观的指导下对现实进行解释，将会呈现迥然不同的各种"现实"。不同的世界观将深刻影响人们对现实的看法，反映了不同的阶级利益。对现实进行的种种解释，就成为不同阶级思想政治教育资源的重要来源。比如新闻报道，被认为是对现实的客观描述，是人们了解现实的重要渠道。然而，其对现实事件的报道也受到不同的价值观、不同的阶级利益的影响，从而产生不同的现实描述。同一个现实事件，由于立场不同、利益各异而往往出现迥异的新闻报道，从而使新闻报道可以服务于不同的阶级利益，这是思想政治教育主体争夺思想政治教育资源的具体表现。尤为需要重视的是，随着互联网技术的迅猛发展，传媒技术发生了革命性的变革。对传媒的控制，不仅成为左右人们对现实的触感、判断的重要力量，还成为开发思想政治教育现实资源的重要渠道和方式，更成为争夺思想政治教育资源的重要手段。现代传媒技术的大发展尤其是移动互联网技术的高速发展，使媒体成了影响人们认知现实的重要因素。从某种意义上来说，对现实的解释本身已经成了思想政治教育资源开发主体竞相争夺的重要资源，"现实"本身成了争夺思想政治教育资源的主阵地。对现实进行具有多种可能性的解释，对"现实"进行认知控制，对"现实"进行意义建构，成了争夺思想政治教育资源的重要方式。

媒体等信息传播途径，并不必然就是思想政治教育资源。比如，互联网最开始只是一个信息传播的渠道，本身并不具有思想政治教育资源的功能，但是互联网一旦成为意识形态传播的工具，就是十分重要的思想政治教育媒介资源，也是意识形态斗争中"兵家必争"的重要阵地，这个阵地，就是可争夺的宝贵的思想政治教育资源。思想政治教育资源的开发，除了意识形态本身的生产、再生产，意识形态物质载体和传播渠道的建设也越来越成为思想政治教育资源开发的重要环节和内容，成为可被争夺的重要思想政治教育资源。

思想政治教育资源的可争夺性还意味着思想政治教育资源的维护成为必要。思想政治教育资源的维护，是对已经形成的思想政治教育资源体系进行管理和优化，防止思想政治教育资源的失效和流失，以维护思想政治教育资源开发成果，保障思想政治教育资源开发取得良好成效。加强和改善思想政治教育资源的管理，是保持和提高思想政治教育资源开发成效的重要举措，对已有的思想政治教育资源进行整合、优化，是思想政治教育资源开发的重要路径。

四 新时代思想政治教育资源的特点

思想政治教育资源的价值和功能集中体现为其是实现思想政治教育目的的重要条件和保障。不同阶段的思想政治教育资源具有不同的特点，这是由于思想政治教育在不同的历史时期其具体目的会有所不同。新时代思想政治教育资源除了具有思想政治教育资源的一般属性，还有其鲜明的时代特点。

（一）"两个结合"的深化：马克思主义中国化时代化的最新成果丰富核心资源

思想政治教育的核心资源是马克思主义及其中国化时代化所获得的成果。这一直是党开展思想政治教育最重要的资源。新时代，作为当代中国马克思主义、二十一世纪马克思主义的习近平新时代中国特色社会主义思想深刻揭示了共产党执政规律、社会主义建设规律、人类社会发展规律，为新时代思想政治教育的开展提供了理论指导和根本遵循，也提供了最重要的核心资源。一方面，中国共产党以马克思列宁主义、毛泽东思想、邓小平理论、"三个代表"重要思想、科学发展观、习近平新时代中国特色社会主义思想为自己的行动指南，深入宣传习近平新时代中国特色社会主义思想，是新时代思想政治教育的核心任务，也是区别于其他时期思想政治教育的重要体现。另一方面，习近平新时代中国特色社会主义思想的创立，为新时代思想政治教育资源的开发提供了重要的方法论指导、开辟了更加宽广的资源开发场域，也开创了思想政治教育资源开发的新境界。党的二十大报告指出："中国共产党人深刻认识到，只有把马克思主义基本原理同中国具体实际相结合、同中华优秀传统文化相结合，坚持运用辩证唯物主义和历史唯物主义，才能正确回答时代和实践提出的重大问题，才能始终保持马克思主义的蓬勃生机和旺盛活力。"① 新时代，"两个结合"的深化推动马克思主义中国化时代化取得新的重大创新成果，它所彰显的对马克思主义这个魂脉和中华优秀传统文化这个根脉的守正创新以及对中国具体实际与时俱进的把握，为新时代思想政治教育资源开发提供了根本的方法指引。

（二）文化自信的彰显：文化资源的属性更加鲜明

思想政治教育资源既具有政治资源的属性，也具有教育资源的属性，这既是不同历史时期思想政治教育资源的共同属性，也是思想政治教育资源与其他政治资源和教育资源的不同之处。相比而言，新时代思想政治教育资源除了具有政治资源和教育资源的双重属性，还更加凸显其文化资源的属性。所谓文化资源，"是指凝结了人类精神劳动的产物，包括精神活动所生产和凝结而成的精神内容，以及精神活动作用于自然对象而产生的结果"②。新时代思想政治教育资源的文化属性更加鲜明，是指它的供给，既是应政治活动开展所需也是应教育活动开展所需，同时还是应人民群众的文化生活所需，新时代思想政治教育资源的供给成为文化资源供给的一部分越来越受到重视。新时代思想政治教育资源的文化资源属性得以凸显，有以下两方面原因。一方面，随着中华民族伟大复兴历史进程的持续推进，特别是党的十八大以来党和国家事业取得了历史性成就和发生了历史性变革，人民群众不断增强道路自信、理论自信、制度自信、文化自信，人民群众的历史主动性得以充分激发，主体性得以进一步增强，对高质量文化的需求越发强劲，思想政治教育在满足人民群众文化需求方面的作用越来越受到重视，开展思想政治教育需要投入文化资源的诉求也越来

---

① 习近平：《高举中国特色社会主义伟大旗帜 为全面建设社会主义现代化国家而团结奋斗——在中国共产党第二十次全国代表大会上的报告》，人民出版社，2022，第17页。
② 王晨、章玳主编《文化资源学》，南京大学出版社，2014，第8页。

越强烈，思想政治教育资源的文化资源属性也越来越得以凸显。另一方面，新时代思想政治教育所构建的"大思政"工作格局，极大地拓展了思想政治教育空间，使思想政治教育空间越来越呈现为文化空间，文化资源被更广泛地应用于思想政治教育，以构建思想政治教育的"社会大课堂"。思想政治教育的对象也拓展到广大的人民群众，思想政治教育资源开发的成果更加注重满足广大人民群众的文化需求。了解和把握人民群众的资源需求，是科学有效地开发思想政治教育资源的重要依据。就党的思想政治教育而言，人民群众是主要对象，也是重要的参与者。从新时代思想政治教育过程来说，人民群众既是最重要的思想政治教育客体，也是最重要的思想政治教育资源需求者和享用者。人民群众在接受思想政治教育的同时也提出了对思想政治教育资源的需求，这种需求很大程度上体现为人民群众对文化资源的需求，这也是新时代思想政治教育的人民性和群众性得以更鲜明彰显的表现。从这个角度来看，新时代思想政治教育资源既是重要的社会公共产品，也是重要的公共文化资源。

（三）"两个共同体意识"的强化：思想政治教育资源供给的世界意义更加凸显

新时代，中国式现代化的探索之路，为世界贡献了中国智慧和提供了中国经验，成为世界文化的重要供应源。在此背景下，中国共产党统筹国内国际两个大局，推动了"两个共同体"的构建和巩固，一个是中华民族共同体，另一个是人类命运共同体。一方面，实现中华民族伟大复兴的中国梦，极大地凝聚和强化了中华民族共同体意识；另一方面，推进构建人类命运共同体共识的形成，有效地增强了社会主义意识形态的解释力。与此相应，对新时代思想政治教育资源的"内供"和"外供"都提出了更高的要求。所谓思想政治教育资源内供，是针对国内群众的思想政治教育需求而进行的资源供给；所谓思想政治教育资源外供，则是针对国际社会开展的文化交流（思想政治教育的文化交流形态）而进行的资源供给。对此有学者指出，"从国际范围的关系网络来看，新时代的思想政治教育的地位显得更为突出，随着中国与广大发展中国家的崛起，新的国际秩序、国际格局正在逐渐地形成,我国的思想政治教育承担着讲好中国故事、传播好中国声音,向世界展现真实、立体、全面的中国"的重要使命。①

意识形态生产最核心的意蕴在于将一定阶级的阶级利益"转化"为一定范围内所有社会成员的共同利益,因此,意识形态都有"说服尽量多的人"的内在要求。于是我们可以看到,无论是哪个阶级构建意识形态,都会不断地拓展其适用边界以争取得到尽可能多的人的认可。所谓拓展其适用边界,也就是使其代表尽可能多的人的利益。一种意识形态,在"说服"了其所代表的阶级成员之后,就会追求"说服"整个社会成员,之后再追求"说服"更广泛的人。

对于资产阶级意识形态和无产阶级意识形态来说,彼此都有一个从代表各自的阶级利益,到代表整个社会的根本利益的追求,因为代表了更多人的利益,即意味着其合法性受到更多人的认同。于是,无论是资产阶级意识形态还是无产阶级意识形态,都有代表更多人利益甚至代表人类利益的追求。比如,"普世价值论"强调西方资产阶级意识形态代表全人类共同的价值。"民主""自由""人权"等西方资本主义价值观,从根本上来说属于资产阶级意识形态。马克思主义的批判作用则体现为对资产阶级意识形态这一"普世性"的虚假性的深刻揭示,从而从根本上否定了资产阶级所构建的社会秩序的合法性。

同样,无产阶级意识形态也有一个"尽量说服更多人"的拓展进程。就中国的国情而言,社会主义意识形态的拓展,可以体现为"两个共同体意识"的构建:一个是中华民族共同体意识的构建,另一个是人类命运共同体意识的构建。

历史来看,中国共产党构建的意识形态首先需要说服无产阶级内部成员,使其阶级成员认可其合法性;其次,无产阶级意识形态将说服的对象拓展到无产阶级的同盟者,比如农民,使其认可其政治合法性;最后,说服对象进一步拓展到整个社会成员,使最广大人民群众认可其政治合法性。相应

---

① 王学俭等:《新时代思想政治教育基本问题研究》,人民出版社,2021,第63页。

地，思想政治教育资源的供给对象，首先是面向无产阶级内部成员，然后拓展到面向无产阶级的同盟者，再逐渐拓展到整个社会，也就是全国各族人民。这个拓展过程，既有从一个阶级到另一个阶级的拓展，也有民族间的拓展。中国无产阶级构建意识形态，起初是凝聚工人阶级，此后拓展到农民、小工业资产阶级等工人阶级的联盟阶级。在这个拓展的过程中，如何说服最广大人民群众，是无产阶级意识形态构建的重要目标。

意识形态对所代表的普遍性利益的追求，对催生"中华民族"认同发挥了重要作用。这一概念的出现，使得近代以来中国各阶级各种政治力量竞相借此来表达自身所代表的普遍性利益。比如有学者指出，"随着中国由王朝国家向现代国家的转型，西方民族国家观念广泛传播并激发了受压迫民族的自觉意识与政治共同体想象，于是'中华民族'的概念及其社会观念成为各种政治力量借力的资源与符号"①。"中华民族"概念的形成并广受认可，逐渐孕育和强化了各族人民的中华民族共同体意识。而对中华民族共同体的关注，使得在意识形态构建的过程中，除了需要考察不同阶级的意识形态整合，还要考察不同民族的意识形态整合。近代以来正反两方面的历史经验都一再证明，后一个整合，对于中国这样历史悠久的统一的多民族国家来说尤为重要。这是因为，近代以来中国不同的民族共同面临着深重的民族危难，实现中华民族伟大复兴成为整合不同民族的共同主题，就切实地代表了各个民族的全体中国人的普遍利益。因此，思想政治教育资源的开发和供给，必须回应广大人民群众对这一重大历史主题的诉求。自成立以来，中国共产党就始终是整个中华民族共同利益的代表。尤其是党的十八大以来，中国共产党作为中华民族的整体利益的代表者，随着实现中华民族伟大复兴的中国梦的现实推进，其角色定位得到进一步强化。2012年11月29日，习近平总书记在参观《复兴之路》展览时赋予中国梦新的内涵，指出："实现中华民族伟大复兴，就是中华民族近代以来最伟大的梦想。这个梦想，凝聚了几代中国人的夙愿，体现了中华民族和中国人民的整体利益，是每一个中华儿女的

---

① 朱军：《中华民族共同体意识共同性的现代性转化及发展》，《民族研究》2021年第3期。

共同期盼。"① 在相当长的时间里，尤其是在改革开放以前，中国共产党所开展的思想政治教育，其客体主要还是限制在国内，所开发的思想政治教育资源，主要用于内供。在这一阶段，所供应的思想政治教育资源，主要局限于国内的公共文化资源，其重要任务是凝练中华民族共同体意识。

但是，意识形态需要说服更多人的内在要求，必然促使中国共产党所构建的意识形态突破其说服的对象局限，从国内走向世界。被誉为"软实力之父"的美国哈佛大学名誉教授约瑟夫·奈认为，软实力主要来源于文化的吸引力、意识形态和价值观念的感召力、制定国际规则和建立国际机制的能力以及恰当的外交政策等。他指出，"软性的同化权力与硬性的指挥权力同样重要。如果一个国家可以使其权力被他国视为合法，则它将遭受更少对其所期望的目标的抵制。如果其文化与意识形态有吸引力，其他国家将更愿意追随其后"②。还有学者认为，意识形态是文化的灵魂和核心，开展意识形态工作是全面提升国家综合国力和文化软实力极其重要的环节③。这一点也表现为实现中华民族伟大复兴的中国梦的主体范围的拓展以及中国梦的世界意义的延伸。2014 年 6 月 6 日，习近平总书记在会见第七届世界华侨华人社团联谊大会代表时，将中国梦的主体涵盖范围扩大到海内外中华儿女，并认为中国梦和世界各国的梦想息息相通。他指出，"实现中华民族伟大复兴是海内外中华儿女共同的梦"，"中国梦是国家梦、民族梦，也是每个中华儿女的梦"，"中国梦既是中国人民追求幸福的梦，也同各国人民追求幸福的梦想相通"。④ 这将极大地拓宽思想政治教育客体的范围。客体范围的拓展，势必要求思想政治教育资源的供给出现深刻的转型升级。思想政治教育资源需要实现从内供到外供的拓展。

在全球化深入发展的今天，国际交往越来越频繁，思想政治教育所要面向的客体也开始超出了一国的范围，逐渐面向国际社会。在这种背景下，思

---

① 《习近平谈治国理政》第 1 卷，外文出版社，2018，第 36 页。
② 〔美〕约瑟夫·S. 奈：《硬权力与软权力》，门洪华译，北京大学出版社，2005，第 234 页。
③ 张志丹：《意识形态功能提升新论》，人民出版社，2017，第 2~3 页。
④ 《习近平谈治国理政》第 1 卷，外文出版社，2018，第 63~64 页。

想政治教育资源将不仅是面向国内的社会公共文化资源,还是一个国家向国际社会提供的重要国际公共文化资源。从话语表达的转变来看,新时代要实现从"向全民族讲好复兴愿景"到"向世界讲好中国故事"再到"用中国的方式讲好人类故事"的跃升,集中体现为增强中华民族共同体意识和构建人类命运共同体意识。开发适用于面向国际社会开展思想政治教育的资源,是一个国家发挥其文化影响力的重要方式,也是一个国家文化软实力的表现。从这个层面来看,新时代思想政治教育资源将是我国彰显和提升国际影响力的重要资源,也是促使思想政治教育产生更广泛的国际影响力的重要文化资源。

第二节 新时代思想政治教育资源开发研究的理论基础及借鉴

新时代思想政治教育资源开发是一个涉及面广的理论问题和实践问题,本书将在习近平新时代中国特色社会主义思想的指导下,以马克思主义相关理论和思想政治教育学的有关理论为基础,并充分借鉴有关学科的相关理论,从而多维度、多层次对思想政治教育资源开发进行透视和探究。

一 马克思主义与中国化马克思主义的理论指导和依据

马克思主义为新时代思想政治教育资源开发提供理论指导。马克思主义经典作家以及我们党的历代领导人尽管没有直接关于"思想政治教育资源开发"的论述,但有着丰富的与思想政治教育资源开发有关的论述。这些论述彰显了马克思主义经典作家和我们党的历代领导人在不同的历史时期对思想政治教育资源开发问题的持续探索,为我们开展新时代思想政治教育资源开发研究提供理论指导和理论依据。

(一)马克思主义经典作家关于思想政治教育资源开发的有关论述

就目前所掌握的资料来看,马克思、恩格斯没有直接关于"思想政治教育资源开发"的论述,但是他们关于人的需要理论、意识形态理论等以及关于思想政治教育的基本问题的论述,对新时代思想政治教育资源开发具有根本性的指导意义。

新时代思想政治教育资源开发需要马克思主义关于人的需要理论的指导。任何资源都必然具有对人的有用性,而这种有用性则源于资源可以满足人的特定需要,思想政治教育资源也不例外。它之所以是一种资源,是因为其必然具有满足人的需要的属性和功能。从个体的角度来看,人的需要体现了人的本质。马克思指出,"人以其需要的无限性和广泛性区别于其他一切动物"①。马克思、恩格斯还强调,"任何人如果不同时为了自己的某种需要和为了这种需要的器官而做事,他就什么也不能做"②。从宏观的角度来看,包括思想政治教育资源在内的所有资源的开发和供给,都因满足人的需要而成为必要和必需,资源的开发和供给方式也因应时代的需要和要求而不断演变,这是因为"一切划时代的体系的真正的内容都是由于产生这些体系的那个时期的需要而形成起来的"③。思想政治教育资源的开发源于思想政治教育活动对资源的需求,这些需求既包括思想政治教育主体组织开展思想政治教育活动的资源支持需求,也包括思想政治教育客体为了形成一定的思想政治素质而对资源的享用需求。马克思主义关于人的需要理论为我们从宏观和微观两个层面探讨思想政治教育资源的开发和供给的意义,探讨思想政治教育资源的开发动力提供理论指导。

新时代思想政治教育资源开发需要马克思主义意识形态理论指导。建构特定的意识形态是阶级以及政党等政治集团获得和维护政治合法性的重要保障,也是实现阶级利益的重要手段。马克思主义意识形态理论深刻揭示了意识形态的本质,并深刻阐释了意识形态生产的内涵、缘起及途径等重大问题。特别是马克思主义意识形态理论关于"意识形态阶层"和"精神生产"的论述对我们把握思想政治教育资源的开发主体的角色定位和思想政治教育

---

① 《马克思恩格斯全集》第49卷,人民出版社,1982,第130页。
② 《马克思恩格斯全集》第3卷,人民出版社,1960,第286页。
③ 《马克思恩格斯全集》第3卷,人民出版社,1960,第544页。

资源开发的实质具有重要的指导意义。

"意识形态阶层"是马克思主义意识形态理论的重要概念，指的是一个阶级中负责意识形态生产的人员。马克思主义关于"意识形态阶层"的论述为我们科学认识思想政治教育资源开发主体的角色和构成提供指导。"精神生产"是马克思主义意识形态理论的重要范畴，也是马克思主义唯物史观的重要概念。精神生产是人类社会生产活动的重要组成部分，是在社会分工的前提下从社会生活中分离出来的独立形态的思想、观念、意识的生产，是人类社会生产实践的基本形式。意识形态生产属于精神生产的一种形式，但是只有将一定阶级的特殊利益转化成社会普遍利益的精神生产才是意识形态生产。意识形态生产的目的在于使本阶级的意识形态成为社会大众所认可和接受的意识形态，从而达到维护本阶级利益的目的。从精神生产的属性来进行划分，精神生产可分为意识形态生产和非意识形态生产。

无产阶级开展意识形态生产、构建社会主义意识形态并开展意识形态斗争的重要性，一直备受重视。无产阶级出于建立政权、维护政治统治的需要，应当有属于自己的意识形态，并要与资产阶级在意识形态领域开展斗争。"思想政治教育的阶级性，也就是思想政治教育的意识形态性"[①]，思想政治教育与意识形态建构密切相关。从本质上来看，思想政治教育是进行意识形态教化、建构意识形态的重要途径，由此看来，意识形态是开展思想政治教育的重要资源，而意识形态生产则是思想政治教育资源开发的重要途径。正如有学者指出："阶级具有政治力量。这种政治力量集中表现在其能够自由调配社会的各种思想政治教育资源上。"[②] 马克思主义意识形态理论深刻揭示了意识形态的本质及意识形态生产规律，为我们科学把握思想政治教育的本质和开发思想政治教育资源提供根本指导。

列宁关于思想政治教育资源开发的论述，集中体现在他提出的"灌输论"中。列宁认为，"工人本来也不可能有社会民主主义的意识。这种意识

---

① 张耀灿等：《现代思想政治教育学》，人民出版社，2006，第118页。
② 杨威：《思想政治教育发生论》，中国社会科学出版社，2009，第209页。

只能从外面灌输进去"①,"阶级政治意识只能从外面灌输给工人,即只能从经济斗争范围外面,从工人同厂主的关系范围外面灌输给工人。只有从一切阶级和阶层同国家和政府的关系方面,只有从一切阶级的相互关系方面,才能汲取到这种知识。所以我们对于为了给工人灌输政治知识应当怎么办这个问题,决不能只是提出往往可以使实际工作者——尤其是那些倾向于经济主义的实际工作者——满意的那种回答,即所谓'到工人中去'"②。"灌输论"不仅是有效开展思想政治教育的重要方法和途径,更重要的是其中蕴含了开发开展思想政治教育所需要的资源的强烈的主动性和自觉性要求:思想政治教育要达到思想掌握群众的目的,不能依靠思想政治教育客体自身的自我觉醒,而必须发挥无产阶级政党的主动性,掌握充足的思想政治教育资源,以确保顺利组织开展思想政治教育。"灌输论"要求思想政治教育主体发挥积极性和自觉性,实际上强调了思想政治教育主体在开展思想政治教育之前,负有确定"用什么灌输"的责任,这就向思想政治教育主体提出了思想政治教育资源供给和开发的要求。由此而论,"灌输论"体现了强烈的思想政治教育资源开发和供应意识。

列宁关于无产阶级与资产阶级意识形态的斗争的论述中也蕴含着关于思想政治教育资源开发的思想。列宁认为,超阶级的意识形态是不存在的,他指出:"既然工人群众自己决不能在他们运动进程中创造出独立的思想体系,那么问题只能是这样:或者是资产阶级的思想体系,或者是社会主义的思想体系。这里中间的东西是没有的(因为人类没有创造过任何'第三种'思想体系,而且一般说来,在为阶级矛盾所分裂的社会中,任何时候也不能有非阶级的或超阶级的思想体系)。"③ 正是因为两个阶级各有其所生产和构建的意识形态,且两大意识形态处于对立的态势,所以思想政治教育除了要向工人阶级灌输社会主义意识形态,还必须揭露和批判资产阶级意识形态。列宁关于无产阶

---

① 《列宁选集》第1卷,人民出版社,1972,第247页。
② 《列宁选集》第1卷,人民出版社,1972,第293页。
③ 《列宁选集》第1卷,人民出版社,1972,第256页。

级与资产阶级意识形态的斗争的论述,对于我们今天科学认识和把握意识形态斗争的实质以及思想政治教育的本质和功能仍然具有十分重要的指导意义,可以为我们在新的时代背景下清醒认识和科学把握思想政治教育资源的可争夺性、思想政治教育资源开发对于赢得意识形态斗争胜利的重要意义。

(二)党的历代领导人关于思想政治教育的论述

我们党历来高度重视思想政治教育,党的历代主要领导人均有关于思想政治教育的论述,其中蕴含着丰富的思想政治教育资源开发的思想,对新时代思想政治教育资源开发具有重要的理论指导意义。在党领导人民取得新民主主义革命胜利、成立新中国、进行社会主义改造和推进社会主义建设的过程中,以毛泽东同志为主要代表的中国共产党人,把马克思列宁主义基本原理同中国具体实际相结合,创立了毛泽东思想,实现了马克思主义中国化的第一次历史性飞跃。毛泽东是毛泽东思想的主要创立者。他关于要将马克思列宁主义中国化、民族化的论述,不仅推动了党的理论创新,为思想政治教育提供核心资源——中国化的马克思主义,也为与时俱进地开发思想政治教育资源提供理论指导。此外,毛泽东关于继承发展中华优秀传统文化、批判吸收外国优秀文化、文艺为人民大众服务等一系列论述,蕴含着要从纵向的传统文化资源和横向的国外优秀文化资源两个维度拓展思想政治教育资源的来源、思想政治教育资源开发要体现鲜明的人民性等思想。而毛泽东关于调查研究的重要性、关于正确处理人民内部矛盾问题的论述,不仅为提升思想政治教育的针对性和提高思想政治教育工作处理人民内部矛盾的有效性提供理论指导,还为我们探讨思想政治教育资源的获取方法、思想政治教育资源开发与思想政治教育主要矛盾的解决的关系等问题提供理论指导。

在党召开十一届三中全会开启改革开放伟大进程的历史背景下,以邓小平同志为主要代表的中国共产党人,"团结带领全党全国各族人民,深刻总结新中国成立以来正反两方面经验,围绕什么是社会主义、怎样建设社会主义这一根本问题,借鉴世界社会主义历史经验,创立了邓小平理论"[①]。针对

---

① 《中共中央关于党的百年奋斗重大成就和历史经验的决议》,人民出版社,2021,第15页。

新的国际国内形势特别是意识形态斗争的新形势，邓小平对思想政治教育提出了一系列新的要求，这些要求直到今天仍然具有十分重要的指导意义，这些论述可以为我们研究思想政治教育资源开发问题提供指导。他提出，思想政治教育要结合实践中遇到的各种实际问题来解决群众的认识问题，从而有效说服群众，强调了解决思想问题要与解决实际问题相结合，要通过联系实际，紧扣群众关心的时事和政策问题进行教育。正如他所指出的："群众从事实上感觉到党和社会主义好，这样，理想纪律教育，共产主义思想教育和爱国主义教育，才会有效。"① 而对青年人开展思想政治教育，他强调了要注重发挥历史的教育作用，注重历史资源在思想政治教育中的作用。比如，1987年他在提到要"加强思想政治工作（说服教育工作）"时，就指出："了解自己的历史很重要。青年人不了解这些历史，我们要用历史教育青年，教育人民。"② 由此可以看出，邓小平十分注重根据不同对象的实际情况，立足群众的不同需求有针对性地开展思想政治教育，正如他在《关于反对错误思想倾向问题》中强调："要针对每个单位、每个人的不同情况去做思想工作。"③ 邓小平关于思想政治教育的这些论述，实际上蕴含了要针对群众的需求，从现实和历史中开发思想政治教育资源（可以说服群众的资源）的思想。而他所强调的要立足于不同对象的不同需求来开展思想政治教育，则体现了改革开放以来思想政治教育实践所得出的基本共识，即新时期思想政治教育应更加重视通过满足不同对象的需求来加强思想政治教育的针对性，从而提高思想政治教育的实效性。这对我们充分认识思想政治教育资源在满足思想政治教育对象的需求、提高思想政治教育的针对性和实效性方面具有指导意义。

"党的十三届四中全会以后，以江泽民同志为主要代表的中国共产党人，团结带领全党全国各族人民，坚持党的基本理论、基本路线，加深了对什么是社会主义、怎样建设社会主义和建设什么样的党、怎样建设党的认识，形

---

① 《邓小平文选》第3卷，人民出版社，1993，第144~145页。
② 《邓小平文选》第3卷，人民出版社，1993，第206页。
③ 《邓小平文选》第2卷，人民出版社，1994，第380页。

第一章 新时代思想政治教育资源开发的理论阐释

成了'三个代表'重要思想"①，并用其统领思想政治教育工作，在推进马克思主义中国化取得新的理论创新成果的同时，与时俱进地实现了思想政治教育指导思想上的创新。在国内外形势十分复杂的形势下，江泽民提出了"把依法治国与以德治国紧密结合起来"②的治国方略，极大地提高了思想政治教育的地位。我国具有悠久的"以德治国"传统，为新时期的思想政治教育提供了丰富的思想资源、历史资源、文化资源。面对我国社会主义市场经济体制逐渐建立、世界社会主义出现严重曲折的国内外新形势，针对影响干部群众思想活动的重大理论问题和实际问题，江泽民提出并回答了困扰人们思想的"四个如何认识"问题，即"如何认识社会主义发展的历史进程"、"如何认识资本主义发展的历史进程"、"如何认识我国社会主义改革实践过程对人们思想的影响"以及"如何认识当今的国际环境和国际政治斗争带来的影响"，③并明确提出了要加强"四信"教育，即要教育群众"坚定对马克思主义的信仰、坚定对社会主义的信念、增强对改革开放和现代化建设的信心、增强对党和政府的信任"④，并将其作为新时期思想政治工作的核心内容，明确提出"发展社会主义文化的根本任务，是培养一代又一代有理想、有道德、有文化、有纪律的公民。要坚持以科学的理论武装人，以正确的舆论引导人，以高尚的精神塑造人，以优秀的作品鼓舞人"⑤。江泽民关于思想政治教育的论述，以"三个代表"重要思想为统领，与时俱进地丰富了新时期思想政治教育核心资源；提出把"以德治国"作为治国方略的重要举措，极大地提高了新时期思想政治教育的地位，丰富了开展思想政治教育所必需的历史资源、现实资源和文化资源；针对复杂的国内外形势对群众思想认识的影响提出的"四个如何认识"，则运用唯物辩证法的辩证思维，深刻总结正反两个方面的历史经验，有效拓展了新时期思想政治教育资源开发

---

① 《中共中央关于党的百年奋斗重大成就和历史经验的决议》，人民出版社，2021，第16页。
② 《江泽民文选》第3卷，人民出版社，2006，第200页。
③ 《江泽民文选》第3卷，人民出版社，2006，第76~82页。
④ 《江泽民文选》第3卷，人民出版社，2006，第277页。
⑤ 《江泽民文选》第3卷，人民出版社，2006，第277页。

的历史视野和世界视野；提出以"四人"建设的方式培养"四有"公民，则是在具体教育方式上提出运用多形态多种类的思想政治教育资源培养具有综合素质的时代新人。这些论述和思想，对于我们思考新时代思想政治教育资源开发的场域拓展、正反历史经验的资源转化、传统文化资源的开发等问题都具有重要的指导意义。

党的十六大以后，胡锦涛同志立足于新旧世纪之交国内外的新形势，深刻回答了新形势如何实现科学发展、如何进行党的执政能力建设、如何构建社会主义和谐社会等重大时代课题，并对新形势下思想政治教育的目标、任务、内容、原则、方法及载体等进行了全新的探索，明确了思想政治教育在新的形势下应具备的功能和发挥的作用，蕴含着对思想政治教育资源开发问题进行新探索的思想。党的十六大以后，"以胡锦涛同志为主要代表的中国共产党人，团结带领全党全国各族人民，在全面建设小康社会进程中推进实践创新、理论创新、制度创新，深刻认识和回答了新形势下实现什么样的发展、怎样发展等重大问题，形成了科学发展观"[1]，这是马克思主义中国化的新成果，实现了思想政治教育核心资源的又一次创造性开发。进入 21 世纪，胡锦涛同志从党的执政能力建设和新形势下坚持和发展中国特色社会主义的战略高度深入探索了思想政治教育的系列根本性问题。尤为重要的是，他在论述党的执政能力建设时，强调了"执政资源"的重要作用，正如他在 2004 年中央政治局第十四次集体学习时指出的："党的执政理论建设是一项系统工程，包括执政理念、执政基础、执政方略、执政体制、执政方式、执政资源等主要方面。"[2] 对执政资源的重视，凸显了资源要素在加强党的建设中的重要作用，这就使得在思想政治教育的理论探索和实践创新中，资源要素的作用得到更多的重视。

党的十八大以来，中国特色社会主义进入新时代。以习近平同志为核心的党中央，始终高度重视思想政治教育。习近平总书记更是就加强和改进思

---

[1] 《中共中央关于党的百年奋斗重大成就和历史经验的决议》，人民出版社，2021，第 16 页。
[2] 《认真总结执政能力建设经验 大力加强党的执政理论建设》，《人民日报》2004 年 7 月 1 日。

第一章　新时代思想政治教育资源开发的理论阐释

想政治工作作出了一系列重要论述，为新时代思想政治教育资源开发提供了根本遵循。中国化的马克思主义特别是习近平新时代中国特色社会主义思想既是新时代思想政治教育的核心资源，又为新时代思想政治教育资源开发提供理论指导。一方面，习近平新时代中国特色社会主义思想为新时代思想政治教育资源开发提供开发目标的指引和方法论的指导，从而为新时代思想政治教育资源开发提供根本遵循。另一方面，习近平新时代中国特色社会主义思想作为当代中国马克思主义、二十一世纪马克思主义，是马克思主义中国化的最新成果，也是思想政治教育核心资源在新时代背景下的进一步创新发展，习近平文化思想以及习近平总书记关于教育的重要论述、关于思想政治工作的重要论述、关于意识形态工作的重要论述等，蕴含着丰富的关于教育资源、思想政治教育资源的开发和供给以及新时代背景下社会主义意识形态建设的资源获取等问题的真知灼见，为我们深入思考新时代思想政治教育资源开发问题提供直接的理论指导。同时，党的十八大以来，"习近平总书记在新时代文化建设方面的新思想新观点新论断，内涵十分丰富、论述极为深刻，是新时代党领导文化建设实践经验的理论总结，丰富和发展了马克思主义文化理论，构成了习近平新时代中国特色社会主义思想的文化篇，形成了习近平文化思想"[①]。习近平文化思想坚持马克思主义的基本立场，结合新时代中国特色社会主义文化建设的现实要求，科学回答了新时代坚持和发展什么样的中国特色社会主义文化、怎样坚持和发展中国特色社会主义文化等重大问题，其中蕴含着新时代中国特色社会主义文化建设的资源开发问题的理论创见，为新时代思想政治教育资源开发提供直接的理论指导。比如，他强调"把马克思主义基本原理同中国具体实际相结合、同中华优秀传统文化相结合"[②]，这既是推进马克思主义中国化时代化的方法论，也是在新时代思想政治教育资源开发中如何实现对中华优秀传统文化资源的有效开发的时代要

---

① 《习近平对宣传思想文化工作作出重要指示强调 坚定文化自信秉持开放包容坚持守正创新 为全面建设社会主义现代化国家 全面推进中华民族伟大复兴提供坚强思想保证强大精神力量有利文化条件》，《人民日报》2023年10月9日，第1版。
② 《习近平著作选读》第1卷，人民出版社，2023，第14页。

求。又比如,习近平总书记深刻阐述了坚定文化自信的重要意义、科学内涵和实践要求,为我们深入研究新时代思想政治教育资源开发以增强思想政治教育客体的文化自信、切实增强我们的文化主体性提供了根本遵循。

二 思想政治教育学科的理论支撑

思想政治教育学的相关理论也为新时代思想政治教育资源开发研究提供理论基础,为本研究提供重要的理论支撑。廓清思想政治教育资源开发的一些基础性问题,需要以思想政治教育学相关理论为支撑,主要包括思想政治教育本质论、主体论、过程论、动力论、空间论以及中国共产党思想政治教育史论。

思想政治教育本质论是研究思想政治教育资源开发问题的重要基础理论。思想政治教育本质论聚焦探究"思想政治教育是什么"的问题,是思想政治教育基础理论研究的元问题之一。正如前文我们所分析的,对思想政治教育的本质问题的不同看法,将对思想政治教育资源及思想政治教育资源开发的认识产生直接影响。对"思想政治教育本质是什么"的认定,是讨论思想政治教育资源开发问题的重要前提和基础。思想政治教育本质是学界常研常新的基础理论问题,目前学界形成了"意识形态论""灌输论""政治价值观再生产论""价值引导论""思想掌握群众论""社会治理论""二重本质论""多重本质论""相对本质论"等十多种代表性观点。这些观点从不同角度阐释了思想政治教育的本质属性、基本规律和主要功能,为进一步厘清思想政治教育资源的内涵,更全面认识思想政治教育资源开发的意义提供理论支撑。

思想政治教育主体论有关思想政治教育主客体关系构建、主客体的主体性构成与层次等问题的讨论,有助于为本书探讨思想政治教育资源开发对思想政治教育主客体关系构建的重要作用提供理论指引。思想政治教育主体论关于"思想政治教育者的主体性并不是既成的,而是在教育活动中生成的""确认受教育者的主体地位,发挥和尊重受教育者的主体性,是现代思想政治教育伦理观的基本思想"[①] 等观点,为我们探讨思想政治教育客体的资源

---

① 张耀灿等:《现代思想政治教育学》,人民出版社,2006,第268~293页。

需求与思想政治教育主体的资源开发责任的关系提供理论指引。

思想政治教育过程论也为思想政治教育资源开发问题研究提供理论支撑。思想政治教育过程论是思想政治教育学基础理论的重要板块，在思想政治教育学基础理论体系中居于核心地位，思想政治教育过程论相关问题一直是学界研究的热点问题和重点问题，也是常研常新的基础理论问题。思想政治教育资源开发是思想政治教育过程的基础性环节，因此，思想政治教育资源开发问题是思想政治教育过程论的重要论题。思想政治教育过程论中有关思想政治教育构成要素的理论、关于思想政治教育主客体关系的理论以及关于思想政治教育过程中主客体矛盾运动的理论，都为思考新时代思想政治教育资源开发问题提供重要的理论支撑。

思想政治教育动力论也为思想政治教育资源开发研究提供理论支撑。思想政治教育动力论，主要探究思想政治教育发生和运行的动力来源、动力机制和动力形态等问题。对思想政治教育动力问题的研究，内在地包含了对思想政治教育资源开发动力问题的研究。思想政治教育动力论主要为探究思想政治教育资源开发动力源、思想政治教育资源开发动力的形态和类型以及思想政治教育资源开发的动力发生机制提供支撑。思想政治教育资源开发的动力，主要是指思想政治教育资源的稀缺性产生的推动力、思想政治教育资源的非自动生成性产生的内驱力等。这些动力也是思想政治教育实践活动得以进行的动力。

中国共产党思想政治教育史论则可以为新时代思想政治教育资源开发研究提供梳理思想政治教育资源开发历史进程的历史视角。考察中国共产党在革命、建设和改革各个历史时期的思想政治教育资源开发情况，梳理思想政治教育资源开发的历史脉络，目的是整理思想政治实践积累的主要经验以及所取得的主要成果，从而为探讨新时代思想政治教育资源开发问题奠定良好基础。中国共产党思想政治教育史是思想政治教育发生、发展的历史进程，反映了中国共产党思想政治教育的历史发展规律，是开展思想政治教育的重要资源。

思想政治教育空间理论可以为探讨新时代思想政治教育资源的开发场域

问题提供新的理论视角。随着构建"大思政"工作格局工作的深入推进，新时代思想政治教育的实践空间出现了"网络空间"与"现实空间"的双向拓展，以及学校、社会、家庭空间协同联动和无缝衔接的新要求，空间作为提升思想政治教育有效性的变量，其重要性越来越受到重视。鉴于空间问题在新时代思想政治教育的理论研究和实践探索中的重要性越来越得以凸显，有学者呼吁思想政治教育研究要重视"空间转向"这个新的视野，指出"思想政治教育的空间转向是在分析'现实空间与网络空间'以及'家庭、学校与社会'等诸多空间对思想政治工作的深刻影响的基础上，揭示思想政治教育发展的空间连续性和对空间转换的适应性，以建立和完善思想政治教育空间化的学科理论与方法体系"。[①] 思想政治教育空间和空间转向的有关理论，一方面，可以为我们探讨新时代思想政治教育资源开发的场域问题提供理论支撑；另一方面，对思想政治教育资源开发问题进行研究也有助于推动新时代思想政治教育研究实现"空间转向"。事实上，思想政治教育研究的"空间转向"，在实践中更加重视空间这个因素对思想政治教育实效性的影响，也将引起人们对思想政治教育资源开发问题的重视。

三 相关学科理论借鉴

探究思想政治教育资源开发问题需要通过多视角进行多维透视和立体分析，因此，本研究除了前述的指导理论及支撑理论外，还将积极借鉴教育学、政治学及哲学等学科的相关理论，并从中汲取理论养料。

新时代思想政治教育资源开发研究，需要借鉴人们对资源的看法即资源观。资源是人类开展实践活动的基本条件，随着人类实践活动方式的不断变化、边界的不断拓宽，资源的内涵和类型也在不断丰富。在这个过程中，人类的资源观也发生了变化。比如对"资源"的定义也从最初的"天然存在的自然物，不包括人类加工制造的原料，如土地资源、矿产资源、水利资

[①] 卢岚:《空间转向:思想政治教育研究的新视野》,《学校党建与思想教育》2019年第5期。

第一章　新时代思想政治教育资源开发的理论阐释

源、生物资源和海洋资源，是生产的原料来源和布局场所"①，也就是满足人类生产、生活需要的自然原料，到认为"资源是在一定的时间和技术条件下能够生产经济价值、提供当前和未来福利的自然环境因素的总称"②，再到"一切能够被人类所明确阐释、科学合理开发和配置，并获得开发和配置主体期望利益的自然和社会要素均被我们列入资源的范围来归并"③。可见人类对于资源的认识经历了从自然资源到社会资源、从物质资源到精神资源的不断拓展，而人类的资源观也在这个过程中发生了变化。人类资源观的演化历程，对我们科学把握新时代思想政治教育资源的内涵和类别具有重要的参考和借鉴作用。

新时代思想政治教育资源开发研究，需要借鉴建构主义理论。该理论最早研究的中心问题是儿童的认知结构形成问题。代表人物皮亚杰认为，儿童的认知结构是儿童在与周围环境相互作用的过程中，通过同化和顺应逐步形成的，它们分别在量的扩充和质的改变两个方面影响了儿童的认知结构。建构主义理论对接受基础的强调可以深化我们对思想政治教育客体、对思想政治教育资源接受机制的认识。强调思想政治教育客体的接受基础对思想政治教育活动效果的重要影响，其意义在于对思想政治教育客体接受基础的重视，将会促使对思想政治教育客体资源需求的肯定。而这种对客体资源需求的肯定，与重视思想政治教育客体的"主体性"是相辅相成的，这也是思想政治教育资源开发问题得以重视的重要原因。借鉴建构主义理论，可以为我们从满足思想政治教育客体需要的视角，特别是在个体微观的接受层面探讨思想政治教育接受的规律、思想政治教育主体和客体关系的厘定，以及科学把握思想政治教育资源在其中所起的作用提供有益的借鉴。

新时代思想政治教育资源开发研究还可以借鉴行为主义政治学理论。行为主义政治学是 20 世纪在美国兴起的一个政治学流派。行为主义政治学重

---

① 辞海编辑委员会编纂《辞海》，上海辞书出版社，1999，第 1738 页。
② 史忠良主编《工业资源配置》，经济管理出版社，1997，第 8 页。
③ 崔满红：《金融资源理论研究（二）：金融资源》，《城市金融论坛》1999 年第 5 期。

新时代思想政治教育资源开发：理论阐释与路径

视政治资源在政治行为中的重要作用。比如，行为主义政治学代表人物达尔认为，政治是影响力的运用，而影响力的大小取决于三个基本因素，一是资源，二是技能，三是动机。在达尔看来，资源是造成影响力差异的第一因素，因此，政治资源也就成了分析政治行为的一个重要因素。基于此，达尔构建了一个以政治资源为核心概念的政治分析框架，并由此提出围绕着政治资源进行政治分析的独特视角，而这也成了行为主义政治学进行政治分析的共同视角。[①] 在行为主义政治学的视野里，政治被理解为一种权威性的分配活动，政治行为主体要获得和发挥影响力，必须掌握一定的政治资源，而且所拥有的政治资源数量与质量对政治权力具有直接影响。这样，资源概念就被应用到政治学研究中去，政治资源逐渐成为政治分析的核心概念，政治资源的提取和开发、分布和配置、利用和保护及政治资源和政治权力的相关性成为政治学研究的重要内容。行为主义政治学对资源在政治活动中的基础性和核心性作用的论述对我们阐述思想政治教育资源在思想政治教育中的作用提供了理论参考。

新时代思想政治教育资源开发研究，可借鉴文化资源学的有关理论。文化资源学关于文化资源概念的厘定、文化资源的分类标准和存在形态、文化资源的需求和供给原理、文化资源的生产和再生产、文化资源的保护和开发方式、文化资源数字化的保护与利用等问题的阐述，为本书探讨思想政治教育资源的概念、思想政治教育资源开发路径、新时代思想政治教育资源的分类、新时代思想政治教育资源的供需原理、新时代思想政治教育资源的保护和开发、新时代思想政治教育资源开发的数智化等问题提供了很有价值的借鉴。特别是文化资源学关于文化资源的生产与再生产原理、文化资源的供需矛盾问题、文化资源数字化开发与利用的技术创新、文化资源数字化保护与利用的基本技术等关于文化资源开发利用的规律和机制的理论阐述，为我们探讨新时代思想政治教育资源开发的原理和机制

---

① 参见〔美〕罗伯特·A.达尔、布鲁斯·斯泰恩布里克纳《现代政治分析》，吴勇译，中国人民大学出版社，2012。

提供借鉴。

新时代思想政治教育资源开发研究，需要借鉴文化生态学关于文化发展变迁与环境和资源的关系的理论知识。"文化生态（学）"（cultural ecology），是由美国人类学家斯图尔特于20世纪50年代提出的一个概念，主要研究人类对环境的适应所牵涉的文化变迁，开创性地推进了文化与环境的互动关系的研究。受斯图尔特"文化生态学"研究的影响，资源对社会变迁的重要影响受到人们更多的重视。[①] 文化生态学有关资源控制权争夺导致人们对资源占有的差异，并由此造成了社会分层和政治组织的理论阐释，为我们认识思想政治教育资源开发对构建新时代文化生态的重要意义，从而为阐述新时代思想政治教育资源开发的现实意义提供启发。

新时代思想政治教育资源开发研究，还应该借鉴人工智能、大数据、移动互联网等新技术的有关理论知识。人工智能、大数据、移动互联网等新技术的广泛应用，深刻改变了人们的生产方式、生活方式、思维方式。这种变革，深刻地改变了思想政治教育资源开发的方式和机制，不仅影响了新时代思想政治教育资源的存在形态和种类，使数字化资源得以广泛应用，而且促使在新时代思想政治教育资源开发的过程中广泛应用新技术，使思想政治教育资源开发的方式方法和开发技术更加数智化，并对新时代思想政治教育资源开发的理念产生深刻影响。一系列新技术的应用所引起的思维方式的变革，使新时代思想政治教育资源开发呈现鲜明的数字化、网络化、系统化特征。

第三节　新时代思想政治教育资源开发的意义及特征

新时代思想政治教育资源既有思想政治教育资源的一般属性，同时又有基于新时代独特历史背景和时代需求的特殊性。新时代思想政治教育资源开

---

① 高丙中：《文化生态的概念及其运用》，《清华大学学报》（哲学社会科学版）2024年第2期。

新时代思想政治教育资源开发：理论阐释与路径

发为促进新时代思想政治教育高质量发展提供资源支撑。当前的国内外时代背景，既对思想政治教育资源开发提出新的问题，从而对新时代思想政治教育资源开发提出时代要求，也为新时代思想政治教育资源开发提供了更加宽广的空间场域、历史场域和文化场域。

一 思想政治教育资源开发的新时代背景

新时代思想政治教育资源开发是在一定的国内外时代背景下开展的。新时代思想政治教育资源开发的国内外时代背景，是由目前国际宏观背景和我国所处的中国特色社会主义新时代的历史方位所框定的，国内外的现实状况构成了思想政治教育资源开发的时代背景。

从国际背景来看，当今世界正经历百年未有之大变局，新时代思想政治教育资源开发面临着新的复杂的国际环境。中国式现代化开辟了人类实现现代化的新道路，其中所彰显的中国智慧越来越通过文化供给得以体现，文化软实力在综合国力的竞争中的作用越来越突出，思想政治教育资源逐渐成为我国向国际社会提供的重要文化资源，由此也要求思想政治教育资源开发有更加开阔的国际视野和世界意识。马克思、恩格斯指出："过去那种地方的和民族的自给自足和闭关自守状态，被各民族的各方面的互相往来和各方面的互相依赖所代替了。物质的生产是如此，精神的生产也是如此。各民族的精神产品成了公共的财产。"① 新时代思想政治教育资源的这种外供需求，促使新时代思想政治教育资源更加凸显其文化资源的属性。在国际文化交流互鉴更加频繁和深入的时代背景下，对思想政治教育资源供给的充分性和针对性提出更高的要求，由此对新时代思想政治教育资源开发提出更强劲的需求。

从国内背景来看，进入新时代以来党和国家事业取得了历史性成就、发生了历史性变革。随着党和国家事业的发展，我国社会主要矛盾已经转化为人民日益增长的美好生活需要和不平衡不充分的发展之间的矛盾。当前，我

---

① 《马克思恩格斯文集》第 2 卷，人民出版社，2009，第 35 页。

们必须立足于"中国特色社会主义新时代"这一历史方位,在现实维度上切实把握新时代思想政治教育时代境遇的变化。思想政治教育以建设和传播主流意识形态、培养和提高人的思想政治素质为要务,在推动国家治理体系和治理能力现代化、维护社会秩序与促进个人发展等方面都发挥着重要作用,新时代思想政治教育的社会治理功能更加受到重视。

二 思想政治教育资源开发的新时代需求及特征

当前思想政治教育资源开发的时代背景,既为思想政治教育资源开发提供了时代条件,也深刻影响着思想政治教育资源的供给和需求,对思想政治教育资源开发提出了具有时代特征的更高要求。总体而言,新时代思想政治教育资源开发的时代要求集中体现在以下两个方面。

一方面,新时代思想政治教育资源开发要满足思想政治教育主体对社会主义意识形态的建设和传播的需求。作为社会主义意识形态建设和传播的主要途径,思想政治教育对于资源开发的要求,首先体现在其要满足社会主义意识形态建设和传播的需求上。党的二十大报告提出要"建设具有强大凝聚力和引领力的社会主义意识形态"[①]。新时代思想政治教育资源开发,就要紧紧围绕这个目标,通过意识形态建设和传播不断增强社会主义意识形态的凝聚力和引领力。

另一方面,新时代思想政治教育资源开发要满足思想政治教育客体的思想政治素质形成的需求。有学者指出:"思想政治教育作为提供人们精神产品的重要活动和载体,不仅承担着意识形态的功能和使命,也为人们精神的富足提供养料。"[②] 新时代,思想政治教育客体特别是青少年群体,其主体性更加鲜明,对思想政治教育资源供给的要求也更加体现个体差异性。这就要求思想政治教育资源开发瞄准思想政治教育客体的思想政治素质的形成对于资源的个性化供给的要求。首先,在思想政治教育资源开发的量的方面,新

[①] 《习近平著作选读》第 1 卷,人民出版社,2023,第 36 页。
[②] 王学俭等:《新时代思想政治教育基本问题研究》,人民出版社,2021,第 62 页。

新时代思想政治教育资源开发：理论阐释与路径

时代思想政治教育资源开发要尽可能地开发出数量充足的能满足客体需求的资源。同时，要更加注重不同种类资源的供给，尤其是在当前互联网已经深刻影响群众生活方式的背景下，要更加注重网络思想政治教育资源或是数字思想政治教育资源的供给。其次，新时代思想政治教育客体更加注重思想政治教育资源的质量，更加看重思想政治教育主体所提供的资源能否更有效地满足客体形成新时代所要求和倡导的思想政治素质和能力的需求，这就要求主体开发出更加优质的思想政治教育资源，并由此有效地促进思想政治教育客体的全面发展，这也是新时代思想政治教育高质量发展的落脚点。最后，新时代思想政治教育资源开发要有效满足客体的资源需求，需要置于满足人民群众对美好生活的向往和追求的背景下，聚焦于客体差异化个性化的资源需求，着力解决资源供给的不平衡不充分问题。在面向不同对象、不同地域提供思想政治教育资源时，要更加注重资源供给的平衡性和公平性。这就需要通过差异化、精细化的资源开发，积极建构新的思想政治教育资源体系，为客体精准提供个性化的思想政治教育资源，从而能满足不同客体的不同需求。

新时代思想政治教育工作格局越来越呈现学校思想政治教育、家庭思想政治教育和社会思想政治教育协同发力的"大思政"工作格局。2020年9月，习近平总书记在湖南考察时强调："要把课堂教学和实践教学有机结合起来，充分运用丰富的历史文化资源，紧密联系中国共产党和中国人民的奋斗历程，深刻领悟马克思主义中国化的内在道理，深刻领悟为什么历史和人民选择了中国共产党和社会主义，进一步坚定'四个自信'。"① 这为拓宽新时代思想政治教育资源的来源提出明确要求和作出指导。在此背景下，新时代思想政治教育所需要的资源已突破了学校、家庭等固定场域所容纳的思想政治教育资源，需要更加注重构建面向"社会大课堂"的思想政治教育"大资源系统"，这就对新时代思想政治教育资源开发提出新的时代要求。

---

① 《习近平在湖南考察时强调 在推动高质量发展上闯出新路子 谱写新时代中国特色社会主义湖南新篇章》，《人民日报》2020年9月19日，第1版。

第一章 新时代思想政治教育资源开发的理论阐释

需要指出的是，满足思想政治教育客体的资源需求成为新时代思想政治教育资源开发的重要依据，体现了新时代思想政治教育鲜明的人民性。人民群众在接受思想政治教育的同时也提出了对思想政治教育资源的需求，了解和把握人民群众的需求，是科学有效地开发思想政治教育资源的重要依据。一方面，中国共产党代表最广大人民群众的根本利益，所生产的意识形态以及所进行的意识形态教化，都是面向和服务人民群众的。就我们党所开展的思想政治教育而言，人民群众是主要对象，也是重要的参与者。通过思想政治教育，人民群众形成了特定的世界观、人生观和价值观，获得了社会生活所必备的规则知识、道德认知和秩序意识，从而获得了参与社会生活的"准入证书"，成为社会秩序的受益者、自觉维护者和支持者，从而成为维护社会秩序的重要力量。具体到思想政治教育，人民群众既是最重要的思想政治教育客体，也是最重要的思想政治教育资源需求者和享用者。人民群众不是被动接受思想政治教育资源的，获得思想政治教育资源，是通过思想政治教育树立一定的价值观，建立一定的社会关系，从而获得融入社会所必备的"准入条件"的重要基础。从这个角度来看，思想政治教育资源是重要的社会公共文化资源。另一方面，人民群众是历史的创造者，人民群众不仅是物质生产的主要力量，也是精神生产的主要力量，既是物质财富的主要创造者，也是精神财富的主要创造者，人民群众的劳动成果、劳动经验中蕴藏着丰富的思想政治教育资源。从社会精神文化生产的分工来看，除了直接生产意识形态的核心群体之外，还有数量众多的人民群众，他们虽然不直接进行意识形态的生产或意识形态物质载体和传播途径的建设，但他们接受了特定意识形态的思想引导，并认同特定的意识形态，并据此进行精神生产。事实上，尽管并非所有的精神生产都是意识形态生产，但所有的精神生产都不可避免地受到特定意识形态的影响。正因如此，其他类型的精神生产也是思想政治教育资源的重要来源，并保证了思想政治教育资源的丰富性和多样化。比如，人民群众基于具体生活地域而创造的乡土文化，或基于历史文化传承而创造的传统文化或者特定的民族文化等，都是思想政治教育资源开发的重要对象，也是思想政治教育资源的重要来源。围绕着新时代思想政治教育对资源的需求，新时代思想政治教育资源的开发呈现出鲜明的时代特征。

在开发主体上，新时代思想政治教育资源开发应由不同的主体立足不同的角色定位形成协同开发的强大合力。在这些开发主体中，中国共产党是居于核心地位的领导主体，为新时代思想政治教育资源开发提供了根本的政治保障；各级文化管理部门、各级教育行政部门等负责思想政治教育的管理部门是新时代思想政治教育资源开发的管理主体，它们通过制定实施各种政策，为推进新时代思想政治教育资源开发提供组织保障和制度保障；学校、博物馆、爱国主义教育基地等主题教育基地、新闻出版机构等组织和机构，它们是新时代思想政治教育资源开发的组织机构，是新时代思想政治教育资源开发的具体实施者，是新时代思想政治教育资源的实施主体。党的十八大以来，党的建设得到全面加强，党对意识形态工作的领导权得到进一步巩固，党对思想政治教育资源开发的领导也得以全面加强。《关于新时代加强和改进思想政治工作的意见》《新时代高等学校思想政治理论课教师队伍建设规定》《关于加强新时代马克思主义学院建设的意见》《全面推进"大思政课"建设的工作方案》《关于进一步加强新时代中小学思政课建设的意见》等文件的制定和实施，为加强和改进新时代思想政治教育也为新时代思想政治教育资源开发提供了强大的政策保障。随着一系列政策的制定实施，开展思想政治教育的组织机构切实发挥思想政治教育资源开发主体的作用，更加凸显和强化了思想政治教育资源供给者的功能和角色，使新时代思想政治教育资源开发呈现更加鲜明的"有组织开发"和"更专业开发"的特点。党的十八大以来，"以习近平同志为主要代表的中国共产党人，坚持把马克思主义基本原理同中国具体实际相结合、同中华优秀传统文化相结合，坚持毛泽东思想、邓小平理论、'三个代表'重要思想、科学发展观，深刻总结并充分运用党成立以来的历史经验，从新的实际出发，创立了习近平新时代中国特色社会主义思想"[1]，"习近平新时代中国特色社会主义思想是当代中国马克思主义、二十一世纪马克思主义，是中华文化和中国精神的时代精

---

[1] 《中共中央关于党的百年奋斗重大成就和历史经验的决议》，人民出版社，2021，第23~24页。

华，实现了马克思主义中国化新的飞跃"①，极大地丰富了新时代思想政治教育的核心资源。同时，习近平总书记就加强和改进思想政治工作发表了一系列重要讲话，提出了一系列新论断和新观点，在为加强和改进思想政治工作指明方向的同时，也为新时代思想政治教育资源开发提供了根本遵循。在思想政治教育理论和实践工作者的共同努力下，新时代思想政治教育的理论研究和实践探索取得了丰硕成果，思想政治教育高质量发展的态势更加强劲，思想政治教育学科自主知识体系构建取得了重大进展，新时代思想政治教育资源在一定程度上也实现了高质量开发。

在开发场域上，随着马克思主义基本原理同中国具体实际相结合、同中华优秀传统文化相结合这"两个结合"在新时代实现了更深层次的推进，新时代思想政治教育资源开发实现了空间场域、历史场域和文化场域的拓展。新时代思想政治教育资源开发总体上呈现广度和深度都得到拓展的态势。

在开发策略上，新时代思想政治教育资源开发遵循导向性与兼容性相结合、充足性与可持续性相结合、批判性与建设性相结合、与时俱进与积淀传承相结合等原则，通过批判与建构、拓展与培植、转化与创生、整合与继承等多种路径，围绕着新时代思想政治教育资源供给的要求，广泛应用新媒体、大数据和人工智能等新兴技术开发思想政治教育资源，更加充分地发挥新技术对思想政治教育资源开发的赋能作用。

三 新时代思想政治教育高质量发展的资源支撑

2013年，习近平总书记在全国宣传思想工作会议上强调，宣传思想工作"要提高质量和水平，把握好时、度、效，增强吸引力和感染力，让群众爱听爱看、产生共鸣，充分发挥正面宣传鼓舞人、激励人的作用"②。这为以群众喜闻乐见的方式提升思想政治教育效果、提高思想政治教育质量指明了方向并提出了明确要求，也为构建新时代思想政治教育资源体系指明了方向并

---

① 《中共中央关于党的百年奋斗重大成就和历史经验的决议》，人民出版社，2021，第26页。
② 习近平：《论党的宣传思想工作》，中央文献出版社，2020，第16页。

提出了明确的要求。中国特色社会主义进入新时代，我国社会主要矛盾已经转化为人民日益增长的美好生活需要和不平衡不充分的发展之间的矛盾，而"发展中的矛盾和问题集中体现在发展质量上。这就要求我们必须把发展质量问题摆在更为突出的位置，着力提升发展质量和效益"①。由此提出了"以推动高质量发展为主题，以深化供给侧结构性改革为主线，以改革创新为根本动力，以满足人民日益增长的美好生活需要为根本目的"②的高质量发展要求。2023年，习近平总书记在中共中央政治局第五次集体学习时强调"要坚持把高质量发展作为各级各类教育的生命线"③，再次为新时代思想政治教育的高质量发展提出明确的方向和要求。实现高质量发展是新时代思想政治教育在新发展阶段的必然要求、发展目标和必然选择。高质量的思想政治教育资源开发既是思想政治教育主体获得主体性、履行主体责任的有力保障，也是提高思想政治教育主体的主动意识、主动精神的体现，还是提高新时代思想政治教育实效性、推动和实现新时代思想政治教育高质量发展的重要举措。

思想政治教育高质量发展，意指"思想政治教育贯彻新发展理念、延展'再生产'链条，提高'为党育人、为国育才'成效、提升中国式品牌效应的实践总和"④。新时代思想政治教育的高质量发展既是实现中华民族伟大复兴的必然要求，也是为了更好地适应新形势、面对新矛盾、解决新问题而建构的思想政治教育的新发展目标。新时代思想政治教育高质量发展，既要始终关注社会主义意识形态的建设，关注思想政治教育运行的整体顺畅性和有效性，也要始终关注思想政治教育客体对思想政治教育资源的需求，必须以满足思想政治教育客体的需求和期待为着力点，更加注重因应需求侧的状况来动态调整资源的供给侧，切实增强思想政治教育资源有效供给，使思想政

---

① 《习近平谈治国理政》第4卷，外文出版社，2022，第114页。
② 《十九大以来重要文献选编》（中），中央文献出版社，2021，第790页。
③ 《习近平在中共中央政治局第五次集体学习时强调 加快建设教育强国 为中华民族伟大复兴提供有力支撑》，《人民日报》2023年5月30日，第1版。
④ 黄蓉生：《建构思想政治教育自主知识体系论析》，《马克思主义理论学科研究》2023年第9期。

治教育资源为思想政治教育高质量发展提供有力支撑。

新时代思想政治教育要实现高质量发展，需要具备多方面的条件，其中一个重要的条件就是要有高质量的资源支撑，这是由于新时代思想政治教育需要立足新时代的历史方位采用新的发展模式。而采用新的发展模式，就要"彻底摒弃依靠投入大量的人力、物力资源来提升教育实效的传统思想政治教育发展模式，在坚持创新发展、协调发展、绿色发展、开放发展、共享发展的过程中有效挖掘和优化配置思想政治教育资源"①。新时代思想政治教育资源开发要为思想政治教育在新的发展阶段实现高质量发展提供有力的资源支撑。在思想政治教育过程中，客体的需求与期待随着时代和实践的发展而呈现多样化，思想政治教育的资源供给也要与时俱进，避免出现思想政治教育资源的有效供给滞后于思想政治教育客体需求的情况。

为新时代思想政治教育高质量发展提供高质量的资源支撑，主要体现为思想政治教育资源开发为构建新时代思想政治教育学科自主知识体系、构建新时代思想政治教育高质量内容体系和构建"大思政"工作格局提供资源支撑。其一，思想政治教育资源开发是构建新时代思想政治教育学科自主知识体系的重要基础及重要内容。2022 年 4 月，习近平总书记在中国人民大学考察时指出："加快构建中国特色哲学社会科学，归根结底是建构中国自主的知识体系。"② 思想政治教育学作为中国特色哲学社会科学之林中的一门新兴学科，更迫切地面临着建构自主知识体系的任务，③ 构建思想政治教育学科自主知识体系，是新时代思想政治教育高质量发展的重要体现和标志。新时代思想政治教育资源开发，尤其是对思想性资源、政治性资源的开发，为构建思想政治教育学科自主知识体系提供坚实的资源保障。同时，思想政治教育学科自主知识体系的构建，也是思想政治教育资源开发的重要内容，所构

---

① 张国启、刘亚敏：《新时代思想政治教育高质量发展的逻辑内涵与实践理路》，《思想教育研究》2021 年第 5 期。
② 《习近平在中国人民大学考察时强调 坚持党的领导传承红色基因扎根中国大地 走出一条建设中国特色世界一流大学新路》，《人民日报》2022 年 4 月 26 日，第 1 版。
③ 刘建军：《试论思想政治教育学科自主知识体系的建构》，《思想理论教育》2023 年第 10 期。

建的思想政治教育学科自主知识体系，则是新时代思想政治教育资源的重要组成部分，两者相辅相成，共同推动新时代思想政治教育的高质量发展。其二，新时代思想政治教育高质量发展需要着力构建新时代思想政治教育高质量内容体系。新时代思想政治教育资源开发，可以为构建新时代思想政治教育高质量内容体系提供坚实的资源保障，从而为实现思想政治教育的高质量发展提供有力的资源支撑。正如有学者指出，实现新时代思想政治教育高质量发展，就要"着力构建高质量的思想政治教育内容体系，应以习近平新时代中国特色社会主义思想为统领，对思想政治教育内容进行整体性构建，吸纳各种思想政治教育资源"[①]。其三，新时代思想政治教育构建"大思政"工作格局，提升思想政治教育亲和力、思想性、理论性的新要求，也都有赖于建构新的思想政治教育资源体系。"大思政"工作格局的构建，实现了学校思想政治教育、家庭思想政治教育和社会思想政治教育的系统协同和贯通联动，极大地拓展了新时代思想政治教育的场域，为新时代思想政治教育实现高质量发展提供了良好的支撑。尤其是新时代以来党和国家的事业取得的历史性成就、发生的历史性变革形成了丰富的成就性资源，极大拓展了新时代思想政治教育的资源来源。同时，构建"大思政"工作格局，也需要思想政治教育资源的高质量开发，以构建高质量的思想政治教育资源体系，保障新时代思想政治教育的高质量发展。

---

① 刘建军、邱安琪：《论新时代思想政治教育的高质量发展》，《思想理论教育》2021年第4期。

第二章　新时代思想政治教育资源开发的主体

思想政治教育资源开发主体，是指领导、组织管理、实施思想政治教育资源开发的机构及其人员，是思想政治教育资源开发的发动者和组织者，也是思想政治教育资源的供应者。从宏观上来看，思想政治教育资源开发主体是一个由多种主体构成的系统；从微观上来看，思想政治教育资源开发主体是思想政治教育主体在思想政治教育资源开发阶段的主要角色，承担着社会主义意识形态生产者、意识形态物质载体和传播途径的建设者、思想政治教育资源的供应者三重角色和责任。新时代思想政治教育资源开发需要充分激发和调动各类主体开发资源的自觉性，要加强党对新时代思想政治教育资源开发的全面领导，并加强政策指导、平台建设和队伍建设，形成思想政治教育资源开发的强大合力。

第一节　思想政治教育资源开发主体的角色定位

作为思想政治教育资源开发的发动者和组织者，思想政治教育资源开发主体的主体地位和主体角色的确定逻辑，需要通过考察思想政治教育主客体关系得以明晰。这就需要对思想政治教育过程进行拓展，考察在思想政治教育资源开发阶段，思想政治教育主体依凭获得思想政治教育资源开发权而成为思想政治教育资源的开发主体，并由此成为思想政治教育资源的供应者、社会主义意识形态的生产者及意识形态物质载体和传播途径的建设者,这些角色彰显了思想政治教育资源开发主体所承担的思想政治教育资源供给责任。

一 思想政治教育资源开发主体的界定

思想政治教育资源开发主体是思想政治教育主体在思想政治教育资源开发阶段的重要角色,这一角色需要置于思想政治教育主体与客体的关系中进行考察,这对于界定"谁是思想政治教育资源开发主体"具有重要意义。思想政治教育主体、客体及其关系问题是贯穿思想政治教育过程最关键、最基础的理论问题,深刻分析思想政治教育主体与客体的科学内涵,科学厘清和把握思想政治教育主体与客体的关系,是不断增强思想政治教育有效性的关键,其重要价值已经达成了普遍的共识。① 与思想政治教育主客体关系重要性达成共识不同,学界对于"思想政治教育主客体关系为何或者应该为何"的问题却始终众说纷纭未能达成一致意见,甚至进行了旷日持久的论争,② 并形成了一系列观点。思想政治教育资源开发既是为了满足主体组织开展思想政治教育的资源需求,也是为了满足客体形成一定的思想政治素质、实现全面发展的资源需求。新时代,思想政治教育客体的资源需求得到进一步重视,而满足客体的资源需求,则是新时代思想政治教育主体进行资源开发的重要着力点。因此,思想政治教育资源开发可以实现思想政治教育主客体关系的重新构建,而思想政治教育资源及其开发的功能和作用,则可在思想政治教育主客体关系的构建中得以揭示。

(一)思想政治教育主客体关系的主要模式及其困境

思想政治教育主客体关系问题是思想政治教育基础理论,特别是思想政治教育过程论的核心问题和经典问题。学者们对这个问题进行了深入探讨并在争鸣中总结出了"单主体说""双主体说""主体间性说""抛弃说""统

---

① 项久雨:《思想政治教育主客体关系的马克思主义逻辑》,《教学与研究》2017年第7期。
② 张业振:《思想政治教育主客体关系的论争、症结及其解决的"可能方案"》,《湖北社会科学》2017年第12期。

一说""破解说"等观点。① 有学者根据主体和客体不同的角色定位及他们在思想政治教育过程中所发挥的作用，梳理归纳了思想政治教育主客体关系的几种典型模式。一是主体中心模式。这是以主体为中心来构建思想政治教育诸要素特别是主体与客体关系的模式。二是客体中心模式。它是以客体为中心来构建思想政治教育诸要素特别是主体与客体关系的模式。三是多元主体模式。它是以多要素为主体来构建思想政治教育诸要素相互关系特别是主客体关系的一种模式。四是等级结构模式，这是在主客体关系上以严格的等级为特征而形成的模式。②

以上诸种关于主客体关系的观点及主客体关系模式都有学者认可其合理性。然而，无论是单主体说、双主体说，还是多主体说、主体间性说所构建的主客体关系，以及这些主客体关系所形成的主客体关系模式，又都有学者指出它们的局限性。单主体说的主体中心模式和客体中心模式的局限性比较明显，无论是以主体为中心强调主体权威，还是以客体为中心强调迎合客体、满足客体需求，都会抑制另一方的主动性和积极性。对这两种关系模式存在的局限性，学界的意见比较一致。多主体模式强调了要积极发挥思想政治教育各种要素的功能和作用，以充分彰显思想政治教育过程诸要素的重要性。但是如果每一个因素都是主体，那就会走向另一个极端，很容易走向泛主体化，即每一个要素都是主体，反而会导致没有主体。"主体际"范式所倡导的双主体模式，特别是主体间性模式，强调了主体和客体的人的属性，"相对于过去的思想政治教育主客体关系来说，是一种超越和进步"③。有学者指出，"主体间性思想政治教育是指两种关系的统一：一种关系是教育者与受教育者都作为思想政治教育的主体，二者构成了'主体—主体'的关系；另一种关系是教育者与受教育者二者都是思想政治教育的主体，是复数

---

① 参见项久雨《论多重视角下的思想政治教育主客体关系》，《教学与研究》2014 年第 9 期；张业振《思想政治教育主客体关系的论争、症结及其解决的"可能方案"》，《湖北社会科学》2017 年第 12 期。
② 骆郁廷：《论思想政治教育主体、客体及其相互关系》，《思想理论教育导刊》2002 年第 4 期。
③ 项久雨：《论多重视角下的思想政治教育主客体关系》，《教学与研究》2014 年第 9 期。

的主体，他们把教育资料作为共同客体，与教育资料构成'主体—客体'的关系。这样的思想政治教育就是主体间性思想政治教育"①。但是对双主体模式，包括主体间性模式，也有学者指出了其局限性。比如有学者指出，"双主体说"模糊了教育者的责任意识。同时，"双主体说"把思想政治教育过程变成了两个主体，或多或少降低了思想政治教育者的主体地位。② 这种观点指出了我们在探讨思想政治教育主客体关系时没有足够重视的问题，那就是思想政治教育主体在获得相对于思想政治教育客体的优势位势的同时，也意味着需要承担更大的责任，而这种责任就包括主体必须为客体提供思想政治教育资源。

对于主体间性模式主张教育者和受教育者都是主体，教育资料是他们的共同客体的观点，有学者认为主体间性理论主张教育者与受教育者都是主体，而教育资料则是他们共同的客体，实际上是对主体与客体概念的一种误读。他进一步指出，作为客体的教育资料到底包括哪些内容，目前不得而知，从目前学者的有关论述来看，似乎包括除教育者与受教育者之外的其他所有教育要素，教育过程中的诸多要素只是必要内容与组成，只是一种介体，倘若将进入思想政治教育过程的所有物均视为客体，则是对哲学意义上"主体是人，客体是物"认识的一种机械移植，是对思想政治教育作为特殊的人与人之间教育活动的认识偏离。③ 有学者对主体间性的这种主张给予了肯定，同时指出介体对于厘定主体和客体的关系的作用应该引起更多重视，"教育者和受教育者都是人，他们是复数的主体，而教育内容或教育资料是教育客体。思想政治教育的主体们都围绕着教育内容和资料进行加工活动。这样的分析也不能说没有一定的道理，它揭示了思想政治教育过程中我们通常所忽视的一个重要维度。因为我们往往把注意力集中在教育双方的关系上，而对教育过程中的中介性因素，包括教育资料或内容等研究不够，特别

---

① 张耀灿等：《思想政治教育学前沿》，人民出版社，2006，第359页。
② 祖嘉合：《对思想政治教育主体及其特性的思考》，《教学与研究》2007年第3期。
③ 李合亮：《解构与诠释：思想政治教育的基本问题研究》，人民出版社，2015，第271~272页。

是对它们与教育者和受教育者的关系研究不够"。① 这种观点实际上指出了厘定和构建思想政治教育主客体关系的一个被忽略的问题：思想政治教育主客体与介体之间的关系到底是怎样的，或者应该是怎样的。当然，这种忽略与李合亮所指出的一个问题是密切相关的，即主体间性范式下，所谓"教育资料"所指为何一直没有界定清楚。然而这被忽略的问题，对我们正确把握思想政治教育主客体关系至关重要。这两点没有明确，是"主体间性说"无法有效回应质疑的重要原因。如果这两点没有明确，思想政治教育"主体际"范式的主体间性模式，即"主体—主体"的关系是无法有效建立的。

（二）基于思想政治教育资源开发的思想政治教育主客体关系构建

思想政治教育主客体关系之所以成为一个疑难理论问题，并引起了激烈论争，必然有引起论争的症结。对这一症结的把握，则是破解这一难题的钥匙。有学者认为，思想政治教育主客体关系论争的主要症结在于"能否将人理解为客体"和"客体能否安顿主体性"两个问题。② 有学者指出，围绕思想政治教育的主客体关系问题的论争，在某种程度上是受教育学领域关于教育主体性问题论争的影响，本质上是"教师中心"论与"学生中心"论之间论争的延续。③ 关于这一点，我们可以看到思想政治教育主客体关系的讨论的确是带有鲜明的教育学意味的。比如，主体中心模式体现了传统教育学派的主张，以赫尔巴特为代表的传统教育学派倡导教师是主体，是整个教育过程的中心，过于强调教师的权威性，忽视学生的主动性；而客体中心模式则体现了现代教育学派的主张，以杜威为代表的现代教育学派倡导学生是主体，又走向另一个极端，即过于强调学生的学习主动性，客观上削弱了教师的启发引导作用。从某种程度上来说，思想政治教育主客体关系问题的论争，是以教师为中心的教育理念和以学生为中心的教育理念在思想政治教育

---

① 刘建军：《思想政治教育主客体难题的哲学求解》，《教学与研究》2016 年第 2 期。
② 张业振：《思想政治教育主客体关系的论争、症结及其解决的"可能方案"》，《湖北社会科学》2017 年第 12 期。
③ 倪新兵、刘争先：《对思想政治教育客体及其主体性的思考》，《思想理论教育导刊》2010 年第 6 期。

实践中所产生的碰撞的体现。

　　对于思想政治教育主客体关系争论的起因和焦点，有学者认为需要重视新时期我国思想政治教育实践所得出的结论，即受教育者在思想政治教育过程中的能动性，与在思想政治教育基本理论中难以"确认和安顿"受教育者的能动性之间的矛盾。① 应该说，这指出了目前思想政治教育主客体关系论争的关键。实际上就是思想政治教育基本理论如何对实践中所达成的共识进行吸纳和确证。但是，如果这种观点成立，则又会引发另一个问题，即思想政治教育客体的能动性，是在新时期以后的思想政治教育实践中才出现的问题吗？这个问题实际上是更根本的问题，因为这涉及思想政治教育主客体关系论争到底是一个阶段性的思想政治教育具体实践问题，还是一个思想政治教育作为一种社会实践活动所必然伴随的内在性问题。

　　由此可见，思想政治教育主客体关系论争的焦点可以归纳为三点。第一，论争的起因是要在思想政治教育基础理论层面承认、确认和安顿思想政治教育客体的"能动性"。第二，思想政治教育主客体关系论争很大程度上是教育（教学）理念变革在思想政治教育基础理论研究上的反映。第三，学界对主客体关系进行了多层次的探究，也提出了多种观点，目前"主体间性说"因比较有效地克服了其他观点的短板而受到更多的认可，不过其本身的困境如何克服目前尚未有定论，需要进行更深入的探究，因此始终未能完全终结主客体关系问题的论争。

　　然而，思想政治教育主客体关系问题的产生还有更加深刻的缘由。一是思想政治教育主客体关系与一般的教育者与受教育者关系的混淆。这一问题我们在界定"思想政治教育"的内涵时已经有所论及。对思想政治教育内涵的认识和把握，不能局限于教育学的视野和学校思想政治教育的空间场域。解决思想政治教育主客体关系难题，要先突破以往学界对这一问题的论争的教育学视野局限和基于学校思想政治教育的场域局限，从更广的视角来探讨这个问题。事实上，如果仅在教育学视野内来讨论思想政治教育主客体关系

---

① 刘建军：《思想政治教育主客体难题的哲学求解》，《教学与研究》2016年第2期。

问题，这个问题可以被认为是一个教学方式方法的问题，很难评价哪种主客体关系更合理。但是教育学理念碰撞所产生的问题在思想政治教育领域并非一个教学方式方法的问题，其原因在于思想政治教育不仅是一种教育活动，还是一种政治活动，在新时代还呈现出鲜明的文化活动的特点。这就决定了思想政治教育主客体关系问题并非教育学意义上的师生关系问题。项久雨在论述"主体间性说"的局限性时也指出了这一点。他认为，"主体间性说"是对教育学中主体间性理论的借鉴和移植。这种观点忽视了教育学和思想政治教育学之间的差别，认为课堂教学中师生的平等就是意识形态传播中阶级之间的平等，具有淡化思想政治教育阶级性的倾向……简单地用课堂教学中的师生关系代表甚至代替思想政治教育主客体关系无疑会以偏概全，得出不科学的结论。① 项久雨的这一分析可谓鞭辟入里，比较明确地指出了思想政治教育主客体关系与一般的教育者与受教育者关系的区别与联系。指出这一点是非常重要的，因为这是准确把握思想政治教育主客体关系问题实质的关键，思想政治教育主客体关系问题之所以陷入论争而分歧难消，与把其等同于教育学中的教育者和受教育者关系不无关系。二是对沟通思想政治教育主客体关系的中介性要素是什么没有达成共识。比如，"主体间性说"中作为教育者和受教育者"共同客体"的"教育资料"，学界一直没有明确其所指。三是对"思想政治教育主客体关系是揭示性的还是构建性的"这个问题没有明确，因而没有把"思想政治教育主客体关系"与"新时代思想政治教育主客体关系"（不同时期的思想政治教育主客体关系）虽有联系但本质不同的两个问题进行区分，把构建某段时期的思想政治教育主客体关系误认为是在寻找客观的、本质性的思想政治教育主客体关系。前文我们提到刘建军所指出的这个问题论争的主要缘由是要在思想政治教育理论层面"安顿"客体的能动性与新时期以后基于思想政治教育实践所得出的客体具有能动性的基本共识之间的矛盾。这种分析实际上涉及思想政治教育主客体关系的一个前提问题，即这种矛盾是思想政治教育某一阶段出现的阶段性问题，还是

---

① 项久雨：《论多重视角下的思想政治教育主客体关系》，《教学与研究》2014年第9期。

内在地蕴含在思想政治教育之中的本质性问题。如果是前者,那么这个问题只存在于某段时期的思想政治教育之中,是学者对新时期以后的思想政治教育主客体关系的重新构建而凸显的问题。这又会引出一个更根本性的问题:思想政治教育主客体关系是构建性的还是揭示性的。如果是揭示性的,则意味着思想政治教育主客体之间存在某种固定和稳定的关系,这种关系并非只存在于某个时期的思想政治教育之中,而是一以贯之地存在于不同时期的思想政治教育之中;如果是构建性的,则意味着思想政治教育主客体之间的关系并非固定的,而是随着思想政治教育实践的发展,基于不同时期的实践要求而不断变动的。

回顾思想政治教育发展史和环顾不同领域的思想政治教育实践,我们会发现,各种主客体关系及其相应的主客体关系模式,譬如主体中心模式、客体中心模式等主客体关系模式都在思想政治教育活动中出现并被采用。比如在成立初期,中国共产党需要在工人阶级及广大人民群众中广泛开展马克思主义大众化的宣传教育。在这个历史阶段,为提高宣传教育工作的实效性,需要构建以主体为中心的主客体关系模式,以保证列宁强调的"社会主义意识灌输"有效进行。而关于主客体关系问题的论争则是伴随着主体性思想政治教育的提出而得以呈现的,主体性思想政治教育的提出,"直接原因是对传统思想政治教育的反思和对传统思想政治教育无视受教育者主体地位和主体性的批判"[①]。在主体性思想政治教育提出的背景下,客体的能动性受到重视,反映到实践中则出现了以客体为中心的主客体关系。事实上,思想政治教育主客体关系的几种代表性观点——"单主体说""双主体说""主体间性说",在实践中都被采用的缘由。如果从宏观的角度来考察不同历史时期的思想政治教育,我们可以找到基于不同的主客体关系而形成的思想政治教育主客体关系模式。也就是说,各种不同的思想政治教育主客体关系,事实上都存在于思想政治教育实践中,而且都可能在一定的实践场域中取得良好的成效。如果将在不同思想政治教育时期出现的多种主客体关系模式预设

---

① 张耀灿等:《现代思想政治教育学》,人民出版社,2006,第276页。

为唯一的"思想政治教育主客体关系",无异于缘木求鱼,终结这个难题将注定遥遥无期。因此,思想政治教育主客体关系问题的论争焦点应该是在一定的历史条件下,寻求构建一种"合理的"或"理想的"主客体关系,而非揭示客观存在的主客体关系。思想政治教育主客体的具体关系并非揭示性的,而是构建性的,只有思想政治教育主体根据具体的思想政治教育实践需要而构建的主客体关系,而不存在等着我们去揭示的固定不变的思想政治教育主客体关系。

构建理想的思想政治教育主客体关系之所以不容易,有实践和理论两个层面的原因。在实践上,尽管探索构建了多种不同的主客体关系,但思想政治教育的有效性始终有很大的提升空间,始终处于一个需要不断回应各种挑战的境况之中;在理论上,如何确认和安顿思想政治教育客体的能动性,以有效吸纳因反思、批判传统思想政治教育主客体关系所出现的一系列问题而形成的理论共识,则需要在理论上进行创新。

目前学界认可度比较高的"双主体说"或"主体间性说"两种观点强调了客体的"主体性"属性和地位,认为思想政治教育的主客体之间,本质上还是人与人之间的关系,而人都有主体性,因而认为思想政治教育主客体都有主体性,客体具有与思想政治教育主体同等的主体地位。这两种观点因模糊了主体—客体的关系而受到质疑。也就是说,思想政治教育主体和客体之间必须是一种确定的关系,即主客关系,无论思想政治教育主客体之间形成了何种具体的关系,这一点是必须明确的,即这是一种主体与客体之间的关系,而不是主体与主体或主客体与其他因素之间的关系。这就确定了一个重要原则:无论是哪一种的"主客体模式",都是"主体"与"客体"的关系,而不是两个主体或者多个主体的关系,也不是多主体与某些资料的关系。明确谁是主体、谁是客体,是构建思想政治教育主客体关系的题中应有之义,只有在明确地厘清了谁是主体、谁是客体的基础上,才能进一步构建主客体的具体关系。然而,这个前提性的问题长期以来既没有在思想政治教育主客体关系论争中先行明确,也没有得到足够的重视,这也是"双主体说""主体间性说"这两种观点最大的局限性,也是这两种观点的最大困境。忽略这个前提性问题的一个重要的原因是，过往的论争只是局限于探讨到底哪种主客体关系才是我们目前在思想政治教育实践中所需要的，这实际上已经确定了思想政治教育主客体两者的角色。然而，思想政治教育主客体的关系之所以那么复杂，恰恰在于主客体的角色是有条件的，或者说，思想政治教育主客体的角色本身也是构建性的，而且主客体自身的角色构建，是思想政治教育主客体关系构建的前提和基础。

因此，思想政治教育主客体关系论争的真正症结应该在于：在思想政治教育客体的能动性需要给予"理论安顿"的背景下，思想政治教育主体、客体之间的具体关系需要重构，而这种重构甚至影响了对"谁是主体"和"谁是客体"的认定，因此，需要对思想政治教育主体和客体进行界定。思想政治教育主客体关系问题的复杂性，很大程度上与没有廓清"谁是思想政治教育主客体"这一前提性问题有关。回答"思想政治教育主客体应该是什么关系"的问题，需要进一步追问"谁是思想政治教育的主客体"。可以说，思想政治教育主客体关系的论争之所以复杂且难以达成共识，没有对如何确定谁是主体、谁是客体这一前提性问题予以明确和澄清，是更根本的症结所在。而"双主体说""主体间性说"广受认可客观上更加模糊了思想政治教育主客体的角色定位，这是我们之前所忽略的。

对这个问题的忽略而片面强调客体能动性甚至"主体性"，反映了我们对可能动摇主体角色和地位，甚至导致主客体角色颠覆的后果警觉性不足，这也许才是思想政治教育主客体关系论争的要害所在。要有效解决思想政治教育主客体关系的论争，就需从对思想政治教育主客体之间的具体关系的论争拓展到思想政治教育主体和客体两个角色的确定依据和机制，即先解决思想政治教育主体和客体两者的角色依靠什么来确定、如何确定的问题，再来探讨思想政治教育主客体应该构建什么样的关系。思想政治教育主客体关系在明确"谁是思想政治教育的主客体"的过程中才能得以确定，思想政治教育主体与客体的关系的构建有赖于"谁是思想政治教育的主客体"特别是"谁是思想政治教育主体"问题的求解。

(三)思想政治教育过程的拓展与思想政治教育主体的确定

人类任何的实践活动都需要投入一定的资源,而所投入的资源,是人类作为实践主体作用于实践客体的重要中介。有学者指出,作为人的存在方式的实践,体现了人的主体性与资源属性的统一……实践过程中所呈现出来的已有资源量的积累与新资源突现的状况,主要取决于以资源为中介形成的社会主体间的权利所构成的经济、政治与社会伦理等各种力量博弈而成的权力结构。[①]就思想政治教育过程而言,思想政治教育资源是连接思想政治教育主体和客体的中介,这是从结构性的层面和利用的环节来说的。然而,主客体之间的关系更加需要从运行性的层面予以确定。确定思想政治教育主客体之间的关系,更根本和更关键的环节在于思想政治教育资源的开发环节,思想政治教育主客体的关系是在思想政治教育资源开发的阶段和环节构建的。因此,思想政治教育主客体之间关系的构建,需要放置在思想政治教育过程中来考察。

从资源的开发利用角度来看,思想政治教育主客体关系的构建之所以没能形成共识,一个重要原因是目前学界对思想政治教育过程的探究更多关注的是思想政治教育资源的利用阶段而忽略了开发阶段。在分析思想政治教育过程时,仿佛思想政治教育主体、客体和资源在思想政治教育过程启动前就已经先在地齐备了。譬如,一个较有代表性的观点认为,思想政治教育过程"是教育者根据一定社会的思想政治要求和受教育者思想政治素质形成发展的规律,对受教育者施加有目的、有计划、有组织的教育影响,促使受教育者产生内在的思想矛盾运动,以形成一定社会所期望的思想政治素质的过程"[②]。如果我们再把这个定义与前述关于思想政治教育的各种定义联系起来考察,就不难发现,把思想政治教育过程限定在资源利用的阶段,与目前学界关于"思想政治教育"的理解是分不开的。在这些定义里,较为常用的方式是,思想政治教育主体(教育者)用一定的社会规范等中介要素作用于思

---

① 肖安宝:《经济发展方式转变的哲学基础——唯物史观视野中的资源哲学》,《现代经济探讨》2012年第8期。
② 张耀灿等:《现代思想政治教育学》,人民出版社,2006,第324页。

想政治教育客体（受教育者），从而影响客体（受教育者）的思想政治素质的养成。如果按照这样来理解思想政治教育过程，就会把开展思想政治教育所需要用到的思想政治教育资源作为无条件存在且可以直接利用的资源，其结果则是往往忽略了思想政治教育主体所要承担的思想政治教育资源供给者的角色和责任。而忽略思想政治教育主体的这一角色和责任，对思想政治教育主客体关系的把握就容易出现偏差，也不利于充分发挥思想政治教育主体的主动性。

实现"一定社会的思想政治要求"所需要的资源，并非天然存在的或者无条件"给定的"，而是有赖于思想政治教育主体的开发。这就是说，要更完整地呈现思想政治教育过程，我们需要对这个过程进行拓展——把思想政治教育过程从资源的利用阶段拓延至资源的开发阶段，思想政治教育过程的逻辑起点和实践起点并不是思想政治教育资源的利用阶段，而应该是思想政治教育资源的开发阶段。思想政治教育者的主体性，其实早在其作为资源的开发者和供应者时就已经确定了，思想政治教育主体的首要角色并非资源的使用者，而是资源的开发者和供应者。谁是思想政治教育资源的开发者，决定了谁是思想政治教育资源的供应者，从而决定了谁是思想政治教育主体，因此，思想政治教育主体首先是思想政治教育资源开发主体，思想政治教育过程应该包括资源的开发阶段和资源的利用阶段。思想政治教育资源的开发主体既是思想政治教育主体在思想政治教育资源开发阶段的主要角色，也是其获得主体性的重要依据。思想政治教育主体之所以成其为主体，一个重要原因在于思想政治教育主体掌握了思想政治教育资源的开发权，并依此成为思想政治教育资源的开发者和供应者，并在思想政治教育资源的利用阶段获得了优势地位，从而进一步彰显其主体的角色和地位，承担主体责任，发挥主体作用。由此而论，思想政治教育资源开发作为思想政治教育过程的一个不可或缺的阶段和环节，既是为思想政治教育过程顺利运行奠定基础的阶段，也是思想政治教育主体的主体性和主体角色得以确定的阶段。在这个阶段，围绕着思想政治教育资源的开发，思想政治教育主客体的关系得以确定，即谁是思想政治教育资源开发的组织者和实施者，谁就是思想政治教育

第二章 新时代思想政治教育资源开发的主体

资源的供应者,谁就在思想政治教育过程中起主导作用,谁就是实际的思想政治教育主体。这样,我们就明确了思想政治教育资源开发在思想政治教育过程中的地位和作用。正是思想政治教育主体作为思想政治教育资源开发主体,因此掌握了思想政治教育资源的供给,从而从根本上确立了其主体地位,因此思想政治教育资源开发是影响思想政治教育主客体关系的基础性环节。

当我们把思想政治教育过程的起点从资源利用阶段拓延到资源开发阶段时,思想政治教育过程就得到拓展。在思想政治教育资源的开发阶段,思想政治教育主体获得了思想政治教育资源开发权,是思想政治教育资源的开发主体,因此是思想政治教育资源的供应者。这是思想政治教育主体获得主体性、确立主体地位的根本保障。在这个阶段,思想政治教育客体的"主体性"体现在,思想政治教育主体对资源的开发和供给,需要满足客体的需要。客体对资源的需求,是主体开发资源的重要依据和尺度。思想政治教育客体的"主体性",反映在学校思想政治教育中则体现在以"学生为中心"的教育理念和教学方法。但是学校思想政治教育不能体现思想政治教育主客体关系的全部意蕴,因为围绕着思想政治教育客体的资源需求而形成的思想政治教育客体的"主体性"凸显,还有其政治意蕴,在新时代还具有鲜明的文化意蕴。重视思想政治教育客体的资源需求,并由此进行思想政治教育资源的供给侧改革,通过强调思想政治教育主体的资源开发和供给责任来凸显其主体性,则体现了新时代思想政治教育的鲜明人民性和群众性。更加重要的是,通过对思想政治教育客体资源需求进行目标定位和对思想政治教育资源供给进行责任定位,既科学认可了思想政治教育客体的"主体性"角色,也更好地强化了思想政治教育主体的主体责任,从而为有效突破思想政治教育主客体的"双主体"关系困境提供新的思路和解释框架。

在这种解题思路和新的解释框架中,与一般意义上理解"双主体"不同,基于思想政治教育资源开发主体这一角色而确定的思想政治教育主客体关系,在思想政治教育过程中,谁是主体、谁是客体是明确的,不存在思想政治教育主客体都是"主体"的问题。要确保这一点,就需要思想政治教育

新时代思想政治教育资源开发：理论阐释与路径

资源主体在资源开发阶段即已承担了资源开发的责任和行使了资源开发的权力，这也是主体和客体角色和地位的分野。在思想政治教育主客体关系中，主体处于主导地位是毋庸置疑的，在不同历史阶段的思想政治教育中，在所有类型的思想政治教育主客体关系模式中，主体都必然要居于主导地位，否则主体就不成其为主体。关于主体和客体之间角色的分野，有学者指出，思想政治教育活动中主客体在智识、手段、资源、话语权等诸多方面都存在事实上的不平等，而且这种不平等具有政治上的合法性和实践上的必要性。①思想政治教育主体的主体性的获得，与它作为思想政治教育资源的开发者和供应者的角色是分不开的。在资源开发阶段，思想政治教育客体的"能动性"也得以凸显。这种"能动性"的凸显，源于思想政治教育主体对资源的开发和供给，必须满足客体的需要，这是主体开发资源的重要依据和尺度，而客体的"类主体属性"和"类主体角色"的体现和确定，则是由于某些类型的思想政治教育肯定和强化了其与思想政治教育主体作为思想政治教育资源的共同享用者的角色，强化了满足客体的资源需要对提高思想政治教育实效性的重要意义，这也是思想政治教育客体被误认为具有"主体性"的主要原因。新时代，受人民群众日益增长的美好生活需要和不平衡不充分的发展之间的矛盾的影响，思想政治教育的供需关系也呈现出鲜明的时代特征。有学者指出，新时代思想政治教育的根本目的在于"铸魂育人"，而要实现这个根本目的，需要达到五个具体目标，其中包括促进人的自由全面发展，即"新时代思想政治教育'铸魂育人'的根本目的，表现在'人的需要'上就是要满足人民的美好生活需要尤其是精神文化需要，促进人的自由全面发展"。②

对于思想政治教育资源，主体和客体都有需要，但两者需要资源的原因和对资源的具体需求是不同的。对于思想政治教育主体而言，开发资源、供应资源既是其责任所在，也是为了满足其组织开展思想政治教育的需要。满

---

① 平章起、郭威：《当代思想政治教育主客体关系研究的困境及其超越：从实践的视角》，《理论学刊》2015年第1期。
② 王学俭等：《新时代思想政治教育基本问题研究》，人民出版社，2021，第40~49页。

足主体的需求，首先是要保证思想政治教育的顺利开展，而满足客体的需求，则主要是促进客体思想政治素质的形成和促进其全面发展。由此而论，思想政治教育资源既是满足思想政治教育主客体需要的关键要素，也是影响思想政治教育主客体关系的最关键变量。围绕着思想政治教育资源的开发、供应和利用，思想政治教育主客体的具体关系得以构建。

当思想政治教育主体所提供的思想政治教育资源在质和量都能满足客体所需的时候，客体就比较认可主体的资源供应者角色，这样就会形成以主体为中心的主客体关系。当思想政治教育主体所供应的思想政治教育资源不能很好地满足客体的需要的时候，客体对于主体的主体角色和作用就会持质疑和批判的态度。这个时候，在思想政治教育过程中就会出现思想政治教育主体组织开展思想政治教育的主导性和对客体的影响力弱化的情况，思想政治教育的有效性将难以得到保证。思想政治教育主体的资源供给无法满足客体需要，就给客体另行寻找资源提供了空间。这个时候，客体对资源质量和数量需求的主动性将不断提升，由此倒逼思想政治教育资源的供给侧进行变革，思想政治教育主体将不得不更加重视客体提出的对资源更高的要求，此时思想政治教育主客体就会呈现出客体占主导的态势，呈现出客体具有某种"主体性"，甚至客体也成为"主体"的假象。

当思想政治教育客体的"主体性"不断增强时，主体必须重视和警惕这种现象，因为这个时候客体已经有了成为异质思想政治教育主体的倾向。当"客体"自己开始开发思想政治教育资源时，尤其是开始自己创制特定的意识形态时，随着支撑其组织开展思想政治教育的资源不断积累，原来的"客体"就有可能夺取资源的开发权，成为资源的供应者。这时候，旧的思想政治教育主客体关系就会出现破裂，新的主客体关系将会形成，伴随着旧的主客体关系的破裂到新的主客体关系的形成，则会出现思想政治教育主客体角色的迭换和意识形态工作领导权的更迭。

除了思想政治教育客体争夺思想政治教育资源的开发权和资源供应者角色而导致主客体互换，还有一种情况也会导致旧的主客体的关系发生质变，就是当主体所提供的资源无法支撑思想政治教育顺利开展的时候，客体有可能另行寻找资源的供应者,从而导致思想政治教育的性质发生变化。这种情况也会增强客体的"主体性",随之出现的就是意识形态阵地的丢失和意识形态工作领导权的旁落乃至易手。这两种主客体关系,往往表现为"主体际"或者"主体间性"主客体关系,而这也是这种主客体关系模式的潜在风险。

对于思想政治教育主体而言,面对客体的"主体性"不断提升,特别是如果同时还面对潜在的主体竞争者,显然不能通过盲目强化主体对客体的压制而继续维系原来的权威服从式的主客体关系,但也不能一味为了满足客体的需求而放任迎合满足式主客体关系的形成,而构建主客体完全平等的平等对话式的主客体关系实际上又无法实现。于是,正视和重视思想政治教育客体的需要,并据此主动进行思想政治教育资源供给侧的改革,通过加强和改善思想政治教育资源的供给,满足思想政治教育主客体对资源的不同需求,以不断提高思想政治教育的有效性,就成为更好的选择。对此,有学者指出,长期存在于思想政治教育学科领域中的关于思想政治教育主客体关系的论争,实质上是关于思想政治教育中谁是主体的问题,这就决定了思想政治教育究竟是为了谁,也就是满足谁的需要的问题。……提高思想政治教育实效性,并不是简单重视受教育者的主体性这么简单,而是要真正从人的需要出发,将满足人的需要作为优化思想政治教育主客体关系的关键。[①] 从这个意义上来说,思想政治教育资源的开发,是构建合理的思想政治教育主客体关系的基础环节和关键环节。

二 思想政治教育资源开发权与开发主体的确定

思想政治教育资源主体要确定其思想政治教育资源开发主体地位并扮演好其角色,就要求其具备成为思想政治教育资源开发主体的资格和能力,其中,最重要的是思想政治教育资源主体要掌握思想政治教育资源开发权。思

---

① 项久雨:《以人为本:思想政治教育主客体关系的马克思主义人学之维》,《教学与研究》2016年第2期。

想政治教育资源开发权,是思想政治教育主体进行思想政治教育资源开发和构建思想政治教育资源体系的权力,是思想政治教育主体作为思想政治教育资源开发主体而获得主体性的重要体现和保证。

首先,掌握思想政治教育资源开发权,意味着掌握了意识形态生产权。意识形态生产、意识形态物质载体和传播途径的建设是思想政治教育资源开发的核心内容,充当意识形态的生产者、意识形态物质载体和传播途径的建设者,这既是思想政治教育资源开发主体的重要职责,也是思想政治教育主体在思想政治教育的资源开发阶段的主要角色。

其次,掌握思想政治教育资源开发权,还意味着掌握了意识形态话语权。话语是意识形态的外在表现形式,意识形态生产很大程度上表现为话语生产,因此,话语体现了把阶级利益阐释为全社会所有成员的普遍利益的转化功能。话语之所以能表现为一种权力,其根本原因在于通过掌握话语权来掌握对现实和历史的解释权。对现实和历史进行解释并进行独特的意义建构,则可实现一定阶级利益到全社会普遍利益的叙述转化。对现实和历史进行解释,是思想政治教育资源开发的重要途径。因此,掌握意识形态话语权,是掌握思想政治教育资源开发权的重要条件和主要体现。

最后,获取思想政治教育资源开发权,既是思想政治教育主体掌握意识形态工作领导权的重要保证,也是思想政治教育主体获得主体性的根本保证。掌握思想政治教育资源开发权、意识形态话语权,其目的在于掌握意识形态工作领导权。开展思想政治教育,推行意识形态教化,获得和维护意识形态工作领导权以有效地维护其阶级利益是一个阶级的主要目标。不掌握思想政治教育资源开发权,就无法掌握意识形态生产权,也就无法掌握意识形态话语权,并将因此丧失对现实和历史的解释权。当丧失了上述权力后,意识形态工作领导权也就无从谈起,而丧失了意识形态工作领导权,思想政治教育主体在开展思想政治教育的过程中也就无法履行主体的责任,事实上也失去了主体性,也就无法保证思想政治教育的有效性。

我们将思想政治教育过程从资源利用阶段拓延至资源的开发阶段,明确了思想政治教育资源开发权的获得对于思想政治教育主体的主体性的获得的决定性意义。这是分析思想政治教育主客体关系的关键所在，也是确定谁是真正的思想政治教育主体的关键所在：争夺思想政治教育资源开发权，是争夺意识形态生产权、意识形态话语权和意识形态工作领导权的起点，而获得思想政治教育资源开发权，既是思想政治教育主体对其主体性的有力确证，也是思想政治教育过程的真正起点。因此，获得思想政治教育资源开发权，是思想政治教育主体成其为思想政治教育资源开发主体的标志和重要依据，既意味着其掌握着意识形态生产权，也意味着思想政治教育资源开发主体开始承担思想政治教育资源的供给责任。在思想政治教育资源的开发阶段，由于掌握了资源的开发权，思想政治教育主体才得以奠定其相对于客体的优势地位，从而在思想政治教育过程中成为主体。

三 思想政治教育资源开发主体的角色

我们基于资源开发利用的视角，指出了思想政治教育过程应包括思想政治教育资源开发阶段和思想政治教育资源利用阶段，从而对思想政治教育过程进行了拓展；在此基础上分析了思想政治教育资源在思想政治教育主客体关系的建构中所起到的关键性作用，阐述了思想政治教育主体作为思想政治教育资源开发主体这一身份的获得和确立与思想政治教育资源的开发和供给的关系，明确了思想政治教育主体既是思想政治教育的组织者和实施者，同时也是思想政治教育资源的开发主体和供应者。接下来，我们将阐述思想政治教育资源开发主体的角色定位。

（一）社会主义意识形态生产者

思想政治教育是一定阶级进行意识形态教化的主要渠道，意识形态本身则是开展思想政治教育的重要资源。由此而论，思想政治教育主体也是重要的意识形态生产者。思想政治教育主体的这一角色，长期以来在我们的思想政治教育基础理论研究中并没有得到足够的重视甚至被忽视。这种忽视的其中一个重要表现在于思想政治教育的教育性被强化，而政治性、阶级性被淡化。回看前文所列举的教育学视野下的思想政治教育定义，我们不难发现，这些定义有一个共同点，就是思想政治教育主体用一定的思想观念、政治观点、道德规范作用于思想政治教育客体,仿佛这些思想观念、政治观点、道德规范都是现成可用的。但是,思想政治教育主体作用于客体的这些思想观念、政治观点、道德规范,是从哪里来的?由谁提供的?回避这些问题,将导致思想政治教育被局限于仅仅是意识形态的传播和传递,相应地,思想政治教育主体也就被局限于意识形态的传播者和宣传者,而思想政治教育主体的意识形态生产者和思想政治教育资源的开发者、供应者等角色就被遮蔽了。自然地,思想政治教育的政治性、阶级性也就有被弱化、淡化甚至被遮蔽的危险。

思想政治教育主体之所以能成为主体,意识形态生产者的角色在其中起到关键作用。正因为思想政治教育主体作为意识形态生产者承担着生产和建构特定的意识形态的重任,并因此而能提供思想政治教育所需要的核心资源,才保证了其有能力组织和开展思想政治教育,而意识形态生产者的角色正是思想政治教育资源开发主体的关键角色。肯定思想政治教育主体的意识形态生产者、思想政治教育资源开发者和供给者的角色,意味着将思想政治教育的过程从意识形态的传播阶段拓延到意识形态的生产阶段,也就是从思想政治教育资源的利用阶段拓延到思想政治教育资源的开发阶段。经过这样的拓延,思想政治教育主体的意识形态生产者的角色和思想政治教育资源开发主体的地位得到确定,从而确定了思想政治教育的政治性和阶级性内在属性。可以说,如果割裂了思想政治教育主体的思想政治教育资源开发者和思想政治教育资源使用者的角色,遮蔽了思想政治教育主体的意识形态生产者角色,思想政治教育的阶级性和政治性将难以得到体现和维护。因此我们可以看到,如果我们仅从教育学视野来定义思想政治教育,仅把思想政治教育理解为一种教育活动甚至理解为学校课堂里的教学活动,就会淡化思想政治教育与一般教育的差异。而忽略思想政治教育过程的资源开发阶段,忽略思想政治教育主体的意识形态生产者角色,是产生这种认识偏差的重要原因。

(二)社会主义意识形态物质载体和传播途径的建设者

意识形态在内容上是精神的,但需要有物质性的表现形式和载体,也需要有物质性的传播途径。在意识形态的整体性建构中,意识形态本身的生产是一个方面，其物质载体和传播途径的建设也是重要的方面。列宁分析了无产阶级在与资产阶级进行意识形态斗争时处于劣势的原因："资产阶级意识形态的渊源比社会主义意识形态久远得多，它经过了更加全面的加工，它拥有的传播工具也多得不能相比。"① 这就提醒我们，意识形态斗争不仅要重视意识形态本身的力量对比，还要重视意识形态物质载体和传播途径的建设，这对把握意识形态斗争的主动性同样具有重要意义。

回顾中国共产党逾百年的发展历程，我们可以看到，意识形态的生产与意识形态物质载体和传播途径的建设呈现出相互交织、相互促进的态势。比如，作为社会主义意识形态核心内容的马克思主义传入中国后，其传播途径的建设进程始终伴随着社会主义意识形态的构建进程。中国共产党高度重视意识形态宣传渠道的建设，尤其是宣传阵地的建设。毛泽东曾强调，在党"从苏区与红军的党走向建立全中国的党"的过程中，一个重要任务就是"建立在全国公开的党报及发行网"②。意识形态物质载体和传播途径的建设，同样是思想政治教育资源开发的重要内容。因此，思想政治教育资源开发主体也应该承担起意识形态物质载体和传播途径的建设者的责任，意识形态物质载体和传播途径的建设者，是思想政治教育资源开发主体的重要角色。

在新的时代背景下，意识形态物质载体和传播途径既有承载和传播意识形态的一般属性和功能，也在具体的构建形态上体现出鲜明的时代特点。其中，互联网作为意识形态斗争的前沿阵地，已经成为最重要的意识形态物质载体和传播途径，也是支撑思想政治教育顺利开展的载体资源和媒体资源。作为意识形态物质载体和传播途径的建设者，新时代思想政治教育资源开发主体要高度重视基于互联网而建设的思想政治教育阵地。要主动适应网络舆论生态发生的深刻变化，加强对微信公众号、微博、抖音、快手等新媒体平台的管理，主动适应新媒体技术广泛应用带来的思想政治教育工作平台的网络

---

① 《列宁选集》第1卷，人民出版社，2012，第328页。
② 《毛泽东文集》第2卷，人民出版社，1993，第60页。

化生态，积极抢占新兴舆论阵地，切实扛起社会主义意识形态物质载体和传播途径建设者的责任，积极发挥互联网新媒体作为思想政治教育资源的功能和作用。

（三）思想政治教育资源的供应者

思想政治教育资源的供应者，既是思想政治教育主体在组织开展思想政治教育过程中的重要角色，也是其作为思想政治教育资源开发主体所必须承担的重要责任。能否有效供应思想政治教育资源，是思想政治教育主体能否切实担负思想政治教育资源开发主体责任的重要标志。就思想政治教育过程的运行而言，思想政治教育主体获得思想政治教育资源开发权，既是思想政治教育过程资源开发阶段的起点，也是整个思想政治教育过程的起点。思想政治教育资源的供给，则是资源开发阶段的终点，同时也是思想政治教育过程的资源利用阶段的起点，在整个思想政治教育过程中起到承上启下的关键性作用。

获得思想政治教育资源开发权的思想政治教育主体，在资源开发阶段启动的时候，其角色是思想政治教育资源开发主体，而在思想政治教育资源利用阶段启动的时候，其角色则转变为思想政治教育资源的供应者。思想政治教育主体只有同时成为思想政治教育资源的开发者和有效供应者，才能在思想政治教育过程的资源利用阶段作为思想政治教育的组织者、实施者对客体开展思想政治教育。因此，成为思想政治教育资源的开发者和供应者，是思想政治教育主体获得其主体性的两个最重要的标志，只有成为思想政治教育资源的开发者和供应者，才能成为真正的思想政治教育主体，思想政治教育资源开发权的获得者强调的是思想政治教育主体的权力，而思想政治教育资源的供应者强调的则是思想政治教育主体的责任。这也是思想政治教育主体区别于思想政治教育客体的关键所在，也是解决思想政治教育主客体关系"双主体"论难题的关键所在。即在承认新时代思想政治教育客体的主动性和"主体性"的同时，又为区分主客体提供了认定依据和划分了明确界限。

由思想政治教育资源开发阶段的资源开发主体转变为思想政治教育资源利用阶段的资源供应者，是思想政治教育主体组织开展思想政治教育的关键环节。但是目前的思想政治教育过程论，几乎没有论及思想政治教育资源的开发阶段，忽略了思想政治教育主体的资源供应者角色，从而导致了我们往往只看到主体作为思想政治教育的组织者、实施者的角色，而没有看到思想政治教育主体作为资源供应者所必须承担的思想政治教育资源供给的责任。长期以来，思想政治教育主体的主体角色被片面地理解为一种强势的角色，思想政治教育主体对客体具有一种强势的掌控力，而这种强势的角色和掌控力的形成逻辑没有得到明晰，同时，思想政治教育主体需要承担的责任也没有得到足够的重视。

对思想政治教育主体的资源供应者角色的强调，必然会带来对思想政治教育客体的资源需求的重视。对思想政治教育客体的资源需求的重视，是中国共产党思想政治教育的显著特点，是其人民性的集中体现。从人的需要是人的本质的集中体现的角度来看，在思想政治教育过程中重视客体的思想政治教育资源需要，也就强化了思想政治教育主体作为思想政治教育资源开发主体所必须承担的思想政治教育资源开发和供给的意识和责任。

第二节　新时代思想政治教育资源开发主体的构成

新时代思想政治教育资源开发主体是一个由多种主体构成的多主体系统，这既与思想政治教育资源本身的多样化有关，也与新时代思想政治教育在实践中要求多主体协作有关。多主体协作是新时代思想政治教育的鲜明特点，正如有学者指出："新时代思想政治教育的实践必然需要多方位、多主体的共同参与，要发动社会成员积极参与到党和国家发展的重大活动中，进而形成共识、凝聚力量、协同行动。"① 中国共产党是思想政治教育资源开发的领导主体，是新时代思想政治教育资源开发的核心力量；各级文化管理部门、各级教育行政部门等负责思想政治教育的管理部门是新时代思想政治教育资源开发的管理主体；各级各类学校、科研机构、文化事业单位、社会性组

---

① 王学俭等：《新时代思想政治教育基本问题研究》，人民出版社，2021，第8页。

第二章　新时代思想政治教育资源开发的主体

织、具有思想政治教育功能的场馆等，以及在这些组织或机构中从事思想政治教育工作的人是思想政治教育资源开发的实施主体。

一　新时代思想政治教育资源开发的领导主体

中国共产党是组织开展思想政治教育的领导者，对思想政治教育资源开发负有领导责任，为思想政治教育资源开发指明方向、进行顶层设计、提出原则要求，是新时代思想政治教育资源开发的领导主体。

首先，中国共产党是组织开展思想政治教育的领导者，对新时代思想政治教育资源供给负有主体责任。在我国，中国共产党是思想政治教育责无旁贷的主体。[①] 组织开展思想政治教育的领导者是中国共产党，因此，中国共产党也是思想政治教育资源开发的领导主体。作为思想政治教育的领导主体，一方面，中国共产党是组织开展思想政治教育的核心领导力量；另一方面，中国共产党必然要承担思想政治教育资源的供给责任，这既是中国共产党作为组织开展思想政治教育领导者的体现，也是其作为思想政治教育资源开发主体的缘由。

其次，中国共产党是社会主义意识形态的建设主体，也是组织开展思想政治教育、传播社会主义意识形态的领导者和核心力量。作为思想政治教育资源的开发者和供给者，中国共产党领导社会主义意识形态的生产、建构和传播。习近平总书记指出："要加强党对宣传思想工作的全面领导，旗帜鲜明坚持党管宣传、党管意识形态。"[②] 这一要求落实到思想政治教育资源开发中来，就是要坚持党对社会主义意识形态生产、建构和传播的领导，坚持党对思想政治教育资源开发的全面领导。这是党掌握意识形态工作领导权和党作为新时代思想政治教育的组织者和领导者的必然要求和重要体现。

最后，中国共产党是推动新时代思想政治教育资源开发形成合力的领导者，在所有资源开发主体中居于核心地位。新时代思想政治教育资源开发主

---

① 余斌：《论思想政治教育的主体和客体》，《思想政治教育研究》2020年第1期。
② 习近平：《论党的宣传思想工作》，中央文献出版社，2020，第342页。

新时代思想政治教育资源开发：理论阐释与路径

体是由领导主体、管理主体和实施主体构成的多主体系统。其中，中国共产党是居于核心地位的领导主体。新时代思想政治教育的高质量发展需要激发各种类型主体的思想政治教育资源开发的自觉性和积极性，形成新时代思想政治教育资源开发合力，而这个协调各方、促成新时代思想政治教育资源开发合力的领导者就是中国共产党。

需要指出的是，重视思想政治教育是无产阶级政党的优良传统，这种传统的一个体现就是无产阶级领袖历来高度重视并积极参与思想政治教育资源的开发，并主要体现在无产阶级领袖所进行的理论创新及对其的宣传工作的重视上。马克思恩格斯创立了马克思主义，为思想政治教育提供了核心资源。列宁继承和延续了马克思恩格斯等无产阶级领袖的优良传统，也积极推进理论创新并创立了列宁主义，为无产阶级思想政治教育提供了核心资源，并积极参与到理论宣传工作、推动"理论掌握群众"的思想政治工作中来。在我国，毛泽东等老一辈领导人也十分重视思想政治教育，这种重视突出体现在革命斗争中，"以毛泽东同志为主要代表的中国共产党人，把马克思列宁主义基本原理同中国具体实际相结合，对经过艰苦探索、付出巨大牺牲积累的一系列独创性经验作了理论概括，开辟了农村包围城市、武装夺取政权的正确革命道路，创立了毛泽东思想"①，在推动马克思主义中国化的进程中进行党的理论创新，为党开展思想政治教育提供了中国化的马克思主义，进一步丰富了思想政治教育的核心资源。改革开放和社会主义现代化建设新时期，以邓小平同志、江泽民同志、胡锦涛同志为主要代表的中国共产党人在不同的历史条件下继续推进党的理论创新，先后创立了邓小平理论，形成了"三个代表"重要思想以及科学发展观，又进一步丰富了新时期思想政治教育的核心资源。党的十八大以来，中国特色社会主义进入新时代，"以习近平同志为主要代表的中国共产党人，坚持把马克思主义基本原理同中国具体实际相结合、同中华优秀传统文化相结合，坚持毛泽东思想、邓小平理论、'三个代表'重要思想、科学发展观，深刻总结并充分运用党成立以来的历史经

---

① 《中共中央关于党的百年奋斗重大成就和历史经验的决议》，人民出版社，2021，第7页。

验，从新的实际出发，创立了习近平新时代中国特色社会主义思想"①，进一步丰富了新时代思想政治教育的核心资源。由此我们可以看到，一代代的无产阶级领导人都非常注重进行党的理论创新，通过提供并不断丰富思想政治教育的核心资源的方式，切实承担着思想政治教育核心资源的关键开发者和供给者的责任，成为意识形态生产的关键力量，不断发挥思想政治教育资源开发领导主体作用。

二 新时代思想政治教育资源开发的管理主体

新时代思想政治教育资源开发是一个系统工程，需要有目的有计划有组织地进行。各级文化管理部门、各级教育行政部门等负责思想政治教育的管理部门，承担着通过制定各种思想政治教育政策来对思想政治教育资源开发进行规划和指导并进行过程管理的责任，是新时代思想政治教育资源开发的管理主体。思想政治教育是一定阶级或政治集团为实现其特定的政治目标而有计划开展的意识形态活动，是代表国家意志的教育活动，②思想政治教育体现的是国家意志。思想政治教育资源的开发同样也体现了国家意志。保证思想政治教育资源的供给，不仅是中国共产党的主体责任，也是国家的重要公共职能。作为管理主体，其主要是通过制定和组织实施各种思想政治教育政策，推动思想政治教育资源顺利有效地开发。一般而言，掌握国家机器，是统治阶级或执政集团有效地掌握思想政治教育资源开发权，从而保证思想政治教育资源有效供给的重要保证。掌握了国家机器，就意味着掌握了最重要的政治资源——国家权力，这是思想政治教育主体获得和维护其思想政治教育资源开发权的最有效也是最权威的保障。由此而论，通过各级文化管理部门、各级教育行政部门等负责思想政治教育的管理部门制定思想政治教育政策来指导和组织思想政治教育资源开发，是保证思想政治教育彰显国家意志的重要体现。新时代，满足人民

---

① 《中共中央关于党的百年奋斗重大成就和历史经验的决议》，人民出版社，2021，第23~24页。
② 沈壮海主编《新编思想政治教育学原理》，中国人民大学出版社，2022，第278页。

群众的思想政治教育资源需求，还是满足人民群众的文化需要、精神需要的重要方式和重要体现。作为思想政治教育资源开发的管理主体，这些管理部门立足于部门的职能，通过制定思想政治教育政策，指导各级各类学校、科研机构、文化事业单位、社会性组织、具有思想政治教育功能的场馆等组织开展思想政治教育资源开发活动。比如，教育部等十部门印发的《全面推进"大思政课"建设的工作方案》，明确提出要"搭建大资源平台"，指导建设全国高校思政课教研系统，推进国家智慧教育平台建设使用，加强思政课教学资源库建设等。这就是通过制定和实施思想政治教育政策来实现对新时代思想政治教育资源开发的指导和管理。此外，国家层面的社会经济发展规划里也包含了与思想政治教育有关的政策，也对思想政治教育资源开发作出重要的政策指导。比如，中共中央办公厅、国务院办公厅印发的《"十四五"文化发展规划》，分22个专栏全面部署了我国"十四五"期间文化发展的重点工作，推动实施一系列重点项目。其中所涉及的文化生产、文化资源的保护开发等工作也能通过发挥思想政治教育政策的指导和管理作用，推动新时代思想政治教育资源开发的有效进行。特别是文化文艺作品质量提升专栏、中华优秀传统文化传承发展专栏、革命文化弘扬专栏、历史文化遗产保护利用专栏、国家文化大数据体系建设专栏、公共文化服务体系建设专栏、文化旅游精品供给专栏等的落实，既是文化发展工程，也是新时代思想政治教育资源的开发工程。这些国家重点文化工程的实施，有利于为新时代思想政治教育的开展提供丰富的思想政治教育资源。同时还将建成中国国家版本馆、中华文化数据库、文化大数据中心等思想政治教育资源的汇集和创发平台，从而为新时代思想政治教育资源开发提供更多优质平台。

三　新时代思想政治教育资源开发的实施主体

新时代思想政治教育资源开发的实施主体，是思想政治教育资源开发的具体组织者和执行者。各级各类学校、科研机构、文化事业单位、社会性组织、具有思想政治教育功能的场馆等，以及在这些组织或机构中从事思想政

第二章 新时代思想政治教育资源开发的主体

治教育工作的人，具体负责实施思想政治教育资源开发，是新时代思想政治教育资源开发的实施主体。其中，学校既是开展思想政治教育的重要专责机构，也是进行思想政治教育资源开发的重要实施主体，一直备受重视。学校不仅承担了意识形态传播的主要工作，还是培养意识形态生产者的主要途径和平台，以至于学校思想政治教育几乎成了思想政治教育的代名词，各类学校也就成为负责思想政治教育资源开发的最重要的实施主体。诚然，学校在思想政治教育资源开发乃至组织开展面向整个社会的思想政治教育中发挥了关键的作用。但需要注意的是，学校作为思想政治教育资源开发的实施主体，所进行的思想政治教育资源开发，是党组织推动思想政治教育资源开发的具体化和重要途径，因此，落实的是领导主体的意志，并在管理主体的指导下进行的思想政治教育资源开发。由此而言，学校所进行的思想政治教育资源开发，不仅是一种教育教学实践活动，也是一种政治实践活动。这也是思想政治教育资源不仅具有教育资源属性，还具有政治资源属性的原因。进而言之，这也是我们认为思想政治教育具有政治属性和教育属性的原因和重要体现。

新时代在思想政治教育资源开发各种实施主体中，从事思想政治工作及相关工作的哲学社会科学工作者以及思想政治教育工作者，构成了新时代思想政治教育资源开发的骨干队伍。新时代，哲学社会科学工作者主要包括高等院校、党校（行政学院）、部队院校、科研院所、党政部门研究机构在内的哲学社会科学工作者等"五路大军"[①]。思想政治教育工作者，主要包括直接或间接从事思想政治教育理论工作和实践工作的各类人员。比如，宣传文化工作者、文艺工作者、高校思政课教师、辅导员、群团干部以及中小学教师等。从参与思想政治教育资源开发的视角来看，哲学社会科学工作者也是广义上的思想政治教育工作者。

长期以来，作为思想政治教育实践活动的直接实施者，思想政治教育工作者特别是学校思想政治教育工作者曾狭隘地被认为是思想政治教育资源的

---

① 习近平：《论党的宣传思想工作》，中央文献出版社，2020，第238页。

利用者，而其思想政治教育资源的开发者和供应者的角色和作用没有得到应有的重视和发挥。而这主要原因在于我们以往把思想政治教育过程局限于思想政治教育资源的利用阶段，由此认为思想政治教育所需要的资源在思想政治教育过程开始之前已经先在地存在，导致思想政治教育主体的资源开发者的角色和责任被遮蔽了，这既不利于思想政治教育工作者发挥资源开发者的作用，也不利于思想政治教育的顺利开展。

而当我们把思想政治教育过程拓延到资源开发阶段，并把整个过程划分为资源的开发阶段和资源的利用阶段时，我们就会更清晰地意识到思想政治教育资源开发在整个思想政治教育过程中的重要地位，以及它对于思想政治教育主客体关系的建构所起到的重要作用。尤其是在需要充分调动思想政治教育主体和客体的主体性的情况下，充分发挥思想政治教育工作者的能动性是保证思想政治教育有效性的重要环节。更为重要的是，这种拓延，既可以更加彰显哲学社会科学工作者的思想政治教育资源开发者的身份，从而实现了新时代思想政治教育资源开发骨干队伍的"扩容"，也有利于在实践中强化思想政治教育工作者作为思想政治教育资源开发者和供应者的意识和责任，从而激发思想政治教育工作者组织思想政治教育的内生动力和提升他们的资源开发能力。实际上，哲学社会科学工作者队伍和思想政治教育工作者队伍在新时代对思想政治教育资源开发者身份的共同认可，为新时代思想政治教育资源开发提供了有力的人才保障。

第三节　新时代思想政治教育资源开发主体合力的形成

新时代思想政治教育资源的开发主体是由领导主体、管理主体和实施主体等多种类型主体构成的主体系统，不同的主体在思想政治教育资源开发中发挥着不同的作用，要实现思想政治教育资源的高质量开发，保证思想政治教育资源开发具有良好成效，需要各类主体相互协作，形成强大的思想政治教育资源开发合力，从而切实提高新时代思想政治教育资源开发的质量和实效。

第二章　新时代思想政治教育资源开发的主体

一　加强党对新时代思想政治教育资源开发的全面领导

中国共产党在思想政治教育资源开发主体中发挥着领导核心的作用，是新时代思想政治教育资源开发的核心主体力量。作为新时代思想政治教育资源开发的领导主体，中国共产党承担着协调各方、组织领导各种思想政治教育资源开发主体形成思想政治教育资源开发合力，进行思想政治教育资源开发的重任。要形成思想政治教育资源开发的主体合力，各种类型的思想政治教育资源开发主体发挥协同作用十分重要。作为新时代思想政治教育资源开发的领导主体，中国共产党主导和推动思想政治教育资源开发主体合力的形成，既是党管意识形态原则在思想政治教育中的体现，也为新时代思想政治教育资源的高质量开发提供了坚强的组织保障和政治保障。

在构建工作格局层面，中国共产党可以根据思想政治教育实践的需要，切实发挥统一领导、协调各方的优势和作用。构建新时代思想政治工作大格局，不断完善新时代思想政治教育资源开发的体制机制，有利于加快形成新时代思想政治教育资源开发主体合力。党的十八大以来制定实施的一系列思想政治教育政策，都体现了对思想政治教育资源开发体制机制建设的重视。比如《关于新时代加强和改进思想政治工作的意见》指出，要"完善党委统一领导、党政齐抓共管、宣传部门组织协调、有关部门和人民团体分工负责、全党全社会共同参与的思想政治工作大格局"[①]。思想政治工作大格局的构建，既可以在更充分发挥各类主体的资源开发优势中强化党的全面领导，也有助于链接各种类型的资源，促成各种思想政治教育资源得以在"家—校—社"联动的广阔空间中流动。这既对新时代思想政治教育资源开发提出了新的更高要求，也为构建不同主体协同参与工作格局、形成强大的思想政治教育资源开发主体合力提供保障，切实加强党对新时代思想政治教育资源开发的政治引领力和组织保障力。

---

① 《中共中央国务院印发〈关于新时代加强和改进思想政治工作的意见〉》，《人民日报》2021年7月13日，第1版。

在推动落实层面，中国共产党可以在构建汇集各类主体协同推进思想政治教育资源开发的工作格局的基础上，完善联动各类主体共同参与、发挥各自优势的运行机制。比如，加强总体规划、制定激励多主体协同参与的措施、各级党组织切实承担营造全社会都重视开发和保护思想政治教育资源的良好社会氛围的主体责任，为加强党对新时代思想政治教育资源开发的全面领导提供坚强的保障。

二 加强新时代思想政治教育资源开发的政策指导

形成新时代思想政治教育资源开发的强大合力，需要在党的领导下，发挥管理主体的功能，加强思想政治教育资源开发的政策指导，并发挥其政策保障作用。思想政治教育政策是党和国家为实现思想政治教育目标、完成思想政治工作任务而制定的纲领和原则，主要以公文如通知、规定、意见、办法等形式呈现出来，[①] 这些政策同时也为新时代思想政治教育资源开发提供政策指导和政策保障。要着力推进与思想政治教育资源开发有关的思想政治教育政策的贯彻落实，发挥与思想政治教育资源开发有关的各项政策对思想政治教育资源高质量开发的指导作用和保障作用。制定并落实思想政治教育政策来促进新时代思想政治教育资源高质量开发，既是保证党发挥思想政治教育资源开发领导主体作用的重要方式，也是思想政治教育资源开发管理主体发挥其作用的主要途径。

党的十八大以来，一系列思想政治教育政策相继制定和实施，为新时代思想政治教育资源开发提供了更加有力的政策指导和政策保障。比如，《关于深化新时代学校思想政治理论课改革创新的若干意见》强调，"加大思想性、理论性资源供给"，"深度挖掘高校各学科门类专业课程和中小学语文、历史、地理、体育、艺术等所有课程蕴含的思想政治教育资源"[②]，指出了思

---

① 冯刚、郑永廷主编《思想政治教育学科 30 年发展研究报告》，光明日报出版社，2014，第 415 页。
② 《中办国办印发〈关于深化新时代学校思想政治理论课改革创新的若干意见〉》，《光明日报》2019 年 8 月 15 日，第 1 版。

想政治教育资源的供给和开发对深化新时代学校思想政治理论课改革创新的重要意义，且指出了新时代学校思想政治教育资源的来源及开发路径。又比如教育部等十部门印发了《全面推进"大思政课"建设的工作方案》，该方案提出搭建大资源平台、拓展工作格局等六方面的举措，明确指出了搭建大资源平台对"大思政课"建设的重要意义，体现了思想政治教育资源开发对支撑新时代思想政治理论课乃至新时代思想政治教育高质量发展的重要意义。落实和执行这些思想政治教育政策，可以为形成思想政治教育资源开发主体合力，从而为各类新时代思想政治教育资源开发主体高质量协作进行资源开发明晰方向和提供更有力的政策保障。

三　加强新时代思想政治教育资源开发平台建设

新时代思想政治教育资源开发主体合力的形成，有赖于思想政治教育资源开发平台的建设，这是切实提高新时代思想政治教育资源开发成效的重要保障。新时代思想政治教育资源开发平台建设主要从以下三个层面进行。

一是加强思想政治教育学科建设，加快构建思想政治教育学科自主知识体系。思想政治教育学科建设体现了思想政治教育理论创新和实践创新的最新进展，是推动和实现思想政治教育资源开发的重要引擎。思想政治教育学科建设成果本身就是宝贵的思想政治教育资源。特别是作为学科建设核心成果的思想政治教育学科自主知识体系，其构建的过程是新时代思想政治教育资源开发的过程，其成果则是思想政治教育资源开发的标志性成果。自思想政治教育学科设立以来，思想政治教育学科建设实现了长足发展。有学者从历史维度、理论维度和实践维度来概括新时代思想政治教育的发展成就，指出新时代思想政治教育从历史维度总结中国共产党思想政治教育工作的历史经验，推动马克思主义思想政治教育学科在当代中国的新发展；从理论维度以习近平新时代中国特色社会主义思想为指导，进一步深化和拓展思想政治教育理论视野，凸显新时代思想政治教育的当代价值；从实践维度凝练新时代中国特色社会主义的伟大实践的宝贵经验，提升新时代思想政治教育的有效性和科学性。① 新时代思想政治教育学科建设所取得的成果，不仅为新时代思想政治教育直接提供了丰富的思想政治教育资源，而且为新时代思想政治教育资源开发提供了专业的学科开发平台，推动了思想政治教育资源开发的专业化和科学化。

二是加强学校思政课建设。学校是开展思想政治教育的主阵地和重要实施主体，学校开设的思政课是开展思想政治教育的主渠道。学校承担着重要的思想政治教育资源开发的任务。习近平总书记高度重视学校思想政治教育工作，尤其重视思政课建设。他指出，"办好思政课，是我非常关心的一件事"，"教育工作别的方面我也强调，但思政课建设我必须更多强调"，并对如何办好思政课提出了一系列明确要求和方法指导，其中在阐述"推动思想政治理论课改革创新，不断增强思政课的思想性、理论性和亲和力、针对性"问题时，强调要坚持显性教育和隐性教育相统一，指出要"挖掘其他课程和教学方式中蕴含的思想政治教育资源，实现全员全程全方位育人"，并在阐述"加强党对思想政治理论课建设的领导"这一问题时指出，"学校思想政治工作不是单纯一条线的工作，而应该是全方位的"，"思政课的学习效果和家长、家庭、家风的作用密切相关，要注重家校合作"。② 也就是说，办好思政课既要注重开发整合校内资源，也要注重开发整合校外资源，切实发挥学校作为思想政治教育资源开发实施主体的资源链接和整合作用。

三是充分发挥博物馆、爱国主义教育基地等场馆的思想政治教育资源开发的功能。习近平总书记十分重视发挥博物馆等场馆的教育功能。2022年5月，他在主持中央政治局第三十九次集体学习时强调，"文物和文化遗产承载着中华民族的基因和血脉，是不可再生、不可替代的中华优秀文明资源"③；2013年12月，他在十八届中央政治局第十二次集体学习时强调，"要系统梳理传统文化资源，让收藏在禁宫里的文物、陈列在广阔大地

---

① 马抗美、高莹：《多重维度中的新时代思想政治教育》，《贵州社会科学》2020年第8期。
② 习近平：《思政课是落实立德树人根本任务的关键课程》，《求是》2020年第17期。
③ 习近平：《把中国文明历史研究引向深入 增强历史自觉坚定文化自信》，《求是》2022年第14期。

上的遗产、书写在古籍里的文字都活起来"①；2017年4月，他在广西考察时指出，"一个博物馆就是一所大学校"②。新时代，要发挥博物馆、革命纪念馆等场馆的思想政治教育阵地作用，充分挖掘馆藏文物资源、红色资源等在开展思想政治教育上的优势，使得这些场馆成为新时代思想政治教育资源的重要开发平台，从而切实发挥其思想政治教育资源开发实施主体的作用。

四 加强新时代思想政治教育资源开发队伍建设

形成新时代思想政治教育资源开发主体合力，还必须加强新时代思想政治教育资源开发队伍建设。新时代，得益于党对思想政治工作领导的全面加强、制定实施了一系列加强新时代思想政治教育的政策以及大力推进"大思政"工作格局的构建，主要由哲学社会科学工作者和思想政治教育工作者组成的思想政治教育资源开发骨干队伍建设得到切实加强，思想政治教育工作者的范围得以有效拓展，形成了高等院校、党校（行政学院）、部队院校、科研院所、党政部门研究机构在内的哲学社会科学工作者等"五路大军"以及宣传文化工作者、文艺工作者、高校思政课教师、辅导员、群团干部、中小学教师等人员协作参与思想政治教育资源开发的强大队伍，有效地壮大了新时代思想政治教育资源开发的骨干队伍。

党的十八大以来，我们党把对哲学社会科学工作者队伍和思想政治教育工作者队伍建设的重视提到新的高度。2016年，习近平总书记在哲学社会科学工作座谈会上强调："我国哲学社会科学有五路大军，我们要把这支队伍关心好、培养好、使用好，让广大哲学社会科学工作者成为先进思想的倡导者、学术研究的开拓者、社会风尚的引领者、党执政的坚定支持者。"③哲学社会科学领域是思想政治教育资源的富集领域，哲学社会科学工作者的工作成果是思想政治教育资源的"富矿"，是思想政治教育资源的重要来源。因

---

① 习近平：《加强文化遗产保护传承 弘扬中华优秀传统文化》，《求是》2024年第8期。
② 习近平：《加强文化遗产保护传承 弘扬中华优秀传统文化》，《求是》2024年第8期。
③ 习近平：《论党的宣传思想工作》，中央文献出版社，2020，第238页。

此,哲学社会科学工作者也同样是重要的思想政治教育资源开发者。新时代,哲学社会科学工作者队伍是构成思想政治教育资源开发队伍的重要力量,承担着新时代思想政治教育资源开发的重任,因此也是广义上的思想政治教育工作者。2019年,习近平总书记在学校思想政治理论课教师座谈会上强调,"办好思想政治理论课关键在教师,关键在发挥教师的积极性、主动性、创造性",对思政课教师提出了"政治要强""情怀要深""思维要新""视野要广""自律要严""人格要正"等六方面的要求。① 这对新时代思想政治教育工作者队伍建设提出了明确的要求和方向,也为加强新时代思想政治教育工作者队伍建设、提升新时代思想政治教育资源开发主体自身素质提供了明确的方向和要求。

加强新时代思想政治教育资源开发队伍建设,关键是要不断增强思想政治教育资源开发骨干队伍的资源意识。思想政治教育资源开发主体的资源意识,是哲学社会科学工作者和思想政治教育工作者等思想政治教育资源开发骨干队伍的资源开发责任感和使命感的集中体现,它使思想政治教育资源开发主体更加深刻地认识到思想政治教育资源在提高思想政治教育有效性中所起到的重要作用,从而更加自觉和积极地开展思想政治教育资源的开发工作。资源意识的增强,还意味着哲学社会科学工作者和思想政治教育工作者更加清醒地认识到思想政治教育资源的稀缺性、非自动生成性以及可争夺性的鲜明属性,从而增强思想政治教育资源开发的紧迫性和斗争意识。资源意识的增强,还意味着哲学社会科学工作者和思想政治教育工作者要立足于"大思政"工作新格局的构建,树立"大资源观",加强工作协同,从而形成新时代思想政治教育资源开发的强大合力,推动新时代思想政治教育资源的高质量开发。

加强新时代思想政治教育资源开发队伍建设,还要不断提高思想政治教育资源开发骨干队伍的资源开发能力。思想政治教育资源开发能力的提高,有赖于哲学社会科学工作者和思想政治教育工作者分别按照"成为先进思想

---

① 习近平:《论党的宣传思想工作》,中央文献出版社,2020,第378~382页。

的倡导者、学术研究的开拓者、社会风尚的引领者、党执政的坚定支持者"和"政治要强、情怀要深、思维要新、视野要广、自律要严、人格要正"的要求，切实提升自身素质。思想政治教育资源开发能力的提高，还有赖于哲学社会科学工作者和思想政治教育工作者以新时代思想政治教育高质量发展的资源支持要求以及思想政治教育客体的资源需求为导向，科学运用新媒体、大数据以及人工智能等新技术，不断提高开发网络思想政治教育资源或数字思想政治教育资源的能力，为推进新时代思想政治教育资源的高质量开发提供坚强的人才保障。

第三章　新时代思想政治教育资源开发的场域与内容

新时代思想政治教育资源是一个由多种类型资源构成的复杂系统，对思想政治教育资源进行科学分类，是明确新时代思想政治教育资源开发的基本场域和主要内容的基础，对于全面了解和把握不同类型的思想政治教育资源的属性、功能和作用具有重要意义，也有利于更加准确地把握新时代思想政治教育资源开发的对象。

第一节　新时代思想政治教育资源的分类和构成

新时代思想政治教育资源既有思想政治教育资源的一般属性，又有着在新的历史背景和条件下形成的特殊性。这种特殊性体现在新时代思想政治教育资源的构成类别的独特性上。从不同的标准和角度出发，思想政治教育资源可以被划分为不同的类型。新时代思想政治教育的分类，应综合借鉴不同的分类方式，根据思想政治教育资源的功能、来源和形态等因素进行多视角考察，从而科学把握其构成和主要类别。

一　思想政治教育资源的分类方式

按照不同的标准，思想政治教育资源有不同的分类方式。比如有学者根据不同的分类标准提出了思想政治教育资源的四种划分方案：按照资源存在形态划分，可以分为自然资源和社会资源；按照属性划分，可以分为物质资源和精神资源；按照时间的标准划分，可以分为传统资源、现实资源和未来资源；按照资源发挥作用的方式划分，可以分为显性思想政治教育资源和隐性思想政治教育资源。① 根据思想政治教育资源的来源和所属的资源品类，可以分为政治性思想政治教育资源、教育性思想政治教育资源和文化性思想政治教育资源。根据思想政治教育资源的来源不同，可以分为外源性思想政治教育资源和内源性思想政治教育资源。而根据资源形成和存在时间来划分，可以分为历史资源和现实资源。根据资源所体现的建设性和批判性路向，可以分为成就性资源和批判性资源。一些地方制定的红色资源保护条例对红色资源的构成进行了分类，其分类标准和方法值得借鉴。比如，《甘肃省红色资源保护传承条例》在对红色资源的内涵进行界定的基础上明确了红色资源的类别和构成。该条例所称的"红色资源"，是指中国共产党团结带领各族人民，在新民主主义革命时期、社会主义革命和建设时期、改革开放和社会主义现代化建设新时期、中国特色社会主义新时代所形成的具有历史价值、教育意义、纪念意义的下列物质资源和精神资源：①重要旧址、遗址、纪念设施或者场所等；②重要档案、文献、手稿、声像资料和有关实物等；③重大事件和重要事迹等；④有代表性的文学、艺术作品等；⑤其他具有历史价值、教育意义、纪念意义的物质资源和精神资源。② 这种对红色资源的类别进行归纳分类的方法，可以为我们把握新时代思想政治教育资源的具体种类提供借鉴。借鉴不同的分类方法，立足于新时代思想政治教育对资源的需求，新时代思想政治教育资源的分类应根据资源的不同性质来进行划分。从思想政治教育的属性、特征以及新时代思想政治教育高质量发展的客观要求来看，新时代思想政治教育资源可以分为思想性资源、政治性资源和保障性资源三大部分。值得注意的是，随着大数据技术、人工智能技术和新

---

① 陈华洲：《思想政治教育资源论》，中国社会科学出版社，2007，第81~116页。
② 《甘肃省红色资源保护传承条例》，甘州区人民政府网，http://www.gsgz.gov.cn/gzzfxxgk/xzjdxxgk/myz/qtfdxx_7172/202501/t20250114_1344649_ghb.html。

媒体技术的迅猛发展,新时代思想政治教育资源的数字化程度越来越高,数字资源作为新时代思想政治教育资源的重要来源和重要形态也越来越受到重视。需要说明的是,思想政治教育资源存在多种形态和功能,任何一种分类方式都无法穷尽所有的资源类型。因此,对思想政治教育资源的分类只能是相对的。

二 新时代思想政治教育资源的构成系统

新时代思想政治教育资源是一个由多种类型资源构成的复杂系统。总体而言,根据思想政治教育资源的功能、形态以及来源的不同,新时代思想政治教育资源系统可以分为思想性资源、政治性资源和保障性资源三大部分,每一部分又由若干类型的资源构成。

（一）思想性资源

思想性资源是保证顺利开展思想政治教育的根基性资源,主要包括核心资源、文化资源、价值观资源、学科资源等资源。

1. 核心资源:马克思主义及其中国化时代化的成果

马克思主义是无产阶级建构其意识形态的内核资源,同时也是无产阶级及其政党开展思想政治教育的指导思想。按照伯恩斯坦的说法,马克思主义也是一种意识形态。① 对于思想政治教育而言,马克思主义中国化时代化的成果是马克思主义的重要组成部分,与时俱进地指导思想政治教育理论的创新和实践的深化发展。马克思主义及其中国化时代化的成果构成了社会主义意识形态的内核,是开展新时代思想政治教育的核心资源。马克思主义中国化时代化的历程本身,既是思想政治教育资源的开发历程,也构成了思想政治教育资源开发的核心内容和发展主轴。

马克思主义既是开展思想政治教育的指导思想,也是思想政治教育资源的内核。马克思主义在源头上、在最基本的原则上对无产阶级的"思想政治教育"进行了规定,中国共产党提出的"思想政治教育",既是马克思主义

---

① 俞吾金:《意识形态论》,上海人民出版社,1993,第188页。

第三章　新时代思想政治教育资源开发的场域与内容

在中国传播、发展、创新的结果,也是对思想政治教育实践经验进行科学总结的结果,并在中国革命、建设和改革的实践中不断得到丰富、充实和发展。《中国共产党第一个决议》就明确指出,要成立"工会组织的研究机构","成立这种机构的主要目的,是教育工人,使他们在实践中去实现共产党的思想",并进一步指出,卡尔·马克思的经济学说是这种机构的研究工作的一类。① 就中国马克思主义语境中的"思想政治教育"而言,无论是中国共产党成立之前开展的无产阶级思想政治教育,还是中国共产党成立之后开展的思想政治教育,对马克思主义的学习、宣传、发展和传播,都是思想政治教育的核心内容和主要任务。因此从一定意义上来说,思想政治教育一直都是关于马克思主义的基本理论、基本原理和发展着的中国化时代化的马克思主义的教育。

　　从动态生成来看,马克思主义及其中国化时代化的成果是思想政治教育资源的内核,还集中体现在马克思主义中国化时代化过程本身,既构成了中国无产阶级及其政党中国共产党进行意识形态生产的核心内涵,又构成了思想政治教育资源开发的主轴。从思想政治教育资源开发的视角来看,马克思主义中国化时代化的过程,就是中国无产阶级及其政党中国共产党作为思想政治教育资源开发主体,为了满足思想政治教育客体——无产阶级成员及广大人民群众接受马克思主义教育的需要,对马克思主义这一核心资源进行开发的过程。这一过程对整个思想政治教育资源开发产生根本性的指导作用。

　　作为无产阶级意识形态的内核,马克思主义既是被开发的核心资源,又为思想政治教育资源开发提供了根本遵循。作为被开发的核心资源,是因为马克思主义诞生于19世纪的西方,相对中国而言,其产生的思想文化背景具有特殊性,因此,马克思主义要成为中国无产阶级开展思想政治教育的核心资源,就需要进行中国化转化。这种中国化转化,既是理论话语的转化,也是解释逻辑的转化,还是理论形态的转化,是开发生成思想政治教育资源的过程。通过这种转化,马克思主义就有了其中国化表述的话语,建构起了

---

① 《建党以来重要文献选编(1921~1949)》第1册,中央文献出版社,2011,第5~6页。

彰显其真理性、科学性的中国化逻辑，也获得了鲜明的中国化文化面相，成为中国无产阶级开展思想政治教育的核心资源，切实发挥其思想政治教育资源的作用。

马克思主义揭示了人类社会发展的一般规律，是指导人类开展实践活动的方法论。思想政治教育资源开发作为社会实践，同样需要马克思主义作指导，因此，马克思主义还是思想政治教育资源开发的思想武器，是炸开思想政治教育资源"矿藏"的"开山炮"，是找寻思想政治教育资源"宝藏"的"开山刀"，是指引在思想政治教育资源开发中寻找资源的"指南针"。马克思主义中国化时代化所产生的一系列理论成果，既是指导思想政治教育实践的行动指南，又是不同历史时期开展思想政治教育的核心资源。马克思主义及其中国化时代化的成果作为思想政治教育资源的内核，从某种程度上来说，思想政治教育资源开发主要体现为在马克思主义及其中国化时代化成果的指导下进行的意识形态生产建构及意识形态物质载体和传播途径的建设。因此，马克思主义中国化时代化，构成了思想政治教育资源开发的主轴，马克思主义中国化时代化的创新成果，是思想政治教育资源开发的最核心资源。

作为无产阶级意识形态的内核，马克思主义中国化时代化既为建构社会主义意识形态提供了强大的推动力，也为思想政治教育资源开发提供了强大的推动力，并且在带动和推动文化的革新和新的文明形态的重构过程中开发生成思想政治教育资源。马克思主义中国化时代化推动了中国无产阶级建构意识形态，而社会主义意识形态的建构，其影响是深远而广泛的，既为中华文明发展导入和注入了新的发展基质和动力，又推动了中华优秀传统文化的创造性转化、创新性发展，还推动了建构人类文明新形态的进程。

中华优秀传统文化的创造性转化、创新性发展，是马克思主义中国化时代化历程作为内核内嵌其中的更宏大的历史进程。马克思主义中国化时代化对社会主义意识形态的建构、中华优秀传统文化的革新和新的文明形态的形成产生了带动效应。文化的革新和新的文明形态形成的过程伴随着思想政治教育资源的开发和生成。从这个意义上来说，人类文明新形态的形成是思想政治教育资源开发的文化表现形态，中华优秀传统文化的创造性转化、创新性发展和人类文明新形态的形成，也是开发思想政治教育资源的重要源泉。历史来看，思想政治教育资源的开发，有赖于中华优秀传统文化的创造性转化、创新性发展，而思想政治教育资源的形成，往往也伴随和表现为人类文明新形态的建构和形成。

2. 文化资源：中外优秀文化资源

文化资源是新时代思想政治教育资源的重要组成部分，主要包括社会主义先进文化、革命文化、中华优秀传统文化以及外国优秀文化。其中，社会主义先进文化、革命文化和中华优秀传统文化汇聚成当代中国文化的主流，构成当代中国文化优势的三大支点，是新时代中华民族文化自信的重要支撑。其中，中华优秀传统文化作为思想政治教育资源的重要来源越来越受到重视。习近平总书记指出："在5000多年文明发展中孕育的中华优秀传统文化，在党和人民伟大斗争中孕育的革命文化和社会主义先进文化，积淀着中华民族最深层的精神追求，代表着中华民族独特的精神标识。"[①] 习近平同志在党的十九大报告中指出："中国特色社会主义文化，源自于中华民族五千多年文明历史所孕育的中华优秀传统文化，熔铸于党领导人民在革命、建设、改革中创造的革命文化和社会主义先进文化，植根于中国特色社会主义伟大实践。"[②] 中华优秀传统文化作为思想政治教育资源重要来源，是新时代思想政治教育资源开发的重要对象，对其进行深入开发是新时代思想政治教育资源开发的重要内容。

其一，思想政治教育资源开发与人类其他实践活动，尤其是精神生产活动一样，都是在一定的文化传统的基础上进行的，文化传统构成了思想政治教育资源开发的文化土壤和文化场域。恩格斯曾深刻指出了"传统"在人们创造历史时的作用，他在给约瑟夫·布洛赫的信中写道："我们自己创造着我们的历史，但是第一，我们是在十分确定的前提和条件下创造

---

① 《习近平谈治国理政》第2卷，外文出版社，2017，第36页。
② 《习近平谈治国理政》第3卷，外文出版社，2020，第32页。

的。其中经济的前提和条件归根到底是决定性的。但是政治等等的前提和条件,甚至那些萦回于人们头脑中的传统,也起着一定的作用,虽然不是决定性的作用。"① 意识形态不可能凭空产生,任何意识形态生产都会有一个对文化传统的继承问题,这种继承既体现为意识形态生产需要吸收和借鉴传统文化资源,也体现为意识形态的表达和传播需要借助一定的传统文化符号和文化逻辑。列宁曾通过批判"无产阶级文化派"的虚无主义观点来强调继承传统对建立无产阶级新文化的重要性。比如在《关于无产阶级文化》一文中,列宁针对有些人打着"科学社会主义文化"的旗号,企图斩断与过去文化的一切联系,建立纯粹的无产阶级的新文化的问题,他以马克思主义的诞生和发展为例,批判了这种貌似革命的荒谬见解:"马克思主义这一革命无产阶级的意识形态赢得了世界历史性的意义,是因为它并没有抛弃资产阶级时代最宝贵的成就,相反地却吸收和改造了两千多年来人类思想和文化发展中一切有价值的东西。"② 普列汉诺夫从社会心理学的角度探讨了意识形态所受到的传统影响:"在意识形态的历史中,人们常常不得不向自己提出问题:一定的仪式或习俗,在不仅那些产生它的关系已经消失,而且由同一些关系的产生的其他同源的习俗和仪式也已经消失的情况下,为什么能保留下来呢?"他认为,那些旧的习俗和仪式在其赖以存在的经济基础瓦解之后之所以能长期保存下去,是因为他们仍然契合保存者的心理状态,以及隐伏在这种心理状态背后的利益关系。③

其二,中华优秀传统文化,是开展思想政治教育的优质文化资源。一方面,中华民族有着五千年连续不断的文明发展史,文化积淀厚重,中华优秀传统文化是中华民族几千年来创造和积累的中华文明的集中体现,是中华民族智慧的结晶,集中体现了中国人的价值取向和精神追求。中华优秀传统文化在治国安邦、精神涵养、价值引导、道德修养、人生智慧等方面,在哲学、政治、经济、军事、伦理等领域,都给我们留下了丰富的精神遗产和物

---

① 《马克思恩格斯文集》第10卷,人民出版社,2009,第592页。
② 《列宁全集》第39卷,人民出版社,2017,第374页。
③ 俞吾金:《意识形态论》,上海人民出版社,1993,第185页。

质遗产，是开展思想政治教育的宝贵资源。另一方面，中华优秀传统文化所蕴含的价值理念，可以为建构意识形态提供中国化表达方式。比如，对大同世界的追求一直是中国历代政治家奋斗的理想和目标，孙中山领导的资产阶级革命也以大同世界为旨归，强调"天下为公"，认为"民生主义就是社会主义，又名共产主义，即是大同主义"。① 所以，当马克思主义传入中国后，"共产主义的思想对于正在寻求摆脱资本主义国家殖民、剥削和压迫，追求建立平等、民主、自由的'大同'国家的中国人无疑是找到了知音，自然而然就接受了它"。② 如何对待民族传统文化一直是毛泽东非常关注和认真思考的重要问题之一。1938年10月14日，他在中国共产党第六届中央委员会第六次全体会议上强调："从孔夫子到孙中山，我们应当给以总结，承继这一份珍贵的遗产。"③ 习近平总书记强调："中华优秀传统文化是中华文明的智慧结晶和精华所在，是中华民族的根和魂，是我们在世界文化激荡中站稳脚跟的根基。"④ 传统文化既为意识形态生产提供资源，也为意识形态表达提供民族化方式和表意系统，使意识形态更加契合人们的文化心理。把优秀传统文化开发为思想政治教育资源，可有效增强思想政治教育的亲和力，从而成为开展思想政治教育的优质资源。

其三，对传统文化进行批判性继承，是意识形态生产的重要方式和内容。意识形态生产需要吸纳传统文化资源，同时，意识形态生产也是传统文化不断发展的重要手段、动力和途径。意识形态生产既受到传统的影响和限制，需要对传统进行传承，但对传统又不会照单全收，而是从传统中选择那些既能从根本上维护其所代表的阶级的利益，又能将本阶级的利益表述为整个民族的根本利益的资源。复兴传统中的某一方面，并不是为了颂扬历史，

---

① 《孙中山全集》第1卷，人民出版社，2015，第474页。
② 邓烨、刘鑫淼：《早期中国共产党的文化使命与意识形态建构的三重逻辑》，《广西民族大学学报》（哲学社会科学版）2021年第3期。
③ 《毛泽东选集》第2卷，人民出版社，1991，第534页。
④ 习近平：《把中国文明历史研究引向深入 增强历史自觉坚定文化自信》，《求是》2022年第14期。

而是为了今天生活的需要,这正是意识形态和传统的一般关系。① 毛泽东在阐述应该如何对待传统文化的时候强调决不能简单地机械接受或全盘否定我们的传统文化,而是要坚持批判地继承一切文化遗产,做到取其精华、去其糟粕。1942年5月,他在延安文艺座谈会上的讲话中强调,"我们决不可拒绝继承和借鉴古人和外国人,哪怕是封建阶级和资产阶级的东西"。同时,他还强调了继承和借鉴并非要替代自己的创新创造,不能毫无批判地进行模仿和硬搬,"继承和借鉴决不可以变成替代自己的创造,这是决不能替代的。文学艺术中对于古人和外国人的毫无批判的硬搬和模仿,乃是最没有出息的最害人的文学教条主义和艺术教条主义"。②

其四,中华优秀传统文化是建构中国特色社会主义文化的重要组成部分和重要资源,为思想政治教育提供重要的文化资源。中国特色社会主义文化,以马克思主义科学的世界观和方法论为指导,坚持中国特色社会主义文化建设方向,坚持民族文化主体性,传承中华优秀传统文化的同时又充分借鉴吸收外国文化中一切有价值的优秀资源为我所用。中国特色社会主义文化的建构过程、资源来源和形成逻辑,与社会主义意识形态的建构过程、资源来源和形成逻辑具有高度的契合性。社会主义意识形态建构与中华优秀传统文化的创造性转化和创新性发展、中国特色社会主义文化建设,是一个相互促进、相互成就、共同生成的过程。意识形态生产则是推动这一进程的重要因素。可以认为,中华优秀传统文化在中国特色社会主义文化建设中的地位和作用与其在思想政治教育资源开发中的地位和作用是一致的,都是其中的重要一维和主要的文化资源。

在对中华优秀传统文化资源开发的同时,要重视对乡土文化资源的开发。乡土文化资源可以被看作地方特色传统文化,是中华传统文化的重要组成部分和重要来源。2017年12月,习近平总书记在中央农村工作会议的讲

---

① 俞吾金:《意识形态论》,上海人民出版社,1993,第76页。
② 《毛泽东选集》第3卷,人民出版社,1991,第860页。

话中指出,"我们要深入挖掘、继承、创新优秀传统乡土文化"①,强调了传承发展提升农耕文明,走乡村文化兴盛之路对推进乡村振兴战略的重要意义。2024年3月,习近平总书记在湖南常德考察调研时指出,"多姿多彩的地方特色传统文化,共同构成璀璨的中华文明,也助推经济社会发展"②,强调了开发利用地方特色传统文化的重要意义。乡土文化资源作为具有鲜明民族特色和地域特色的文化资源,也是开展思想政治教育的重要资源类型,发挥其思想政治教育资源的作用和功能是新时代思想政治教育资源开发的题中应有之义。乡土文化包括乡土的地域特色、自然景观、文物古迹、地名沿革、历史变迁、社会发展以及民间艺术、民俗风情、名人轶事、语言文化等。③ 乡土文化资源因其地域局限性和随着人们现代生活方式的改变,对人们的影响出现不断式微的趋势,因而在思想政治教育资源开发中往往受到的重视不够。然而,各地存在的大量乡土文化资源,是思想政治教育资源宝库,具有独特而重要的资源价值。

把乡土文化资源作为思想政治教育资源的重要来源,与中国社会独特的社会合法性获取的逻辑密切相关。有学者指出,"地方传统、共同利益、共识规则构成了中国独特的社会合法性"④。乡土文化与前文所述的中华优秀传统文化有重合之处,很多别具特色的乡土地域文化同时也是中华优秀传统文化的重要组成部分,但是乡土文化还是有其显著特点的。一是乡土文化具有鲜明的地域特色。一般而言,乡土文化是流行于特定地域或者特定人群中的地域文化,主要由一定地域的方言、自然景观、民间习俗艺术等组成。二是乡土文化具有稳定的历史传承性。乡土文化大多经过较长的历史积累,在一定人群长期的生产生活中逐渐形成,并表现出较强的历史惯性,一旦形成则

---

① 《习近平著作选读》第2卷,人民出版社,2023,第92页。
② 《"开展更多健康有益、启智润心的文化活动"(总书记的人民情怀)》,《人民日报》2024年8月5日,第1版。
③ 赖玉芹:《乡土文化与民族院校大学生的思想政治教育》,《思想教育研究》2011年第5期。
④ 臧雷振:《政治合法性来源的再审视——基于中国经验的政治学诠释》,《求实》2019年第2期。

会对本地人群产生深远的影响，而且不容易发生颠覆性改变或者消失。如果乡土文化发生改变或消亡，则是重要的文化现象，也将改变特定地域开展思想政治教育的文化环境和地域社会环境，对思想政治教育资源的开发也将产生显著的影响。三是乡土文化具有较强的约定俗成性。乡土文化一般在特定人群的生产生活中长期积累而自发形成，反映了特定人群的意见共识，契合了特定人群的普遍价值取向，因而在特定人群中认可度很高，对特定人群的文化心理产生深刻影响。

　　长期的农耕文明史造就了中国传统社会独特的"乡土性"，使中华传统文明呈现鲜明的"乡土"特点，也使得开发利用乡土文化资源对提高思想政治教育话语的针对性具有独特的意义。费孝通先生的《乡土中国》分别从乡村社区、文化传递、家族制度、道德观念、权力结构、社会规范、社会变迁等方面多角度多层次深度解剖了中国乡土社会的结构及运行机制，全景式展现了中国传统社会的运行图景，深度揭示了中国传统社会的运行逻辑以及支撑其运行的独特权力结构。尽管受到近代以来中国社会深刻变迁的影响，中国社会基层的"乡土性"很大程度上被弱化，但是经过长期历史积淀而形成的民间习俗、地域特色文化、自然景观、文化遗产等对群众的文化心理仍然产生着深远而重大的影响。中国共产党在各地开展思想政治教育的过程中，历来注重运用具有地域特色的乡土文化资源，使思想政治教育贴近教育对象，增强思想政治教育的亲和力。比如恽代英在《怎样做一个宣传家？》中强调，宣传者"要知道被宣传人的生活，从他的生活中找你说话的材料，找那些可以证明你所说理由的例子，而且利用他生活中常要听见的土话或其他流行的术语说明你的意思"①。他这里所说的"土话"强调了对群众开展思想政治教育，要运用群众经常用的、能听懂的话语来表述，是对乡土语言文化在思想政治教育中所起作用的重视。对乡土文化资源的重视和积极开发运用，是中国共产党思想政治教育取得良好成效的宝贵经验。对于这一点，有学者指出："中国共产党人抓住清末以来反主流文化的大势，在各种民间文

---

① 《恽代英全集》第7卷，人民出版社，2014，第201页。

化中发掘社会动员和精神重建的思想资源，并且创造性地将它们与外来的马列主义学说相结合，从而为正在进行的革命奠定了坚实的意识形态基础。"①乡土文化资源十分丰富，既有地域性的、民族性的，也有历史性的、阶段性的；既有物质的、有形的，也有精神的、无形的。其广泛存在于中国人的社会生活之中，并对中国人的现实生活尤其是精神生活产生深刻的影响。从乡土文化资源中开发思想政治教育资源，可充分发挥乡土文化资源在丰富新时代思想政治教育表达方式，增强新时代思想政治教育亲和力、针对性和说服力方面的独特作用。

其五，外国优秀文化资源是新时代思想政治教育资源的重要来源。新时代思想政治教育资源开发，不仅要善于开发中华优秀传统文化资源和各地的乡土文化资源，还要善于借鉴和开发世界各国优秀文化资源。这既是丰富思想政治教育资源的需要，也是增强新时代思想政治教育国际影响力的需要。

一是丰富新时代思想政治教育资源的需要。思想政治教育的有效开展，需要多方面的资源支持，除了来自本土的优秀传统文化资源、乡土文化资源，还需要放眼世界，把世界优秀文化资源纳入思想政治教育资源库。借鉴开发世界优秀文化资源，可以有效拓宽新时代思想政治教育资源开发的视野，增强新时代思想政治教育资源开发的世界意识，有效拓展思想政治教育资源的来源，优化思想政治教育资源的构成，从而为思想政治教育提供更优质更强大的资源支持，不断提高思想政治教育的有效性。

二是增强新时代思想政治教育国际影响力的需要。2019年5月15日，习近平在亚洲文明对话大会开幕式上的主旨演讲中指出："文明因多样而交流，因交流而互鉴，因互鉴而发展。"② 世界各国、各民族创造了丰富多彩的文明，每一种文明、每一种文化都有值得其他文明和文化借鉴的部分。在思想政治教育实践中，学习、借鉴、吸收其他人类优秀文化成果，可以提高思想政治教育的质量和效果，是思想政治教育吸收和运用世界优秀文化资源的

---

① 许纪霖、陈达凯主编《中国现代化史》（第一卷 1800—1949），学林出版社，2006，第6页。
② 习近平：《深化文明交流互鉴 共建亚洲命运共同体——在亚洲文明对话大会开幕式上的主旨演讲》，人民出版社，2019，第5页。

能力的体现。借鉴世界优秀文化，把世界优秀文化开发为思想政治教育资源，可增进我们对世界优秀文化的了解，有利于在开展意识形态斗争中争取主动。这些优秀文化，如果我们不主动了解、学习、借鉴和吸收，即意味着我们主动放弃这部分资源，它们不为我们所用，也会为与我们争夺思想政治教育资源的"他者"所用。

注重对外国优秀文化资源的借鉴和吸纳，是新时代思想政治教育资源开发的重要课题，中国共产党历来重视在开展思想政治教育中对世界优秀文化资源进行批判性借鉴。毛泽东在《新民主主义论》中明确提出，"中国应该大量吸收外国的进步文化，作为自己文化食粮的原料，这种工作过去还做得很不够"，同时他又强调，"决不能生吞活剥地毫无批判地吸收"。[①] 这就是说，对外国的进步文化我们要主动学习、借鉴、吸收，为我所用，不能盲目排外。对新时代思想政治教育而言，这是重要的资源来源；同时，学习、借鉴、吸收要批判地进行，落脚点则是丰富和优化思想政治教育资源系统，不能盲目照搬。对外国优秀文化资源的借鉴和吸纳，是新时代思想政治教育"面向世界"的必然要求。2021年，习近平总书记在主持中共十九届中央政治局第三十次集体学习时指出："讲好中国故事，传播好中国声音，展示真实、立体、全面的中国，是加强我国国际传播能力建设的重要任务。"[②] 这既强调了向世界展示真实立体全面的中国形象的重要性，也为彰显新时代思想政治教育的世界意义提供了方向，即彰显新时代思想政治教育的世界意义，要具有"世界性"的思想政治教育资源。这就要求新时代思想政治教育资源开发，不仅要提供国内民众享用的公共文化资源，还应该使思想政治教育资源成为可供给国际社会的全球公共文化资源。新时代思想政治教育资源从国内社会的公共文化资源跃升为国际社会的公共文化资源，是增强一个国家文化软实力、发挥文化影响力的关键环节，可以使新时代思想政治教育具有更广阔的国际影响力。

---

① 《毛泽东选集》第2卷，人民出版社，1991，第706~707页。
② 《习近平谈治国理政》第4卷，外文出版社，2022，第316页。

3. 价值观资源：社会主义核心价值观

核心价值观对于一个国家、一个民族至关重要，它是国家和民族之魂，是最大范围凝聚社会价值共识的"凝聚剂"。韩庆祥等指出，从哲学上讲，意识形态的内核首先是一种价值观，它是基于一种价值观和利益而建立起来的思想体系。① 核心价值观建设既是社会主义意识形态建构的核心内容，也是提升社会主义意识形态功能的重要抓手。价值观具有鲜明的时代特征，核心价值观反映了一定历史阶段人们总体的价值取向，反映了一段时期人们在价值观问题上的"最大公约数"，是凝聚最多数民众观念的"黏合剂"。2014年5月，习近平总书记在北京大学师生座谈会上指出："我国是一个有着十三亿多人口、五十六个民族的大国，确立反映全国各族人民共同认同的价值观'最大公约数'，使全体人民同心同德、团结奋进，关乎国家前途命运，关乎人民幸福安康。"② 对于我们这样一个人口庞大的统一的多民族国家而言，确立反映全国各族人民共同认同的价值观"最大公约数"，从而有效凝聚全体人民的价值追求，对形成最广大人民群众同心同德、团结奋进的局面至关重要。党的十六届六中全会提出建设社会主义核心价值体系，党的十八大提出培育和践行社会主义核心价值观，党的十九大提出坚持社会主义核心价值体系，并再次强调培育和践行社会主义核心价值观。党的二十大强调要广泛践行社会主义核心价值观。使最广大人民群众认同和践行社会主义核心价值观，是新时代思想政治教育的重要使命，社会主义核心价值观也就成为开展新时代思想政治教育的重要思想性资源。

4. 学科资源：思想政治教育理论探索和实践成果

中国共产党在开展思想政治教育的逾百年历程中，积累了十分丰富的理论经验和实践经验，取得了丰硕成果。在思想政治教育的开端阶段，中国最早的一批马克思主义者，就通过办杂志、发行报纸、进行宣讲、参加论战等方式，开启了中国无产阶级思想政治教育的进程，在这一阶段，中国的马克

---

① 韩庆祥等：《中国共产党成立百年与意识形态建设和发展》，《河南师范大学学报》（哲学社会科学版）2021年第4期。
② 习近平：《论党的宣传思想工作》，中央文献出版社，2020，第72~73页。

思主义者深入群众开展马克思主义传播工作，积累了有效开展宣传工作、使马克思主义者掌握群众的丰富经验，在实践的探索中积累了早期的思想政治教育工作经验。新民主主义革命时期，中国共产党领导人同时也是杰出的思想政治教育工作者，在长期的思想政治教育工作中积累了丰富的实践经验。比如，恽代英关于怎样做一个宣传家的论述、任弼时关于怎样使团的工作青年化群众化的论述、周恩来关于如何开展军事政治工作的经验总结以及《古田会议决议》《关于军队政治工作问题的报告》等思想政治教育的纲领性文献都对新民主主义革命时期思想政治教育的实践经验、工作制度、组织形式等方面进行了总结和提炼，积累了丰富的思想政治教育实践经验和理论成果，这些都是开展思想政治教育的宝贵资源。新中国成立后，思想政治教育在动员和凝聚最广大人民群众积极参与社会主义革命和建设方面继续发挥重要作用。思想政治教育得以全方位开展，逐渐建立了社会主义建设初期的思想政治教育的领导管理体制和运行机制，逐渐确立了"思想政治工作是一切工作的生命线"的定位，也逐渐形成了开展辩证唯物主义和历史唯物主义教育、社会主义信念教育、集体主义教育和艰苦奋斗精神教育等内容。毛泽东所作的《关于正确处理人民内部矛盾的问题》的报告，系统地论述了社会主义革命和建设时期思想政治教育工作的基本任务、方针和方法等问题，是该时期思想政治教育实践经验的深刻总结。改革开放和社会主义现代化建设新时期，随着思想政治教育学科的建立，思想政治教育的实践经验总结进入科学化和学科化阶段，思想政治教育理论研究也得到长足的发展，为思想政治教育提供了强大的学科资源。中国特色社会主义进入新时代，思想政治教育的学科定位更加明确，思想政治教育学科建设也得到了进一步的发展。新时代思想政治教育在推进国家治理体系和治理能力现代化、铸牢中华民族共同体意识、实现中华民族伟大复兴的中国梦方面发挥了更加积极的作用，积累了丰富的实践经验，取得了更加丰富的理论研究成果，形成了大量的思想政治教育的理论研究成果和实践经验总结成果，制定了一系列行之有效的思想政治教育方针、政策和措施，为开展思想政治教育提供了更加丰富的资源支撑。

第三章 新时代思想政治教育资源开发的场域与内容

（二）政治性资源

政治性资源主要包括中国共产党在逾百年奋斗历程中所获得的重大成就和历史经验。中国共产党历来注重对历史经验进行总结。重视和善于总结历史经验，是中国共产党不断战胜困难，从胜利走向新的胜利的重要历史经验。党通过总结历史经验，揭示历史发展规律，把握历史发展方向，改进工作方式方法，完成各项历史使命。比如，在中国共产党的历史上，先后于1945年4月党的六届七中全会通过了《关于若干历史问题的决议》，1981年6月党的十一届六中全会通过了《关于建国以来党的若干历史问题的决议》，2021年11月党的十九届六中全会通过了《中共中央关于党的百年奋斗重大成就和历史经验的决议》，这三份历史决议，既全面总结了中国共产党在领导人民群众进行革命、建设和改革，推进中华民族伟大复兴历史进程中所取得的辉煌成就，也实事求是地深刻总结了历史上所走过的弯路而得到的历史教训，深刻总结了正反两方面的历史经验。对此，习近平总书记在《关于〈中共中央关于党的百年奋斗重大成就和历史经验的决议〉的说明》中引用邓小平同志的一段话来强调党在对待正反两方面历史经验问题上的鲜明态度："历史上成功的经验是宝贵财富，错误的经验、失败的经验也是宝贵财富。"[①] 可以说，正反两个方面形成的历史经验和历史教训，都是开展思想政治教育的宝贵资源。把历史教训开发为思想政治教育资源，主要是对历史教训进行深刻反思，结合对历史成就的提炼，从正反两个方面进行历史总结，从而全面揭示和把握革命、建设和改革的规律，并将这些规律和经验转化为思想政治教育资源，从而切实提高思想政治教育的实效性。

意识形态作为维护社会秩序合理性和合法性的思想体系，需要持续不断地提供适应现实变化的说服方式，以多层次、多样化的话语形态传播特定意识形态所内蕴的核心价值理念，为人们的社会生活提供一个规范性的解释框架并指导人们的行动。总的来说，这种解释框架包含两个维度，即建设性维

---

① 《习近平谈治国理政》第4卷，外文出版社，2022，第18页。

度和批判性维度。建设性维度的核心功能在于通过正向诠释、论证，不断强化特定社会秩序的合理性和合法性，主要形成成就性资源；而批判性维度即针对各种错误思潮的潜在威胁，对错误思潮进行批判以及对反面历史经验的总结而生成的资源。

1. 成就性资源

在马克思主义唯物史观视域下，历史发展进程是具有其内在规律的客观历史过程，尊重历史、继承历史、发展历史是促进历史前进的必然选择。从这一角度而言，历史本身即构成发展的资源。中国共产党历来高度重视总结历史经验。一百多年来，中国共产党带领中国人民在革命、建设和改革的历程中，取得了一系列伟大成就，积累了丰富的实践经验。这些经验都是宝贵的思想政治教育资源，是思想政治教育资源的重要来源。

一是中国共产党逾百年奋斗历程中所构建的中国共产党人的精神谱系。这个精神谱系是中国共产党领导中国人民在革命、建设和改革中，在克服一个又一个困难、取得一个又一个胜利的历程中所展现出来的精神力量，是中国共产党领导中国人民进行革命、建设和改革实践所取得的历史经验的精神升华，根植于中国共产党领导中国人民为实现中华民族伟大复兴的奋斗历程中，构成了中国共产党带领人民攻坚克难取得胜利的精神史诗，是宝贵的精神财富和思想政治教育资源。

二是中国共产党领导中国人民进行革命、建设和改革所取得的伟大成就和历史功绩，包括领导广大人民取得新民主主义革命胜利的历史功绩，即革命功绩，以及领导广大人民进行社会主义建设和实行改革开放所创造的历史功绩，即执政功绩。"一百年来，党领导人民浴血奋战、百折不挠，创造了新民主主义革命的伟大成就；自力更生、发愤图强，创造了社会主义革命和建设的伟大成就；解放思想、锐意进取，创造了改革开放和社会主义现代化建设的伟大成就；自信自强、守正创新，创造了新时代中国特色社会主义的伟大成就。"[①] 这些成就为开展思想政治教育提供了有力支撑，成为思想政治

---

① 《中共中央关于党的百年奋斗重大成就和历史经验的决议》，人民出版社，2021，第1~2页。

教育的丰富资源。中国共产党历来重视，也善于把所取得的历史成就转化为思想政治教育资源。比如，在革命时期，中国共产党就十分重视运用革命取得的成就开展思想政治教育。1925年10月，中共中央执行委员会扩大会议制定的《宣传问题议决案》指出："在群众中为党而宣传，最好是指出党的成绩，指出党已经为工人阶级及农民争到具体的利益。这种成绩，应当是取得群众的出发点。"[①] 在社会主义建设时期，中国共产党把开发思想政治教育现实资源聚焦到总结和宣传社会主义建设成就上来。比如，《中共中央关于一九五二年国庆节宣传要点的指示》要求："宣传三年来我们的国家在实现统一、进行改革方面的伟大成就"；"宣传三年来我们国家在经济的恢复与改造工作方面的伟大成就"；"宣传三年来我们的国家在改革和发展文化教育事业方面的伟大成就"。[②] 宣传国家的社会主义建设成就，可以展示刚刚成立的新中国在社会建设方面的能力和成效，从而通过现实的巨大变化来增进人民对中国共产党执政地位、对新中国的认同。中国共产党把革命功绩和执政功绩开发为思想政治教育资源，与其"全心全意为人民服务"的政绩取向，十分强调思想政治教育与群众的利益诉求相结合、解决思想问题与解决实际问题相结合的策略选择是分不开的。经济社会的发展，迅速改变人民群众落后的生活状况，其发展的成就，为强化广大群众对社会主义意识形态的认同提供有力支撑，也为思想政治教育提供丰富的资源。

2. 批判性资源

重视思想政治教育的批判性功能的发挥，是中国共产党思想政治教育的优良品格，是中国共产党自我革命精神的集中反映。邓小平曾指出："历史上成功的经验是宝贵财富，错误的经验、失败的经验也是宝贵财富"[③]，这体现了我们党勇于正视自身发展过程中的错误和曲折。对此，习近平总书记在《关于〈中共中央关于党的百年奋斗重大成就和历史经验的决议〉的说明》

[①] 《建党以来重要文献选编（1921～1949）》第2册，中央文献出版社，2011，第528页。
[②] 《中共中央文件选集（1949年10月～1966年5月）》第9册，人民出版社，2013，第405～410页。
[③] 《邓小平文选》第3卷，人民出版社，1993，第234～235页。

新时代思想政治教育资源开发:理论阐释与路径

中也强调,"要坚持正确党史观、树立大历史观,准确把握党的历史发展的主题主线、主流本质,正确对待党在前进道路上经历的失误和曲折,从成功中吸取经验,从失误中吸取教训,不断开辟走向胜利的道路"①。马克思主义经典作家在对思想政治教育的论述中,就十分重视揭露剥削阶级思想政治教育的反动本质、对封建统治阶级思想专制进行批判、对资产阶级思想舆论进行批判以及对宗教蒙昧主义思想控制进行批判。② 新时代思想政治教育对批判性资源开发的重视,既是对中国共产党思想政治教育优良品格的继承,也是在新时代历史背景下发扬"敢于斗争、善于斗争"的伟大斗争精神的体现。总的来说,批判性资源包括以下两个方面。

一是无产阶级在革命、建设、改革的历程中的历史教训。这主要指无产阶级诞生以来,其在革命、建设和改革的历程中所形成的教训性经验。无产阶级要重视总结和吸纳教训性历史经验:当我们懂得深入分析失败的原因并吸取教训时,失败就永远比成功充满更多的教诲,因为失败的后果迫使我们面对事情的实质。③ 就新时代思想政治教育资源的开发而言,其中尤为重要的是无产阶级在建构意识形态历程中的批判性经验。马克思主义诞生以前,无产阶级就为了争取和维护自身阶级利益而努力建构无产阶级意识形态,但直到马克思主义诞生后,在其指导下无产阶级建构社会主义意识形态才走上了正轨。在此过程中,积累了大量的正反两方面的历史经验,这些经验除了包括被实践证明是正确的成果性经验外,还包括被实践证明是错误的教训性经验。特别是在马克思主义诞生后,如何运用马克思主义基本原理来审视和解答不同时代、不同地区和国家的问题,无产阶级既积累了十分丰富的马克思主义本土化、时代化的成果性经验,同时也形成了不少的教训性经验。比如,马克思主义在俄国(苏联)的本土化进程中、在东欧社会主义诸国的本土化进程中、在越南等社会主义国家的本土化进程中,都面临着社会主义意

---

① 《习近平谈治国理政》第4卷,外文出版社,2022,第20页。
② 刘建军、张智编著《马克思主义经典作家论思想政治教育》,人民出版社,2023,第27~50页。
③ 〔法〕路易·阿尔都塞:《论再生产》,吴子枫译,西北大学出版社,2019,第52页。

识形态建构的共性问题,也产生了可资借鉴的教训性经验。这些都可以从反面的角度为建构社会主义意识形态提供经验,从而成为思想政治教育资源开发的批判性资源的重要来源。

二是对立阶级的"负面合法性资源"。所谓对立阶级的"负面合法性资源",主要是指对立阶级及其意识形态的缺点及不足。思想政治教育发挥意识形态教化的作用,很大程度是通过批判旧的意识形态并传播新的意识形态的方式来实现的。有学者梳理了中国共产党成立一百多年来的政治合法性资源的变迁史,认为在新民主主义革命时期,共产主义意识形态、旧社会的"负面合法性"和苏联榜样的示范构成了三大合法性来源。其中,旧社会的"负面合法性",一般是指建立在批判旧社会的缺点或缺陷之上的合法性资源,它是通过比较未来社会和现实社会,证明未来社会的合理性和优越性,并把民众的信任和忠诚转移到未来社会之上的一种合法性资源。这是中国共产党领导革命过程中的重要合法性资源之一。① 在新的时代背景下,世界范围内的文化交流日益频繁,文化交融也在深度推进,但与此同时,文化交锋特别是意识形态领域渗透与反渗透斗争更加复杂和尖锐,意识形态斗争更加激烈。对此我们需要有更加清醒的认识,需要更加重视并善于在斗争中把握获取思想政治教育资源的机遇。有学者在分析新时代中国意识形态建设的发展机遇期时,指出这些战略机遇包括治理性机遇、发展性机遇、网络化机遇、认同性机遇和危机性机遇。其中,危机性机遇源于西方意识形态美誉遭受重创。② 重视批判对立阶级所生产的异质或对立的意识形态,可以有力地反向论证社会主义意识形态的合理性和合法性,从而为新时代思想政治教育提供鲜活丰富的资源。

(三)保障性资源

保障性资源是支撑思想政治教育作为一种社会实践活动得以顺利开展的基础性资源。主要包括财物资源、组织资源和媒介资源。

---

① 赵爽、郝宇青:《百年来中国共产党的政治合法性资源的变迁及启示》,《江西师范大学学报》(哲学社会科学版)2021年第2期。
② 张志丹:《意识形态功能提升新论》,人民出版社,2017,第39~54页。

新时代思想政治教育资源开发：理论阐释与路径

1. 财物资源

思想政治教育的顺利开展，离不开一定的财物资源的支持，财物资源的开发对思想政治教育具有重要意义，它为思想政治教育顺利开展提供基础性的资源保障。一般来说，财物资源是开展所有实践活动所必需的基本条件，是思想政治教育资源开发主体进行资源开发的基本保障。对其进行开发，主要体现在通过对财物资源进行政策性调配上，以更好地发挥财物资源对思想政治教育资源开发的支持和保障作用，以发挥财物资源对思想政治教育顺利开展的更大支持效能。对思想政治教育财物资源的开发主要有如下两种方式。

一是加大财政支持力度。意识形态工作是在人的头脑里搞建设，思想政治教育资源开发在本质上是精神生产的一种形态和形式，往往不能带来直接的物质收益，不能创造直接的经济价值，它创造的主要是社会价值、精神价值和文化价值。但是意识形态建构不仅是意识形态生产，还涉及意识形态物质载体和传播途径的建设，不仅涉及精神生产，还涉及物质性建设。精神生产的基本属性决定了意识形态生产不能按照一般性的物质生产进行资源配置，更不能完全按照经济性活动的逻辑来开展和组织，但同时思想政治教育的开展又需要场馆等物质性载体和物质性传播渠道，这就使得思想政治教育的开展、思想政治教育资源的开发更加需要公共财政的支持。

二是加大对思想政治教育机构和人员的政策支持和基本保障力度。思想政治教育机构和人员构成了开展思想政治教育、开发思想政治教育资源的专职、专责队伍，是思想政治教育资源开发的主要力量，需要给予政策支持和基本保障，以有效激励思想政治教育机构和人员履职尽责。

2. 组织资源

组织资源是思想政治教育顺利开展的重要资源。尽管思想政治教育都通过个体的实践活动得以开展，但是从根本上来说，思想政治教育并非个体行为，而是阶级利益和国家意志的体现，是阶级行为和国家行为，因此，思想政治教育需要依托组织来开展。

就我国而言，中国共产党拥有强大的组织资源。组织资源不仅是推进各项事业的载体和依托,也是开展思想政治教育的重要保障条件。在马克思主义传入中国初期,中国先进知识分子曾组织过各种各样的学会和社团,探索研究和践行马克思主义。比如,1920年3月,李大钊在北京大学组织了我国第一个学习研究马克思主义的团体——"北京大学马克思学说研究会"。此外,还有毛泽东、蔡和森等成立的"新民学会",以周恩来、马骏、郭隆真等为骨干的"觉悟社",恽代英、林育南等人创立的"利群书社"等,都在宣扬和践行马克思主义方面作出过卓著的贡献。这些学会和社团成为开展思想政治教育的最初组织资源。

中国共产党成立后,始终高度重视自身的组织建设,逐渐形成了雄厚的组织资源。中国共产党强大的组织资源是中国共产党在长期的革命、建设和改革实践中逐步形成的。经过一百多年的建设,中国共产党已经成为拥有9900多万名党员(截至2023年底)、领导着14亿多人口大国、具有重大全球影响力的世界第一大执政党,并在发展的过程中逐渐形成了坚强有力的中央领导集体和一支具有丰富的思想政治教育工作经验的干部队伍,建立了遍布全国各地、覆盖各行各业且有着严格纪律的组织网络。党的十八大以来,习近平总书记围绕"建设什么样的长期执政的马克思主义政党、怎样建设长期执政的马克思主义政党"等一系列重大时代课题,切实推动新时代党的建设新的伟大工程向纵深发展,党的组织建设取得了显著成效,为新时代思想政治教育资源开发提供了坚强的组织保障。

思想政治教育的组织资源除了中国共产党自身的组织系统之外,还包括为思想政治教育的开展提供组织保障的各种群团组织,以及各种基于行业专业而形成的协会等非官方组织。在中国共产党夺取全国政权后,各级政府等国家机构就成了思想政治教育的强大组织资源。这些官方和非官方的组织构成了开展思想政治教育的组织系统,成为开展思想政治教育的组织资源。党的十八大以来,以习近平同志为核心的党中央十分关心党的群团工作,召开了中央党的群团工作会议,发布了《中共中央关于加强和改进党的群团工作的意见》,群团组织建设得到切实增强,群团组织在组织群众、宣传群众、教育群众和服务群众等工作中发挥了重要作用,成为党组织开展思想政治教育的重要组织资源。

对思想政治教育组织资源的开发，主要是通过不断调整优化组织体系，促使这些组织为思想政治教育资源开发提供组织保障来实现的。有强大的组织保障，是思想政治教育扩大覆盖面和强化影响力的重要条件。思想政治教育作为意识形态教化的主要途径，需要在社会最广泛的范围内形成影响合力。思想政治教育要形成强大的影响合力，离不开各级党组织、群团组织等各级各类组织的通力合作、协同发力，离不开各种组织的思想政治教育功能。组织资源的开发，是思想政治教育资源进行系统性开发的主要内容和重要保障。

3. 媒介资源

虽然意识形态是精神生产的结果，但是意识形态的表达，尤其是意识形态的传播，离不开物质载体。意识形态要实现有效传播，有赖于各种传播媒介的建设。建构意识形态传播的媒介系统，是思想政治教育资源开发的重要内容和环节。抗日战争时期，对于如何宣传全面抗战路线的问题，毛泽东作了明确具体的说明："怎样去动员？靠口说，靠传单布告，靠报纸书册，靠戏剧电影，靠学校，靠民众团体，靠干部人员。"[①] 毛泽东在这里强调了开展思想政治教育要依靠多种媒介资源。思想政治教育媒介资源种类繁多，对其开发主要包括以下几个方面。

一是加大学校等阵地的建设力度。各类学校是开展思想政治教育最重要和最主要的场域，其建设历来受到党的高度重视。建党初期，中国共产党就创办了各类工人夜校、补习班，延安时期创建了抗日军政大学、陕北公学、鲁迅艺术学院、中国女子大学、行政学院、延安大学等，新中国成立后更是创办了各级各类高等教育、基础教育、职业教育学校。此外，还有各类教育基地，比如爱国主义教育基地、红色文化教育基地等。这些思想政治教育阵地，是进行意识形态传播的重要媒介。

二是重视对报刊、电视广播等传统媒体的建设，以及对网络阵地的建

---

① 《毛泽东选集》第 2 卷，人民出版社，1991，第 481 页。

设。中国共产党一直重视思想政治教育媒介资源的开发和建设，在成立之初就十分重视创办自己的宣传媒体，尤其重视创办各种刊物和出版社。比如，1921年创办了《劳动周刊》《济南劳动周刊》等刊物；1921年9月，党的第一个出版机构——人民出版社在上海成立。1925年1月《对于宣传工作之议决案》对加强《向导》《新青年》《中国工人》《党报》等的建设提出了具体要求。① 值得注意的是，网络时代，互联网技术的飞速发展以及自媒体的涌现，极大地改变了意识形态的传播方式，改变了原有的传播版图和格局甚至整个传播生态，也颠覆性地改变了传统媒体时代意识形态的生产方式。习近平总书记强调："过不了互联网这一关，就过不了长期执政这一关。"② 2013年，在全国宣传思想工作会议上，他指出："思想舆论领域大致有三个地带。第一个是红色地带，主要是主流媒体和网上正面力量构成的，这是我们的主阵地，一定要守住，决不能丢了。"③ 可见，互联网技术，尤其是移动互联网技术的迅猛发展，改变了人类社会信息传播的生产方式和形态。网络阵地对于意识形态建构和传播起着重要作用，成为影响意识形态工作领导权甚至是执政权的重要因素，从而成为开展思想政治教育的重要资源。

　　三是借助重要纪念日举办的各类纪念活动、庆祝活动来开展思想政治教育。中国共产党历来重视通过纪念历史人物、历史事件和重要节日开展思想政治教育。纪念活动包括历史人物纪念、历史事件纪念、重要节日纪念。党的十八大以来，党中央十分重视通过设立各类纪念日、举办各类纪念活动来开展思想政治教育。比如，2014年，全国人大常委会通过决议将每年的12月13日确定为南京大屠杀死难者国家公祭日，将每年的9月3日确定为中国人民抗日战争胜利纪念日，将每年的9月30日设立为烈士纪念日，通过设立这些纪念日，广泛开展爱国主义教育。此外，还设立了中国医师节、中国人民警察节等节日，在全社会积极广泛开展各种关爱关心医护人员、人民警察等群体的活动，充分发挥重要纪念日和节日的思想政治教育资源功能。

---

① 《建党以来重要文献选编（1921~1949）》第2册，中央文献出版社，2011，第256页。
② 习近平：《论党的宣传思想工作》，中央文献出版社，2020，第183页。
③ 《习近平关于网络强国论述摘编》，中央文献出版社，2021，第52页。

关于充分挖掘各种各类庆祝活动、纪念活动的思想政治教育功能，习近平总书记在十九届中央政治局常委会会议专门听取中华人民共和国成立七十周年庆祝活动总结报告时的讲话中指出："庆祝活动是人民群众爱国主义精神的集中展示，要抓住契机，加强对人民群众爱国主义的教育和引导。庆祝活动体现了继承与创新的有机统一，要总结好做法好经验，用以指导今后的重大庆祝活动。庆祝活动为我们留下了十分宝贵的精神财富，要加强对这些精神财富的发掘利用，使之转化为亿万人民群众奋进新时代的强大动力。"① 这深刻阐述了庆祝活动和纪念活动发挥的思想政治教育资源功能。

历史人物、历史事件和重要节日也是开展思想政治教育的重要媒介资源。通过举办以历史人物、历史事件和重要节日为主题的纪念活动，可以发挥历史人物、历史事件和重要节日对人们的精神引领作用。历史人物纪念主要有对马克思、恩格斯、孙中山、毛泽东、邓小平等具有广泛影响力的人物以及党和国家领导人的纪念，历史事件纪念主要有对五四运动、抗日战争、辛亥革命等重大历史事件的纪念，重要节日纪念主要有对国际妇女节、劳动节、青年节、建军节、国庆节等重要节日的纪念。围绕这些历史人物、历史事件和重要节日而举行的纪念活动，是开展思想政治教育的重要形式，这些历史人物、历史事件和重要节日，都是新时代思想政治教育的重要资源。

四是借助各类先进典型开展思想政治教育。充分发挥英雄、英烈、在各行各业作出突出贡献的模范人物以及在各个领域作出突出贡献的专家学者等先进典型的榜样引领作用，有效增强思想政治教育的亲和力和感染力。1920年，列宁在一次会议上强调："多用行动少用言语来进行宣传。要知道，现在用言语既不能说服工人，也不能说服农民，只有用榜样才能说服他们。"② 在新民主主义革命时期，中国共产党将方志敏、狼牙山五壮士、张思德、刘胡兰、董存瑞、黄继光、邱少云等革命英雄树立为榜样；在社会主义革命和建设时期，把在各条战线表现突出的先进分子，树立为具有模范示范作用的

---

① 《习近平关于社会主义精神文明建设论述摘编》，中央文献出版社，2022，第130页。
② 《列宁全集》第40卷，人民出版社，1986，第37页。

榜样人物，比如雷锋、王进喜、焦裕禄、陈景润、孔繁森等；在新的历史时期，中国共产党将黄旭华、袁隆平等在社会主义现代化建设中作出突出贡献的人物树立为榜样。此外，在抗洪、抗震、抗疫等急难险重任务中表现突出的先进人物，在各行各业的平凡岗位上作出突出成绩的优秀人物等，也被树立为榜样人物，产生了显著的榜样引领效应。这些榜样人物和他们的先进事迹承载和彰显了榜样人物身上所体现出的宝贵品质，是源自生活、取自现实、可亲可敬可触的鲜活的思想政治教育资源。

五是借助文艺作品开展思想政治教育。艺术能陶冶人的心灵，人民群众创作了大量文艺作品，包括文学作品、电影、电视剧、歌舞等。这些文艺作品，通过艺术化的手段和方式，对受众产生浸润式的影响，相对其他媒介，更能引起受众共鸣，借由共鸣而产生的共情，可有效增强思想政治教育的亲和力和感染力。把文艺作品开发为思想政治教育资源，主要是通过挖掘文艺作品的意识形态教化功能，从而使文艺作品在思想政治教育过程中发挥传播意识形态的作用。

第二节 新时代思想政治教育资源开发的场域拓展

思想政治教育资源开发的场域聚焦的是在哪里开发资源、资源从哪里来的问题。根据思想政治教育资源的不同来源，思想政治教育资源开发的场域可分为空间场域、历史场域和文化场域。新时代思想政治教育资源的开发场域，既与此前的思想政治教育资源开发场域有相同之处，也有其时代特点。有学者指出，新时代党中央围绕思想政治教育面临的新形势，开拓创新思想政治教育理论，形成了涉及不同领域、涵盖多个方面、瞄准焦点问题的系统论述，在理论创新中拓宽思想政治教育指涉领域，使其从教育教学单领域介入渗透到治国理政全场域。[①]

[①] 郭玉杰、卢黎歌：《新时代十年党的思想政治教育理论创新》，《学校党建与思想教育》2023年第13期。

新时代思想政治教育的空间场域，包括物理空间场域、交往空间场域和人的活动空间场域。从物理空间场域层面来看，新时代思想政治教育资源的开发场域既包括学校、家庭等开展思想政治教育活动的空间，也包括博物馆、各种教育培训基地、红色遗址等红色资源富集的场所等公共空间；从交往空间场域层面来看，既包括线下的现实交往空间，也包括基于互联网技术尤其是新媒体技术、移动互联网社交工具的兴起和应用而出现的互联网交往空间；从人的活动空间场域层面来看，既包括人的外在行为活动空间，也包括人的内在精神活动空间。新时代思想政治教育资源的开发空间场域，随着"大思政"工作格局的构建和新媒体、人工智能、大数据等技术的广泛应用，总体上呈现出从学校向家庭和社会拓展、从线下向线上拓展、从人的外在行为活动空间向人的内在精神活动空间拓展的趋势。新时代思想政治教育资源开发的物理空间场域、交往空间场域和人的活动空间场域都得以显著拓展。

新时代思想政治教育资源开发的历史场域，主要是指思想政治教育资源形成和存在的历史场域，包括思想政治教育学科发展史、改革开放史、新中国史、中国近现代史、社会主义发展史、中华五千年文明发展史以及人类文明发展史。在不同的历史场域中，不同的思想政治教育资源得以形成，使新时代思想政治教育更具有历史纵深性，从而在资源开发历史场域层面也实现了显著的拓展。

新时代思想政治教育资源开发的文化场域，既包括社会主义先进文化、中华优秀传统文化、革命文化，也包括外国优秀文化等，它们交织形成多元化的文化场域。一方面，中国共产党历来重视对社会主义先进文化、革命文化的创制和提炼，也重视实现中华优秀传统文化的创造性转化和创新性发展。习近平总书记对"第二个结合"即把马克思主义基本原理同中华优秀传统文化相结合的深刻内涵和重要意义进行了深入论述，既深化了我们对新时代思想政治教育资源开发文化场域的认识，也使新时代思想政治教育资源开发的文化场域得到极大拓展。另一方面，新时代以来，在构建人类命运共同体理念的指引下，我国加强了与世界各国的交流，推动了中华文明与其他文明的交流互鉴。这也促成了思想政治教育资源开发的文化场域向覆盖人类一

第三章　新时代思想政治教育资源开发的场域与内容

切优秀文明成果的方向拓展。

一　新时代思想政治教育资源开发的空间场域拓展

思想政治教育空间作为思想政治教育实践得以开展的必要现实条件，是由物理存在空间、社会关系空间和精神交往空间等多维空间综合形成的结构体。物理存在空间，即开展思想政治教育实践活动所占用的空间；社会关系空间，即因思想政治教育实践活动的开展而形成的人际交往空间；精神交往空间，即思想政治教育实践活动所指向的思想观念空间。[①] 党的十八大以来，随着大中小学思政课一体化建设的推进、"三全育人"综合改革的推进、"大思政课"建设的扎实推进和"大思政"工作格局的加快构建，思想政治教育的空间场域得到显著拓展。这不仅改变了思想政治教育的实践空间条件，也使之呈现出新的空间表征。同时，与社会科学领域空间转向相伴随，关于思想政治教育空间研究逐渐成为前沿热点，形成了网络思想政治教育空间、思想政治教育空间转向、思想政治教育公共空间等多个研究论域。[②]

思想政治教育是在时间与空间两个维度开展的，思想政治教育时空建构是思想政治教育存在现实化的确证，也是思想政治教育实践活动的重要方面。新时代思想政治教育资源开发的场域由学校空间向社会空间拓展，由现实空间向虚拟空间拓展，由线下空间向线上空间拓展。一方面，党的十八大以来，以习近平同志为核心的党中央高度重视思想政治工作，就如何更有实效地开展思想政治工作提出了一系列新要求、新理念和新方法。2021年7月，中共中央、国务院印发的《关于新时代加强和改进思想政治工作的意见》明确提出了"构建共同推进思想政治工作的大格局"的要求。从纵向来看，着力推进大中小学思政课一体化建设，在国民教育阶段做好学生全过程学习的内容衔接和学生思想政治素质发展形成的路径衔接。从横向来看，在学校思想政治教育方面，加强思政课程与课程思政的同向同行、协同增

---

① 王学俭、张哲：《多维空间视阈下的思想政治教育研究》，《马克思主义研究》2014年第4期。
② 徐业坤：《现实审视与优化策略：新时代高校思想政治教育空间研究》，《湖北社会科学》2020年第3期。

效。2016 年，在全国高校思想政治工作会议上，习近平总书记强调："要用好课堂教学这个主渠道，思想政治理论课要坚持在改进中加强，提升思想政治教育亲和力和针对性，满足学生成长发展需求和期待，其他各门课都要守好一段渠、种好责任田，使各类课程与思想政治理论课同向同行，形成协同效应。"[①] 在领导体制和工作机制方面，突破学校思想政治教育的空间场域局限，完善领导体制和工作机制，完善党委统一领导、党政齐抓共管、宣传部门组织协调、有关部门和人民团体分工负责、全党全社会共同参与的思想政治工作大格局，以实现思想政治教育的空间由学校拓展到整个社会。另一方面，人工智能、移动互联网等技术的迅猛发展及广泛应用，创设了相对于现实空间的网络空间和虚拟空间，深刻改变了信息的存在状态和传播方式，也极大地拓展了思想政治教育空间，互联网成为思想政治教育必须面对的空间变量，思想政治教育空间实现了从"现实空间"到"虚拟空间"、从"有限空间"到"无限空间"、从"线下空间"到"线上空间"的拓展，从而形成了虚实相融、"线下+线上"的全新思想政治教育空间场域。思想政治教育空间的拓展不仅使思想政治教育的活动空间得以拓宽，也使思想政治教育资源的开发空间以及来源渠道都得以拓宽。得益于"大思政"工作格局的构建，思想政治教育空间的拓展带动了新时代思想政治教育资源开发空间场域的拓展——实现了从学校空间向社会空间的拓展、从现实空间向虚拟空间的拓展。思想政治教育资源的来源和类型也更加丰富：不仅包括学校的思想政治教育课程资源，还包括学校非思想政治教育课程蕴含的思想政治教育资源；不仅包括学校的思想政治教育课堂资源，还包括社会的思想政治教育实践资源；不仅包括线下的思想政治教育资源，还包括线上的思想政治教育资源。

二 新时代思想政治教育资源开发的历史场域拓展

在历史场域方面，新时代思想政治教育资源开发场域的拓展，体现的是思想政治教育资源开发的历史纵深度的拓展。思想政治教育资源开发历史场

---

① 《习近平谈治国理政》第 2 卷，外文出版社，2017，第 378 页。

域的拓展，主要源于新时代构建"大思政"工作格局要求拓展思想政治教育资源的历史来源。这也是新时代思想政治教育主体的素养和能力的重要体现。2019年3月18日，习近平总书记在学校思想政治理论课教师座谈会上的重要讲话中就强调了思政课教师的历史视野，即"要有5000多年中华文明史，要有500多年世界社会主义史，要有中国人民近代以来170多年斗争史，要有中国共产党近100年的奋斗史，要有中华人民共和国70年的发展史，要有改革开放40多年的实践史，要有新时代中国特色社会主义取得的历史性成就、发生的历史性变革"①。广阔的历史视野，为思想政治教育提供了丰富的资源。新时代思想政治教育资源开发的历史场域不再局限于当下的思想政治教育实践，而是要将其放置于更加广阔的历史中来进行多维度的考察。拓展思想政治教育资源开发的历史场域，意味着不仅要从微观的视角来看待思想政治教育资源开发问题，将其作为思想政治教育过程的一个阶段来研究，还要将思想政治教育资源开发作为一个历史进程，将其放置于中华优秀传统文化的发展历程、社会主义意识形态的构建历程中来进行研究，从更加广阔的历史视角来揭示新时代思想政治教育资源开发的历史意义。

三　新时代思想政治教育资源开发的文化场域拓展

思想政治教育的产生、发展有其深厚的文化渊源。文化滋养并推动着思想政治教育的产生和发展，也在思想政治教育与时俱进的发展过程中不断优化和充实其内涵。习近平总书记在谈到思想政治工作时，强调以文化人、以文育人的重要性，他指出："精神文化产品潜移默化地影响着人们的思想观念、价值判断、道德情操，对培育和弘扬社会主义核心价值观具有不可替代的作用。"② 新时代思想政治教育资源开发更加注重在中华优秀传统文化的守正创新中和在中外文明的交流互鉴中拓宽思想政治教育的文化资源。一方面，"两个结合"即把马克思主义基本原理同中国具体实际相结合、同中华

---

① 习近平：《思政课是落实立德树人根本任务的关键课程》，《求是》2020年第17期。
② 习近平：《论党的宣传思想工作》，中央文献出版社，2020，第58页。

优秀传统文化相结合,是我们党对马克思主义中国化时代化历史经验的深刻总结,是对中华文明发展规律的深刻把握,表明我们党对中国特色社会主义道路、理论、制度和文化的自信达到了新高度,表明我们党在传承中华优秀传统文化中推进文化创新的自觉性达到了新高度。特别是"两个结合"中的"第二个结合",使我们能够在更广阔的文化空间中,充分运用中华优秀传统文化这一丰富而宝贵的文化资源,探索面向未来的理论创新和制度创新,为拓展新时代思想政治教育资源开发的文化场域提供了根本遵循。另一方面,随着构建人类命运共同体理念的提出和践行,中外文明交流互鉴的深度、广度得到进一步拓展,新时代思想政治教育得以在更广阔的文化空间中更加广泛地汲取外国优秀文化资源,在拓展思想政治教育资源开发的文化场域的同时也更加注重从国外优秀文化资源中开发思想政治教育资源。

第三节　新时代思想政治教育资源开发的主要内容

新时代思想政治教育资源的开发内容,是对"主要开发什么"的问题的探讨。思想政治教育资源是一个有着庞大的数量和繁多的种类的资源系统,因此其开发的内容也非常多。新时代思想政治教育资源开发,既有思想政治教育资源开发的一般性内容,更有基于新时代要求的思想政治教育资源开发的特殊性内容,其内容主要包括对核心资源、政治资源、教育资源和文化资源等的开发。

一　核心资源的开发:推进马克思主义中国化时代化

马克思主义及其中国化时代化成果是思想政治教育的核心资源,推进马克思主义中国化时代化是新时代思想政治教育资源开发的核心内容,也是推动新时代思想政治教育资源开发的重要方式。中国共产党在带领人民探寻实现中华民族伟大复兴道路的过程中认识、选择和接受了马克思主义,在回应和解决不同历史时期的时代问题的过程中,不断推进马克思主义中国化时代化，使思想政治教育的核心资源不断丰富。从静态来看，马克思主义及其中国化时代化成果，是思想政治教育资源的核心部分；而从动态来看，马克思主义中国化时代化的历史进程，同时也构成了思想政治教育资源开发的发展历程的主轴。在某种意义上，马克思主义中国化时代化本身，就是思想政治教育资源开发的核心内容，对其他所有的思想政治教育资源开发产生统摄性的深刻影响。

首先，马克思主义及其中国化时代化成果是社会主义意识形态的内核，这个内核决定了思想政治教育资源的性质及开发的方向。"马克思主义中国化"这个命题，是1938年10月毛泽东在中共扩大的六届六中全会上提出来的。该命题的提出，最初是根据中国共产党运用马克思主义指导中国革命实践的正反两方面的经验和教训而提出来的，此后为了回答和解决在革命、建设和改革实践中所遇到的时代问题而不断深化和推进。

其次，马克思主义中国化时代化的历程，与社会主义意识形态的生产和建构是同一个过程，这个过程推动了社会主义意识形态的生产和建构。因此，马克思主义中国化时代化对思想政治教育资源的开发产生了深远的和巨大的推动力和带动力。作为思想政治教育资源开发的主轴，马克思主义中国化时代化为其他思想政治教育资源的开发提供强大动力，对思想政治教育资源开发产生深刻的带动影响，推动着社会主义意识形态的建构。

最后，马克思主义中国化时代化成果是思想政治教育资源开发的最重要成果，进一步丰富了新时代思想政治教育的核心资源。所谓核心资源，就是它在整个思想政治教育资源系统中处于核心地位，马克思主义中国化时代化不仅内在地驱动着思想政治教育资源的开发，本身构成了思想政治教育资源开发的核心内容，其成果也是思想政治教育资源开发的最核心和最重要的成果。由此而论，马克思主义中国化时代化的过程也是思想政治教育资源开发的过程，其成果构成了思想政治教育资源的核心部分。这正如有学者所指出的，马克思主义在世界各地传播并指导和鼓舞世界各地无产阶级打破旧世界、创造新世界的斗争过程，同时也是马克思主义思想政治教育的过程，马克思主义发展史也是无产阶级及其政党的思想政治教育史。按照这个逻辑，一部中国共产党历史，也就是中国共产党运用思想政治教育这个有力工具为实现自己的政治目标而奋斗的历史，即中国化的马克思主义思想政治教育史。① 在推进马克思主义中国化时代化的历程中，马克思主义基本原理同中国具体实际相结合、同中华优秀传统文化相结合，先后创立了毛泽东思想、邓小平理论、"三个代表"重要思想、科学发展观和习近平新时代中国特色社会主义思想，是思想政治教育的核心资源。

特别是党的十八大以来，以习近平同志为核心的党中央，面对国内外形势新变化和实践新要求，勇于进行理论探索和创新，以全新的视野深化对共产党执政规律、社会主义建设规律、人类社会发展规律的认识，持续推进马克思主义中国化时代化，创立了习近平新时代中国特色社会主义思想，从"十个明确""十四个坚持""十三个方面成就"等方面深入系统回答了关系党和国家事业发展、党治国理政的一系列重大时代课题。习近平新时代中国特色社会主义思想的创立，实现了马克思主义中国化新的飞跃，这是新时代思想政治教育资源开发的最重大成果，为指导新时代开展思想政治教育提供了更丰富的核心资源。

二 政治资源的开发：以中国式现代化全面推进中华民族伟大复兴

现代化是一个包罗宏富、多层次、多阶段的历史过程，是"特指人类社会从传统的农业社会向现代工业社会转型的历史过程。这一过程涉及全球的经济、政治、社会、思想、文化、心理各方面的巨大变迁"②。西方主要发达国家借助在现代化进程中取得的先发优势，建立起以发达资本主义国家为主导的世界秩序，推动了以发达资本主义国家为中心的世界秩序的形成。对每一个开启现代化进程的国家而言，现代化都意味着从传统到现代的转型，而不同的国家因为国情不同，所走的现代化道路也呈现出不同的特点。

---

① 何一成、王辉、伍屏芝：《中国共产党思想政治教育史》，湖南大学出版社，2016，第3~4页。
② 马敏：《现代化的"中国道路"——中国现代化历史进程的若干思考》，《中国社会科学》2016年第9期。

第三章　新时代思想政治教育资源开发的场域与内容

近代以来，走向现代化、实现现代化成为中国社会发展的核心目标，中国人民和无数仁人志士不屈不挠，通过各种方式积极探寻中国式现代化之路，书写了一部艰难探索中国式现代化的壮丽诗篇。探索中国式现代化道路，贯穿整个中国近现代史，构成了推动中国社会发展变迁的主线，并对近代以来中国社会的方方面面产生了深远的影响，也重构了现代中国人身处的社会秩序和精神世界秩序。这种重构对意识形态生产产生了深远的影响。为中国人民谋幸福、为中华民族谋复兴是近代以来中国共产党矢志不渝的初心使命，构成了中国共产党百年征程的主题，同时也是思想政治教育资源开发的主题。习近平总书记在庆祝中国共产党成立100周年大会上的讲话中指出："中国共产党一经诞生，就把为中国人民谋幸福、为中华民族谋复兴确立为自己的初心使命。一百年来，中国共产党团结带领中国人民进行的一切奋斗、一切牺牲、一切创造，归结起来就是一个主题：实现中华民族伟大复兴。"[①]实现中华民族伟大复兴是近代以来中国人民最伟大的梦想，因此，可以充当无产阶级的利益跃升为中华民族的整体利益，从而实现中国无产阶级的阶级利益转化为全社会成员的普遍利益的中介。中国共产党自觉地把实现中华民族伟大复兴融入无产阶级实现自身的阶级利益之中，从而实现了自身阶级利益的升华。党逾百年的奋斗征程，以中华民族伟大复兴为主题，这意味着中国共产党自觉突破了代表某一阶级或者利益集团的局限，把自己的阶级利益融入中华民族的整体利益中，始终代表最广大人民群众、代表中华民族的根本利益，这就从根本上保证了中国共产党所建构的社会主义意识形态具有强大凝聚力、引领力、说服力和科学性。实现中华民族伟大复兴，始终是中国共产党领导人民群众进行革命、建设和改革的中心目标，反映了最广大人民群众的整体利益。近代以来，实现中华民族伟大复兴这一主题有效地凝聚了最广大人民群众的政治共识和历史共识，从而为思想政治教育的开展提供强大的资源支撑。

而怎样实现现代化、实现中华民族伟大复兴，中国共产党带领中国人民

[①] 习近平：《在庆祝中国共产党成立100周年大会上的讲话》，人民出版社，2021，第3页。

进行了艰苦卓绝的探索和英勇顽强的斗争。中国的现代化是典型的外源后发型现代化。中国共产党成立前，中国的现代化先后由封建王朝、旧式政党推行，但是由于始终没能摆脱民族存亡危机，中国的现代化进程一直处于片面化、表面化推进的状态。直到中国共产党成立后，中国的现代化事业才得以全面深入地推进。在中国共产党的领导下，中国走上了社会主义道路，之后又吸取了国内外社会主义建设的正反两方面的经验教训，逐渐蹚出了一条中国式现代化道路。

新民主主义革命时期，中国的现代化道路体现为以毛泽东同志为主要代表的中国共产党人把马克思主义基本原理同中国具体实际相结合，开辟了中国式的革命道路。在毛泽东思想的指导下，中国共产党领导中国人民顽强奋斗，摆脱了民族和国家的生存危机，实现了民族和国家的真正独立，从而为推进现代化奠定了基本的社会基础。在这个阶段，中国共产党所开发的思想政治教育资源，主要聚焦于阐述无产阶级利益与中华民族整体利益的一致性上，实现了无产阶级解放与民族解放的高度统一，为无产阶级夺取政权奠定了坚实的群众基础。

社会主义革命和建设时期，中国的现代化道路体现为以社会主义公有制为经济基础，以人民代表大会制度、中国共产党领导的多党合作和政治协商制度、民族区域自治制度等为政治基础，以社会主义新文化为文化基础的社会主义建设之路。社会主义革命和建设时期的现代化，奠定了中国式现代化道路的社会主义底色，为中国式现代化道路的开辟准备了基础性的社会制度条件。在这一时期，中国共产党继续围绕实现中华民族伟大复兴这一主题，带领全国人民进行社会主义改造和社会主义建设，无产阶级的阶级利益开始跃升为国家利益，从而进一步强化了其与中华民族整体利益的一致性，中华民族的整体利益通过上升为国家利益得到维护。与此相适应，意识形态的建构也从无产阶级意识形态建构跃变为社会主义意识形态建构。

改革开放和社会主义现代化建设新时期，在经过"摸着石头过河"的艰难探索之后，中国共产党先是提出了走有中国特色社会主义道路，其后明确要走中国特色社会主义道路。随着社会主义现代化道路的开辟，中国的现代化发展终于摆脱了被动模仿的状态，并逐渐实现了从被动模仿学习到主动追赶再到并跑的突破。这种突破，不仅更加坚定了走中国特色社会主义道路的信心，更重要的是，在世界社会主义运动因苏联解体、东欧剧变而陷入低谷的时候，中国蹚出了一条独特而且有效的迈向现代化的新道路——中国特色社会主义道路，更加坚定了中国走一条既有别于资本主义道路又有别于苏联社会主义道路的现代化新道路的信念。随着中华民族迎来从站起来到富起来的飞跃，社会主义意识形态的合法性和说服力得到有效提升，思想政治教育资源也因应新的历史条件而进入回应多元化需求的阶段，资源的开发和供给开始更加科学化。

中国特色社会主义新时代，全面建成小康社会的目标如期实现，党和国家事业取得历史性成就、发生历史性变革，中华民族迎来了从站起来、富起来到强起来的伟大飞跃。中国特色社会主义道路自信、理论自信、制度自信、文化自信得到空前彰显，中国式现代化道路的探索开始寻求从与资本主义现代化道路并跑到超越的突破，中国式现代化道路为其他国家提供实现现代化的中国方案，致力于构建人类命运共同体和开创人类文明新形态，展示了中国人民走出一条更高水平的中国式现代化道路的自信和智慧。在世界面临百年未有之大变局的背景下，中华民族共同体意识、人类命运共同体意识的相互强化，中华民族伟大复兴的主题在新的历史条件下发挥了更为强大的凝聚共识的作用，构成了中国共产党在新的历史阶段建构意识形态的大局势。新时代思想政治教育资源的开发，立足于满足中华民族共同体和人类命运共同体这"两个共同体意识"的建构需求，从而实现了统筹国内和国际两个方面的思想政治教育资源供给。

马克思主义中国化的过程也是在马克思主义的指导下，中国共产党团结带领中国人民积极探索中国实现现代化方案的过程，中国化的马克思主义是马克思主义中国化的理论形态，为现代化的中国道路、中国式现代化方案提供了理论阐释和理论指导。中国式现代化道路的探索和形成，与马克思主义中国化的历程构成了相互促成的关系。一方面，从某种意义上来说，马克思主义中国化的过程就是马克思主义为中国提供现代化方案的过程；另一方面,中国式现代化理论建构和实践探索也为推进马克思主义中国化提供了不竭动力,推动了马克思主义中国化的进程。① 随着探索的深入,中国式现代化道路逐渐成为既有别于西方资本主义现代化道路,也有别于苏联模式的现代化新道路。可以说,中国式现代化道路的探索和形成构成了社会主义意识形态变迁发展的内在主线,这也是思想政治教育资源开发的主线。中国式现代化道路的探索过程中获得的和积累的经验,就成了开发新时代思想政治教育资源之矿。

探索中国式现代化道路、形成中国式现代化方案的过程,特别是新时代以来党带领人民所取得的现代化建设新成就,是开展新时代思想政治教育的重要资源。将这种资源纳入思想政治教育过程中成为思想政治教育资源,其中的重要目标在于实现人的现代化,这是新时代思想政治教育的重要目标。任何国家的现代化都会带来人的现代化,人的现代化是整个现代化进程的重要内容和重要目标,也是评价国家和社会现代化状况的重要维度。斯坦福大学的英克尔斯提出了"现代化的关键是人的现代化"这一著名观点。② 这是因为,"在整个国家向现代化发展的进程中,人是一个基本的因素。一个国家,只有当它的人民是现代人,它的国民从心理和行为上都转变为现代的人格,它的现代政治、经济和文化管理机构中的工作人员都获得了某种与现代化发展相适应的现代性,这样的国家才可真正称之为现代化的国家。……人的现代化是国家现代化必不可少的因素。它并不是现代化过程结束后的副产品,而是现代化制度与经济赖以长期发展并取得成功的先决条件"。③

在实现人的现代化的过程中,思想政治教育对人的精神世界秩序的现代化重塑起到重要作用。现代化发展带来的社会变迁,使人的主体性不断增强,对思想政治教育资源的需求也在质和量上提出了新的更高要求。中国式现代化具有鲜明的人民性,发展为了人民、发展依靠人民、发展成果由

---

① 赵园园:《中国现代性建构:马克思主义中国化研究的重要视角》,《河海大学学报》(哲学社会科学版)2021年第2期。
② 参见钱乘旦、刘成、刘金源《世界现代化历程·总论卷》,江苏人民出版社,2012,第11页。
③ 殷陆君编译《人的现代化——心理·思想·态度·行为》,四川人民出版社,1985,第8页。

人民共享的理念得到切实贯彻，人民的主体地位更加凸显。相应地，新时代思想政治教育资源开发也越来越重视对思想政治教育客体的资源需求的满足，越来越重视思想政治教育主体的资源供给责任，也越来越重视思想政治教育资源的供给侧改革对提升思想政治教育有效性的作用。围绕着推进现代化这一主线，新时代思想政治教育的主客体的内涵、角色定位、关系调整，都深深地打上了从传统到现代的转型之痕，对资源的支撑作用提出了新的要求，新时代思想政治教育资源的开发也因此呈现出从传统到现代转变的旨趣。

三　教育资源的开发：新时代思想政治教育理论及实践创新

新时代思想政治教育资源的开发，主要是通过推进新时代思想政治教育的理论层面和实践层面的创新来进行的。

首先，新时代思想政治教育学科理论创新实现学科理论资源开发。新时代思想政治教育学科理论资源包括两个板块。一个板块是党的十八大以来，习近平总书记围绕思想政治工作发表的一系列重要讲话，提出的一系列新观点、新论断、新理念。比如，宣传思想工作要"做到因势而谋、应势而动、顺势而为"①，高校思政课改革创新要"坚持政治性和学理性相统一""坚持价值性和知识性相统一""坚持建设性和批判性相统一""坚持理论性和实践性相统一""坚持统一性和多样性相统一""坚持主导性和主体性相统一""坚持灌输性和启发性相统一""坚持显性教育和隐性教育相统一"②，对新时代思政课教师提出"政治要强""情怀要深""思维要新""视野要广""自律要严""人格要正"③的要求等。这些重要论述极大地推动了新时代思想政治教育学科理论创新，丰富了新时代思想政治教育学科理论资源。另一个板块是思想政治教育理论工作者所进行的新时代思想政治教育理论创新而形成的成果，主要包括新时代思想政治教育理论工作者开展的各类思想政治

---

① 《习近平著作选读》第1卷，人民出版社，2023，第147页。
② 习近平：《思政课是落实立德树人根本任务的关键课程》，人民出版社，2020，第17~23页。
③ 习近平：《思政课是落实立德树人根本任务的关键课程》，人民出版社，2020，第12~16页。

教育课题研究所取得的成果。思想政治教育学科创立以来，思想政治教育理论工作者结合不同历史时期所开展的思想政治教育实践，进行了深入的理论研究工作，取得了丰硕的理论创新成果，逐渐构建了具有中国风格、中国气派的思想政治教育理论体系。新时代以来，思想政治教育理论工作者积极瞄准新的时代背景和时代条件下思想政治教育面临的一系列新挑战和新问题开展了卓有成效的研究工作，进一步完善了思想政治教育理论体系，既为开展新时代思想政治教育提供了学科理论指导，也为新时代思想政治教育资源开发提供教育资源，从而有力推动了新时代思想政治教育的高质量发展。新时代思想政治教育理论创新，是思想政治教育学科发展的成果和新时代思想政治教育实践成果的理论体现，为新时代思想政治教育的顺利开展提供了直接的理论支持和理论指导。新时代思想政治教育理论创新所形成的成果，作为新时代思想政治教育实践经验的理论总结，为新时代思想政治教育的开展提供教育资源和专业的理论指导，新时代思想政治教育理论创新成果由此就成为教育资源的供给之源。建构思想政治教育学科自主知识体系，既是新时代构建中国特色哲学社会科学的必然要求，也是为新时代思想政治教育提供自主生产的教育资源的根本保障，是新时代思想政治教育学科资源开发的重要体现和成果。习近平总书记强调，"只有以我国实际为研究起点，提出具有主体性、原创性的理论观点，构建具有自身特质的学科体系、学术体系、话语体系，我国哲学社会科学才能形成自己的特色和优势"[①]，"加快构建中国特色哲学社会科学，归根结底是建构中国自主的知识体系"[②]。由此而论，建构思想政治教育学科自主知识体系，是新时代思想政治教育高质量发展的重要体现和题中应有之义，可以为新时代开展思想政治教育提供丰富且有针对性的学科资源，从而为提高新时代思想政治教育的有效性提供学科理论指导。

其次，党和国家出台的有关思想政治教育的系列文件所形成的教育政策

[①] 习近平：《在哲学社会科学工作座谈会上的讲话》，人民出版社，2016，第19页。
[②] 《习近平在中国人民大学考察时强调 坚持党的领导传承红色基因扎根中国大地 走出一条建设中国特色世界一流大学新路》，《人民日报》2022年4月26日，第1版。

资源。对教育政策资源的开发，主要是借助这些文件所作出的刚性要求，推动新时代思想政治教育工作格局和工作机制的建构和人、财、物、组织等保障性资源的落实。比如，2019年中共中央办公厅、国务院办公厅印发的《关于深化新时代学校思想政治理论课改革创新的若干意见》，2021年中共中央、国务院印发的《关于新时代加强和改进思想政治工作的意见》，2021年中共中央办公厅印发的《关于加强新时代马克思主义学院建设的意见》，2022年教育部等十部门印发的《全面推进"大思政课"建设的工作方案》等。这些文件对新时代思想政治教育如何贯彻落实新理念、构建工作新格局、建设新的资源支撑系统等方面作出了明确要求，既是开展新时代思想政治教育的工作指南，也是有力有效地开展新时代思想政治教育的资源保障，对这些文件的执行落实，则是对这些政策资源进行开发的最有效方式。

对教育资源的开发，还包括把学校教育、社会教育和家庭教育所蕴含的教育资源转化为思想政治教育资源。学校是开展思想政治教育的主阵地。学校不仅开设了专门的思政课，为组织开展新时代思想政治教育提供了主要的资源，同时，还开设了其他课程，在这些课程中，也蕴含着非常丰富的思想政治教育资源。对非思政课程中蕴含的思想政治教育资源进行有效开发，是构建课程思政的重要保障和主要抓手。学校是思想政治教育资源富集的场域，是新时代思想政治教育资源开发的主阵地，也是思想政治教育资源的开发主体。社会教育泛指除去学校教育和家庭教育以外所有具有教育意义的教育形式。社会教育所蕴含的思想政治教育资源的形态、种类和数量都十分丰富，几乎无处不在、无时不有，是构建良好的思想政治教育环境的主要资源。开发社会教育资源，既是构建"大思政"工作格局的重要举措，也是打造思想政治教育社会大课堂的重要内容。家庭教育也蕴含着十分丰富的思想政治教育资源。家庭是人接受全生命周期教育的场所，开发家庭教育资源，是新时代思想政治教育资源开发的重要内容。习近平总书记十分重视家庭教育的育人功能的发挥，强调良好家教、家风作为育人资源的重要作用。例如，在2015年春节团拜会上的讲话中，他指出，"家庭是社会的基本细胞，是人生的第一所学校。不论时代发生多大变化,不论生活格局发生多大变化,我们都要重视家庭建设,注重家庭、注重家教、注重家风"①。

四　文化资源的开发:中华优秀传统文化资源和红色资源开发

对文化资源开发的重视,一是由于当代意识形态正在进行"第二次转型",相较于意识形态第一次转型,即从传统意识形态转到现代意识形态,意识形态的第二次转型是由政治化转向文化化、学术化和日常生活化。② 二是由于中国式现代性的建构,中华优秀传统文化是重要的文化资源。探索中国式现代化道路的进程,同时也是马克思主义基本原理同中国具体实际相结合、同中华优秀传统文化相结合的历史进程。与中华优秀传统文化相结合是体现中国式现代化其"中国式"意蕴的重要维度。中华优秀传统文化蕴含着十分丰富的思想政治教育资源,在中华优秀传统文化资源中甄别、挖掘和提取思想政治教育资源,是新时代思想政治教育资源开发的重要内容。红色资源本身就是宝贵的思想政治教育资源。在新时代,开发红色资源受到更多的重视。对中华优秀传统文化资源和红色资源进行开发,主要体现在以下四个方面。

其一,把马克思主义基本原理同中国具体实际相结合、同中华优秀传统文化相结合,不断开辟马克思主义中国化时代化新境界,从而与时俱进地丰富新时代思想政治教育的核心资源。马克思主义及其中国化时代化的成果是思想政治教育的核心资源,为思想政治教育资源开发提供了根本遵循。新时代,以习近平同志为主要代表的中国共产党人不断推动"两个结合"向纵深发展,实现了马克思主义中国化新的飞跃,创立了习近平新时代中国特色社会主义思想。习近平新时代中国特色社会主义思想是当代中国马克思主义、二十一世纪马克思主义,是中华文化和中国精神的时代精华,更是开展新时代思想政治教育最重要的核心资源。"两个结合"为在新时代思想政治教育

---

① 习近平:《在二〇一五年春节团拜会上的讲话》,《人民日报》2015年2月18日,第2版。
② 张志丹:《意识形态功能提升新论》,人民出版社,2017,第10页。

资源开发中如何对中华优秀传统文化资源进行科学开发提供了方法论指导，并指明了思想政治教育资源开发的目标和实现路径。

其二，将中华优秀传统文化中所蕴含的思想政治教育信息、素材等因素挖掘出来，充分发挥中华优秀传统文化的思想政治教育功能，使之成为具有中国特色的思想政治教育资源。中华优秀传统文化在长期的发展历程中，积累了十分丰富的育人素材，其中就包括可以发挥思想政治教育功能的、人民群众"日用而不觉"的各种价值观念、日常行为准则，以及大量具有思想政治教育意义的人物、历史事件和典故等。将这些文化资源融入思想政治教育过程，发挥其作为思想政治教育资源的功能。同时，其作为新时代思想政治教育资源的获取途径也越来越受到重视。比如，有学者专门整理了中华优秀传统文化中所蕴含的思想政治教育资源，通过列举大量的利用思想资源影响行为方式、利用政治资源影响治国方式和利用文学资源影响教育方式的案例，揭示了在思想政治教育过程中开发中华优秀传统文化资源的重要意义。[1]

其三，通过用历史文化博物馆等场所来开展专题思想政治教育等方式，集中收藏、保护和展示承载着中华优秀传统文化的各种文化典籍、文物、文化遗址等，将中华优秀传统文化资源纳入思想政治教育中来。比如，建立国家版本馆，集中收藏和展示各种传统文化典籍，以此使传统文化典籍"活化"；又比如，对文物进行数字化处理，并将数字化处理成果纳入思想政治教育过程中；再比如，将三星堆、殷墟等历史文化遗址建成博物馆以作为爱国主义教育基地，从而使中华优秀传统文化资源切实发挥其作为思想政治教育资源的作用。

其四，通过对红色资源等革命文化资源进行多维度深入开发，发挥新时代思想政治教育资源开发赓续红色血脉、传承红色基因的积极作用。红色资源是中国共产党及其领导的中国人民在革命、建设和改革实践中共同创造、积累的伟大革命精神及其物质载体。[2] 红色资源中所蕴含的丰富的思想政治

---

[1] 参见隋灵灵、曲丽宏《中华优秀传统文化与思想政治理论课案例读本》，中国人民大学出版社，2018。

[2] 李霞：《红色资源与思想政治教育》，人民出版社，2015，第2页。

教育资源，历来受到高度重视。新时代，其所蕴含的思想政治教育资源的价值更是受到高度重视，保护、开发和运用红色资源被摆到了更为突出的位置。习近平总书记指出，"红色资源是我们党艰辛而辉煌奋斗历程的见证，是最宝贵的精神财富"，强调"要用心用情用力保护好、管理好、运用好红色资源"。① 红色资源蕴含着极为丰富的思想政治教育资源，对有效开展新时代思想政治教育具有重要意义。更好发挥红色资源的思想政治教育功能，并运用到思想政治教育过程中，是新时代思想政治教育资源开发的重要课题和内容。红色资源所蕴含的极为丰富的思想政治教育资源，既有物质形态的革命遗址遗迹，也有精神形态的长征精神、井冈山精神等精神性资源，还有由各种丰富的历史事件所组成的历史性资源等。开发这些不同存在形态的红色资源并将其纳入思想政治教育过程中，积极发挥其思想政治教育功能，是思想政治教育资源开发的重要内容和方式。随着时代的发展和变迁，我们开发红色资源也要与时俱进，要根据新时代思想政治教育的时代要求和受教育者的具体需求，结合新技术的应用，对红色资源进行更深入的开发，以不断挖掘红色资源中的思想政治教育资源功能，更好发挥红色资源的思想政治教育功能，实现红色资源对新时代思想政治教育的持续赋能。

---

① 《习近平在中共中央政治局第三十一次集体学习时强调 用好红色资源赓续红色血脉 努力创造无愧于历史和人民的新业绩》，《人民日报》2021年6月27日，第1版。

第四章 新时代思想政治教育资源开发的策略

本章围绕新时代思想政治教育资源开发的基本原则、开发的主要路径以及开发的技术问题，探讨新时代思想政治教育资源"如何开发"。新时代思想政治教育资源开发要根据不同的对象采取针对性对策。立足于新时代思想政治教育高质量发展的时代需求，要遵循导向性与兼容性相结合、充足性与可持续性相结合、批判性与建设性相结合、与时俱进与积淀传承相结合等原则，通过批判与建构、拓展与培植、转化与创生、整合与继承等路径，科学运用新媒体、大数据和人工智能等技术，实现以新时代思想政治教育资源的高质量开发支撑思想政治教育高质量发展的目的。

第一节 新时代思想政治教育资源开发的基本原则

新时代思想政治教育资源开发的基本原则，即新时代思想政治教育资源开发的过程中应该遵循的基本准则，主要包括导向性与兼容性相结合的原则、充足性与可持续性相结合的原则、批判性与建设性相结合的原则以及与时俱进与积淀传承相结合的原则。

一　导向性与兼容性相结合

政治性是思想政治教育的首要属性，思想政治教育资源开发必然要求具有鲜明的导向性，以保证资源开发为思想政治教育的顺利开展提供良好的资源支撑；同时，新时代思想政治教育资源来源丰富，也要求开发具有良好的兼容性，以保证资源开发取得良好的成效。

第一，导向性与兼容性相结合，体现在作为核心资源的马克思主义及其中国化时代化的成果与多元化资源来源相结合。马克思主义及其中国化时代化的成果是思想政治教育资源的核心内容，为思想政治教育资源开发提供了根本遵循和方法论。马克思主义及其中国化时代化成果是思想政治教育资源开发的主轴，不断丰富思想政治教育的核心资源。同时，中华优秀传统文化、乡土文化、世界优秀文化、思想政治教育理论研究成果和实践经验等也都是新时代思想政治教育资源的重要来源。要使思想政治教育资源开发既保证正确方向又保持来源的丰富性，就需要坚持思想政治教育资源开发的"一元导向与多元吸纳"。思想政治教育资源开发的一元导向与多元吸纳，是相互促进、相互成就的。一方面，作为思想政治教育的核心资源，马克思主义及其中国化时代化的成果为新时代思想政治教育顺利进行提供了最重要、最核心的资源；另一方面，以马克思主义及其中国化时代化的成果为指导，思想政治教育资源开发需要尽可能地拓宽思想政治教育资源的来源，以不断丰富思想政治教育资源。

第二，导向性与兼容性相结合，体现在思想政治教育资源开发要坚持维护中国共产党的领导核心地位与发挥人民群众的主体创造力相结合。一方面，中国共产党是思想政治教育资源开发的领导主体。在革命时期，中国共产党代表中国无产阶级及其同盟阶级的根本利益，带领最广大人民群众开发思想政治教育资源；新中国成立后，在社会主义建设和改革征程中，中国共产党带领中国人民行使国家权力开发思想政治教育资源。在中国共产党的领导下，社会主义意识形态的感召和人民群众的主动性在思想政治教育资源开发中转化为极强的创造力，社会主义核心价值观得以在多个层面主体对思想政治教育资源的创造性开发中形成、发展和逐渐成熟。另一方面，中国共产党的合法性是人民赋予的。意识形态作为反映阶级利益的观念体系，价值取向是其核心，即为了谁的利益，实现谁的利益。社会主义意识形态反映的是最广大人民群众的利益，人民性是其鲜明的特性，体现了其明确的人民立场。意识形态的合法性来源于人民群众的认同，以中国共产党为领导主体开发思想政治教育资源，也有赖于广大人民群众充分发挥其创造性，为思想政治教育资源开发提供智慧和力量。

第三，导向性与兼容性相结合，体现在把握意识形态工作领导权与整合社会系统相结合。意识形态工作领导权不仅是在意识形态领域谁引领谁的问题，而且是夺取政权和维护政权的重要保障。一般来说，意识形态工作领导权体现为一种思想性权力，这种思想性权力要产生权力的效力，则需要与人的社会关系相结合。意识形态的权力根植于人的知识网络和社会关系，它以新的权力模式建构有别于传统的运行机制，进而在人的现实社会关系中产生牵引力、发挥影响力，从而渗透到人们生活的方方面面，产生文化整合作用。葛兰西把这种作用形象地称为"社会水泥"，认为在社会生活中，意识形态能起到把社会系统各方面进行统合的"社会水泥"的作用。[1] 意识形态的这种"社会水泥"作用的发挥，是隐藏于人们社会生活的细节中，通过渗透社会生活各方面各领域的多元话语对人们产生价值影响，从而起到整合和控制社会系统的效果。党的二十大报告强调要"建设具有强大凝聚力和引领力的社会主义意识形态"[2]。这就强调了新时代意识形态建设一方面需要强化其凝聚力，另一方面则需要强化其引领力。思想政治教育资源开发的重要功能在于生产和完善社会主义意识形态。新时代思想政治教育资源的开发，一方面需要助力增强社会主义意识形态的凝聚力；另一方面需要助力强化社会主义意识形态对社会的引领力，体现社会主义意识形态的领导力，这就需要坚持导向性和兼容性相统一的原则。

---

[1] 参见〔意〕安东尼奥·葛兰西《狱中札记》，葆煦译，人民出版社，1983。
[2] 《习近平著作选读》第1卷，人民出版社，2023，第36页。

二 充足性与可持续性相结合

充足性与可持续性相结合的原则,一方面要求保持对思想政治教育资源的开发力度,以保证思想政治教育资源供给的充足性;另一方面要求思想政治教育资源开发注意保证长远性和可持续性。换言之,既要满足当前开展思想政治教育的需求,也要保证未来开展思想政治教育所需要的资源不会枯竭。

任何资源的开发都不是无偿的,必然会有投入,都必须耗费一定的成本。用最小的成本获得最大化最优化的产出,是任何资源开发的必然要求,思想政治教育资源的开发同样也是如此。开发思想政治教育资源的直接目的就是增加思想政治教育资源的数量和优化思想政治教育资源系统,以有力支撑思想政治教育的顺利进行并取得良好的效果。这就要求思想政治教育资源开发尽量获得更多更优质的资源,以实现开发成效的最优化。思想政治教育资源开发之所以要坚持充足性原则,是由思想政治教育资源开发的成本与成效的辩证关系决定的。当投入一定时,产出成果越多越优质,思想政治教育资源开发的成效就越好。因此,我们在思想政治教育资源开发过程中要树立成本意识,一方面尽量降低成本,包括财物成本、政治成本、文化成本和生态成本;另一方面尽量提高资源开发的成果产出,从而不断提高效益并保证思想政治教育资源的持续有效供给。这就必须走可持续开发的道路。可持续发展作为一种资源开发的理念,源于人们对传统资源的过度开发或不科学开发导致资源供给出现危机的反思。我们在开发思想政治教育资源时,也要吸取有些资源开发面临无以为继困境的教训,在追求资源供给的充足性的同时,也要保持资源供给的可持续性。因此,思想政治教育资源的开发既要达到满足当前开展思想政治教育的资源需要,也要保证满足未来开展思想政治教育的资源需求,在思想政治教育资源开发过程中应做到在开发中保护、在保护中开发,既坚持"物尽其用"尽量发挥各种资源的思想政治教育功能,又坚持"适度开发"以保证不超出资源的可承受限度,从而实现新时代思想政治教育资源的充分开发和可持续供给。

新时代思想政治教育资源开发的可持续性，需要拓展资源的来源。这能确保新时代思想政治教育资源来源和供给的充足性。新时代思想政治教育资源，既来源于历史，也来源于现实。思想政治教育资源开发的可持续性，对拓展资源来源从而保持资源来源的稳定性提出了更高要求，这也是保证新时代思想政治教育资源开发的可持续性的基础。要保证新时代思想政治教育资源开发的可持续性，就要不断强化思想政治教育主体的资源开发责任意识，积极拓展资源的来源。

要促使思想政治教育资源开发的充足性和可持续性相结合，还需要重视维护和加强新时代思想政治教育资源开发主体的资源开发权。获得资源开发权，是思想政治教育主体在思想政治教育资源开发阶段成其为资源开发主体的根本保证，保证了思想政治教育开发主体的资源开发权，才能从根本上保证思想政治教育资源开发的稳定性，从而保证资源有效供给的可持续性。思想政治教育资源的开发权的获得和维护，既是获得意识形态话语权和意识形态工作领导权的重要条件，也是获得和维护意识形态话语权和意识形态工作领导权的反映。只有获得了意识形态话语权和意识形态工作领导权，思想政治教育开发主体的资源开发权才能得到切实的维护，新时代思想政治教育资源的开发才能稳定和可持续。获得和维护意识形态的话语权和意识形态工作领导权，是确保思想政治教育主体的资源开发权，从而切实保证资源开发的充足性和可持续性相结合的重要基础。

三 批判性与建设性相结合

新时代思想政治教育资源开发的批判性与建设性相结合的原则，主要体现在两个层面上。第一个层面，资产阶级和无产阶级之间的意识形态斗争必然要求意识形态建设在批判性和建设性两个维度进行。列宁对资产阶级和无产阶级的意识形态斗争态势曾有清醒的认识和判断，他在《怎么办？》一文中强调超阶级的意识形态是不存在的，他指出，"既然工人群众自己决不能在他们运动进程中创造出独立的思想体系，那么问题只能是这样：或者是资产阶级的思想体系，或者是社会主义的思想体系。这里中间的东西是没有的

新时代思想政治教育资源开发：理论阐释与路径

（因为人类没有创造过任何'第三种'思想体系，而且一般说来，在为阶级矛盾所分裂的社会中，任何时候也不能有非阶级的或超阶级的思想体系）"，"我们应当积极从政治上教育工人阶级，发展工人阶级的政治意识"。① 正是意识到无产阶级在意识形态领域的斗争的必然性，而无产阶级与资产阶级相比又处于劣势，因此，列宁特别强调了要对工人进行"教育"。这种"教育"除了向工人阶级灌输社会主义意识形态外，还必须无情地揭露并批判资产阶级意识形态。② 张志丹指出，当代西方意识形态注重创新与输出，一方面对人民进行教育驯化，使其行为符合其意识形态，为特定的政治秩序的合法性进行辩护；另一方面对与之相悖的意识形态，又会自觉地进行批判和反对，不断地"殖民"他国，消解其他异己的意识形态，以扩大自己的生存空间和影响力，通过排除异己来深化并传播自己的意识形态。③ 意识形态本身所具有的辩护性和批判性功能，都是服务于阶级利益的。从意识形态这两个功能来对思想政治教育资源来源进行区分，思想政治教育资源可以分为两类，一类是为本阶级的政治合法性提供辩护的资源，另一类则是在批判对立阶级或异己意识形态中所产生的批判性资源。需要指出的是，思想政治教育资源开发，其批判性资源还包括了对自身的实践失误的反思性总结。对自身的实践失误进行反思而形成的思想政治教育资源，也是社会主义意识形态具有科学性的重要体现和重要保证。资本主义意识形态具有虚假性，主要表现在其代表的是资产阶级等少数人的利益，但资产阶级宣称其代表的是全社会民众的利益。社会主义意识形态既是无产阶级的根本利益的体现，具有阶级性；又代表了人类的共同利益，具有鲜明的人民性；还是对社会发展规律的正确的阐述，具有深刻的科学性。对社会发展规律的科学揭示，必然包括对人类社会发展正反两方面经验的批判总结，因而必然也包括对革命、建设和改革正反两方面经验的总结。批判性开发和建设性开发，是思想政治教育资源开发的两种基本形态，其结合既是意识形态斗争的需要，也是社会主义意

---

① 《列宁选集》第1卷，人民出版社，1972，第256、272页。
② 俞吾金：《意识形态论》，上海人民出版社，1993，第208~209页。
③ 张志丹：《意识形态功能提升新论》，人民出版社，2017，第104~109页。

识形态阶级性、人民性和科学性相统一的重要体现。新时代，中国特色社会主义事业所取得的伟大成就，使社会主义在中国焕发勃勃生机，更加充分地说明了中国特色社会主义好，这是新时代思想政治教育资源开发的有利时代条件，彰显了新时代思想政治教育资源开发需要遵循的批判性和建设性相结合的原则。

第二个层面，是意识形态建设必须坚持"破""立"结合。所谓"破""立"结合，是指意识形态建设既包括自身建设，也包括在与各种对立思想观点的竞争或斗争中逐渐确立。习近平总书记在强调思政课是落实立德树人根本任务的关键课程时指出："思政课的任务是传导主流意识形态，建设性是其根本。同时，彻底的批判精神是马克思主义本质特征，马克思主义就是在同各种错误思潮的不断斗争中开辟前进道路的。思政课要在传播马克思主义立场、观点、方法的基础上用好批判的武器，直面各种错误观点和思潮，旗帜鲜明进行剖析和批判。"[1] 就"破"的方面而言，需要围绕不同时期思想斗争的主要任务开展思想交锋，在斗争中开发和争得思想政治教育资源。在各个历史时期通过开展思想斗争不断克服自身错误和取得与其他思想和思潮交锋的胜利，构成了思想政治教育资源开发通过"破"的方式取得成果的历史图景。我们党历来十分注重与各种反马克思主义、非马克思主义及党内不断出现的各种对立思潮和观点作斗争。从某种意义上来说，中国共产党的思想政治教育资源开发，就是在与各式各样的错误思想作斗争的过程中进行的。中国共产党的百年发展历程，也是一个在实践中不断与各种错误思想作斗争、克服各种错误思想的过程。建党初期，马克思主义者与非马克思主义者就资产阶级实验主义、阶级调和的改良主义、无政府主义、第二国际修正主义、基尔特社会主义等展开了激烈的争论。新中国成立后，思想斗争对象随即转换为封建主义、资产阶级的思想残余，以巩固社会主义意识形态的主导地位。改革开放后，社会主义市场经济体制的建立、多元文化激荡的凸显，给意识形态领域带来了一系列挑战，资产阶级自由化思潮、"历史终结

---

[1]《习近平关于社会主义精神文明建设论述摘编》，中央文献出版社，2022，第89页。

论"、"意识形态终结论"、新自由主义、历史虚无主义等社会思潮都曾盛行甚至大行其道,在与这些非马克思主义甚至反马克思主义的社会思潮的交锋或斗争中,社会主义意识形态的批判性功能得以彰显。在与各种对立思潮作斗争的过程中,不仅充分批判和揭示了对立意识形态的不合理性,而且促进了社会主义意识形态不断发展和完善,从正反两方面加强了自身建设,从而实现思想政治教育资源的开发。就"立"的方面而言,需要发挥社会主义意识形态凝聚时代共识、增进社会认同和增强社会向心力的功能。就意识形态要服务阶级利益的功能而论,对错误思潮的批判最终的落脚点还是在于增强意识形态的社会整合作用,也就是发挥作为凝聚社会共识的"社会水泥"的作用。这就需要充分发挥社会主义意识形态的思想整合功能,在思想政治教育资源开发的过程中发挥社会主义意识形态增强民族凝聚力、社会向心力的作用,增强社会主义意识形态的凝聚力和引领力。

四 与时俱进与积淀传承相结合

马克思指出:"人们自己创造自己的历史,但是他们并不是随心所欲地创造,并不是在他们自己选定的条件下创造,而是在直接碰到的、既定的、从过去承继下来的条件下创造。"① 意识形态虽然具有相对稳定性,但并非一成不变,具有生命力的意识形态总是能够结合时代特征以及变化了的客观实际进行自我调整和发展,这就决定了思想政治教育资源开发需要遵循与时俱进与积淀传承相结合的原则。

思想政治教育资源开发需要与时俱进,其原因首先在于意识形态要保持其解释力,就必须不间断地进行创新发展,需要不断地推进意识形态的生产和再生产。思想政治教育资源开发需要与时俱进,还由于思想政治教育客体对资源的需要具有时代性,思想政治教育主体要使思想政治教育取得好的成效,就需要在资源供给上尽量满足客体的需求,不同时期所开展的思想政治教育,使思想政治教育客体在不同的历史条件下有不同的需要,思想政治教

---

① 《马克思恩格斯选集》第1卷,人民出版社,2012,第669页。

育主体要因应不同时期客体的需求来开发资源,以有效回应和满足客体的资源需求。思想政治教育资源开发与时俱进,以不断地充实和更新思想政治教育资源库。比如,社会主义意识形态的建设就必须随着实践不断地发展和创新,积极借鉴和吸收中华优秀传统文化和世界一切优秀的文化成果等各种优秀的文化资源,把其纳入和融入自己的价值体系与理论框架中。

新时代思想政治教育资源开发需要在传承中不断积累。任何社会实践都是在一定历史条件下进行的,思想政治教育资源开发也不例外。马克思和恩格斯在《德意志意识形态》中指出:"历史不外是各个世代的依次交替。每一代都利用以前各代遗留下来的材料、资金和生产力;由于这个缘故,每一代一方面在完全改变了的环境下继续从事所继承的活动,另一方面又通过完全改变了的活动来变更旧的环境。"[①] 意识形态的合理性建构,须根据时代变迁,推进自身的转型。比如,中国共产党在革命、建设、改革各个历史时期的征程中,对共产党执政规律、社会主义建设规律、人类社会发展规律的认识和把握不断深入,不断推进马克思主义中国化时代化,创立了毛泽东思想、邓小平理论,形成了"三个代表"重要思想、科学发展观,创立了习近平新时代中国特色社会主义思想。这些成果既一脉相承,又回答了不同的时代问题,从而形成了马克思主义对共产党执政规律、社会主义建设规律、人类社会发展规律的系统性阐述,为思想政治教育提供具有强劲解释力的核心资源。新时代思想政治教育资源的开发,必然受到历史条件的影响和规制,这就需要正确对待资源开发的历史成果和历史经验,从而在传承中实现资源的不断积累创新。

第二节 新时代思想政治教育资源开发的主要路径

探讨新时代思想政治教育资源开发的主要路径,回答的是新时代思想政

---

① 《马克思恩格斯文集》第1卷,人民出版社,2009,第540页。

治教育资源"通过什么路径开发"的问题。新时代思想政治教育资源的种类丰富、内容构成庞杂,不同的资源种类开发的路径也不同。新时代思想政治教育通过有效的领导体制和组织运行机制,可以有效地开发存在于不同的空间场域、历史场域和文化场域中的思想政治教育资源,从而形成不同的资源开发路径。

一 批判与建构开发路径

从资源的来源和开发场域来看,依据思想政治教育资源的不同来源,思想政治教育资源可以区分为外源性资源和内源性资源。外源性资源主要包括文化资源中的外国优秀文化资源以及政治性资源中的批判性资源,是新时代思想政治教育资源的"拓展盘"。内源性资源主要包括思想性资源中的核心资源、文化资源中的中华优秀传统文化和乡土文化资源、价值观资源和学科资源,政治性资源中的成就性资源,保障性资源中的财物资源、组织资源以及媒介资源,是新时代思想政治教育资源的"基本盘"。相应地,思想政治教育资源的开发有外源性资源开发和内源性资源开发两种路径。

(一)外源性资源开发路径:着力于借鉴与批判

开发外源性思想政治教育资源,主要通过借鉴和批判的途径来进行。这里的"外源"的"外",指的是广义之"外",即既包括地域之"外",比如他国,也包括他者阶级之"外",还包括异质文明之"外"。外取的思想政治教育资源,既包括精神生产的产品,比如某种理论;也包括物质生产的产品,比如承载和传播信息的各种载体和显示终端;还包括基于实践而形成的各种经验,比如其他国家开展思想政治教育所积累的经验,就是很好的"他山之石"。

开发外源性思想政治教育资源,有深刻的历史和文化根源。这里的历史和文化根源,是指中国近代以来的现代化进程中伴随着的深刻的"现代转变"和文化重构。这种"现代转变"和文化重构,是在西方及其文化强势冲击的历史背景下推动的,其中存在着大量的"文化借取"的现象。[①] 这种

---

① 金耀基:《中国的现代转向》,牛津大学出版社,2004,第70页。

独特的历史和文化现象也为新时代思想政治教育资源开发设定了历史背景和文化环境，深刻影响了思想政治教育资源开发的历史进程走向、发展脉络和思想政治教育资源的生成路径，通过借鉴和批判的开发方式来获取思想政治教育资源，是思想政治教育资源开发的重要方式和重要课题。对外源性资源的开发，需要有一个"并轨转内化"的过程。在这个过程中，通过对外源性资源进行批判性借鉴，才能使来源更加广泛的更多资源实现"为我所用"。在新时代，随着我国综合国力和国际地位的持续增强和提升，思想政治教育比以往具有更为有利的条件实现思想政治教育资源的"外取"，因此就可以比以往更加深入和广泛地对外源性资源进行开发。在对外源性资源的开发中，批判是实现科学借鉴外源性资源的必然路径，通过对外来资源进行批判性借鉴，可以有效地拓展和丰富新时代思想政治教育资源。事实上，在新时代思想政治教育资源开发中实现对外源性资源的批判性借鉴，既是近代以来"文化借取"的一种形式，也是我国文化软实力持续提升的重要体现。

（二）内源性资源开发路径：着力于建构与解释

内源性思想政治教育资源是相对于外源性思想政治教育资源而言的，是新时代思想政治教育资源的"基本盘"。可见，这里的"内"，不仅有空间场域意义上的"国内"意义，还彰显了意识形态意义上、文化意义上的以及基于我们开展思想政治教育而形成的内在主体性意蕴。对内源性思想政治教育资源的开发，主要通过建构和解释的路径来进行。对于内源性思想政治教育资源的开发，建构主要体现在使新时代思想政治教育的资源体系更加优化、更加丰富，最重要的是更加具有主体性，更能反映马克思主义基本原理同中国具体实际相结合、同中华优秀传统文化相结合的成果。

意识形态是一定阶级或政治集团出于维护自身利益而自觉建构的，是反映社会经济形态和政治制度，并为特定社会秩序的合理性和合法性提供依据和辩护的思想体系，也可以说是特定社会秩序合理性和合法性的解释体系，其核心功能是把特定阶级的利益"解释为"全社会的共同利益。思想政治教育的核心功能和任务则是利用其掌握的这些把阶级利益"解释为"全社会共同利益的各种"说服资源"来"说服"全体社会成员。因此，解释成了意识形态生产和建构的主要方式，也是思想政治教育资源的内源性资源开发路径。正如有学者所指出的，"意识形态是关于一定社会经济、政治、社会存在的一整套完整自洽的解释体系"①，对社会秩序合理性和合法性进行解释，既是意识形态的主要功能，也是其生成的主要路径。意识形态是解释性的思想体系，也是在解释中生成的。概括而论，经由解释而生成的新时代思想政治教育资源，主要通过解释现实、历史和意识形态本身三个层面得以体现。

其一，通过解释现实而进行的意识形态生产，可以生成思想政治教育现实资源。意识形态本质上是一种解释体系，其首先是对现实尤其是对社会现实的解释。对现实的不同解释，反映了意识形态生产者的特定政治立场，其所生产的意识形态，为特定的社会秩序的合理性和合法性提供辩护，从而维护特定的阶级利益。构建某种解释现实的模式和方案是意识形态生产的重要功能，思想政治教育作为进行意识形态教化的主要途径，其首要的功能就是传播这种解释现实的模式和方案，这也为思想政治教育客体提供了特定的现实解释模式和方案。通过对现实的解释而开发思想政治教育资源，对政治性资源中的成就性资源的开发而言是非常重要的。成就性资源是新时代思想政治教育资源中十分重要的板块，突出体现了新时代思想政治教育资源开发的优势。这主要是因为，党的十八大以来，中国特色社会主义进入新时代，以习近平同志为核心的党中央领导全党全军全国各族人民砥砺前行，全面建成小康社会目标如期实现，党和国家事业取得历史性成就、发生历史性变革②，中华民族迎来了从站起来、富起来到强起来的伟大飞跃。中国特色社会主义伟大成就的取得使我们对现实的解释有了更为充分的主动权，将这些历史性成就开发为思想政治教育资源就有了更大的底气，也为增强新时代思想政治教育实效性提供更为充足的资源保障。通过对现实的解释而开发思想政治教育，还涉及对学科资源中思想政治教育实践成果的提炼和开发以及对媒介资源的开发。新时代思想政治教育实践，既是思想政治教育资源开发的应用场

---

① 徐志坚：《中国共产党建党筹备期意识形态理论构建的特质分析——以〈共产党〉月刊为视角》，《学习论坛》2021年第6期。
② 《中共中央关于党的百年奋斗重大成就和历史经验的决议》，人民出版社，2021，第61页。

景，其所取得的实践成果，也可以转化为丰富的"思想政治教育资源之矿"；我国在人工智能、移动互联网、大数据等技术发展领域不断取得创新突破，也为新时代思想政治教育提供更为新颖和丰富的媒介资源，通过技术创新赋能思想政治教育资源开发也越来越成为我们提升思想政治教育实效性的重要现实路径。

其二，通过解释历史而进行的思想政治教育资源开发，可以生成思想政治教育历史资源。现实是历史的延伸，对历史的解释，也是认识现实、解释现实的重要方式。对现实的解释必然要求对历史进行解释，对历史的解释是对现实进行解释的重要维度。因此，意识形态往往也为解释历史提供解释视角和方式。意识形态对历史的解释中所体现的意识形态生产者的历史观，既是其阶级立场的重要体现，也是其维护特定阶级利益的重要手段。意识形态对历史的解释，是思想政治教育资源的重要来源。不过，对历史的解释和对现实的解释，往往是交融在一起的，无法完全分开。这是因为，现实是历史的延续，对现实的解释需要通过对历史的解释得以实现，对历史的解释则往往服务于对现实的解释，两者相互作用、相辅相成。

其三，对意识形态本身的解释是意识形态的继承和创新以及意识形态的再生产的重要形式，可以生成思想政治教育资源。思想政治教育既是意识形态解释的重要方式，同时也是解释意识形态的重要方式。英国学者汤普森认为，意识形态解释实质上是意义构建的过程，正是有赖于这种意义的构建，意识形态才得以发挥其对一定社会关系的支持作用。他说："解释意识形态就是阐明象征形式推动的意义与该意义建立和支撑的统治关系之间的关系。意识形态的解释……涉及积极构建意义，创造性地阐明代表什么或说什么。意义通过正在进行的解释过程被确定和再确定。"[①] 实际上，在意识形态的解释中必然生成解释的意识形态，而解释的意识形态又是在不断的解释中生成和构建的。

---

① 〔英〕约翰·汤普森：《意识形态与现代文化》，高铦等译，译林出版社，2005，第317~318页。

二 拓展与培植开发路径

对思想政治教育资源进行拓展培植，主要聚焦于对潜在资源进行深入发掘以发现其新的资源功能和属性以及面向未来的供给需求有计划地有针对性地培育新的资源种类或新的功能，以实现现有资源的提质和未来资源的可预见性获取。

（一）拓展：思想政治教育资源的拓展性开发路径

思想政治教育资源的拓展，是指对潜在思想政治教育资源的资源属性进行开拓性挖掘，使其具有新的资源功能和属性以及寻找新的资源以丰富现有资源的种类和增加现有资源的数量。思想政治教育资源是一个随着思想政治教育理论深化和实践发展而不断丰富发展的庞大系统。寻找和发掘新的思想政治教育资源，是思想政治教育主体所肩负的重要使命和责任。新时代思想政治教育资源的拓展，以满足主客体日益增长的资源需要为目标，根据新时代思想政治教育对资源的现实需求进行资源开发，获取新的思想政治教育资源，从而增加思想政治教育资源的数量。对于新时代思想政治教育而言，寻找和发掘新的思想政治教育资源，既可以对国内的祖国山河景观、文化遗迹、革命遗址等自然景观资源和中华优秀传统文化、革命文化等文化资源进行开发，也可以面向国外汲取优秀的文化资源。我们国家地大物博、历史悠久、民族众多，在祖国大地上既有丰富的自然景观资源，也有先人留下来的丰富且宝贵的历史资源，还有各族人民群众创造的灿烂的文化资源。近代以来，中华民族经历了异常艰辛的民族复兴之旅，中国人民经历了可歌可泣的奋斗历程，形成了丰富的革命文化和红色资源。新时代，以习近平同志为核心的党中央，以宽宏的格局、开阔的眼界，致力于推动构建人类命运共同体，将中外文化交流互鉴水平提升到新高度。思想政治教育资源开发有了更为宽广的空间场域、历史场域和文化场域。资源开发场域的拓展，极大地丰富了新时代思想政治教育资源开发的对象，拓展了获取和发掘新资源的空间。面向不同场域寻找和发掘新的思想政治教育资源，既是思想政治教育资源开发的重要内容，也是道路自信、理论自信、制度自信特别是文化自信的体现。

新时代思想政治教育资源的拓展,可以体现在话语内涵的时代化演绎上。比如,社会主义核心价值观包括富强、民主、文明、和谐,自由、平等、公正、法治,爱国、敬业、诚信、友善等内容,这些内容在不同的历史时期,在不同的文化背景下,其内涵是不一样的。例如民主,有资产阶级的民主也有无产阶级的民主;爱国,在封建时期往往有忠君的内涵,而在当代,爱国内在地包含了爱党、爱社会主义、爱人民的意蕴。社会主义核心价值观的提炼,就是对原来的思想政治教育资源的内涵进行新的拓展,使这些价值观具有时代性,从而具有新的思想政治教育资源属性。

新时代思想政治教育资源的拓展,还可以体现为改变思想政治教育资源的形态或赋予思想政治教育资源新的功能。这种开发路径,主要是通过改变意识形态物质载体和传播途径的形态来赋予其新的功能。比如,把文化遗址开发为爱国主义教育基地,把革命遗址开发为革命传统教育基地,都是改变原有的思想政治教育资源的形态而使其具有新的形态,并赋予其新的功能,从而实现思想政治教育资源的开发。

(二)培植:思想政治教育资源的计划性开发路径

新时代思想政治教育资源是由多层面多板块多来源的资源组成的复杂系统。新时代思想政治教育资源的开发涉及面广、系统性强,需要加强资源开发的计划性。思想政治教育资源作为一个资源系统,其系统性的构成形态决定了新时代思想政治教育资源需要进行整体性、系统性的开发。培植是一种较能保证思想政治教育资源系统性稳定生成的开发路径。通过这种路径开发思想政治教育资源,资源开发主体能充分发挥主观能动性,实现思想政治教育资源的计划性开发,以保证思想政治教育资源的稳定供给。

通过培植的路径开发思想政治教育资源,是指思想政治教育资源开发主体通过制定资源开发计划,以确保思想政治教育资源开发能按照一定的步骤可预见地进行,从而确保可以获得预期的开发成果和效益。对思想政治教育资源进行有计划的培植,从而实现对思想政治教育资源的计划性开发,这既有利于发挥不同层面的思想政治教育资源开发主体的系统协作效应,也是保证思想政治教育资源供给稳定性的有效方式。比如，国家有关部门围绕组织建设、文化建设、思想政治教育队伍建设等方面编制长、中、短期的工作规划，制定政策，出台措施，使不同层面的思想政治教育资源开发主体各司其职，形成思想政治教育资源开发合力，并按照计划的部署明确方向、整体推进、长期坚持，以有计划地丰富新时代思想政治教育资源。

三 转化与创生开发路径

通过转化与创生的途径开发思想政治教育资源，侧重通过转化和盘活陈旧资源，发掘思想政治教育资源潜在的资源属性和功能，或者通过开发促成新的思想政治教育资源或者使陈旧的思想政治教育资源有了新的资源属性和功能。转化与创生是新时代思想政治教育资源持续发挥资源效用的重要开发路径。

（一）转化：思想政治教育资源的转型性开发路径

转化是思想政治教育资源开发的重要路径，即通过对某种文化、话语和经验的性质进行意义的转型或切换，从而使转化对象具有新的思想政治教育资源性质和功能。

文化转化。中华优秀传统文化的资源性转化即是典型的文化转化。中国共产党在开发思想政治教育资源的过程中，推动中华优秀传统文化创造性转化、创新性发展，赋予其新的时代内涵和表现方式，使其成为支撑思想政治教育的传统文化资源。又比如，对外国优秀文化的资源性转化，也是文化转化的典型例子。外国优秀文化是异质文化，借鉴吸纳外国优秀文化，转化其文化意蕴、文化形态，使其成为新时代思想政治教育资源。

话语转化。意识形态作为一套复杂的观念体系，话语是其外壳和传播的主要形式，其意义构建和表达需要通过话语才能实现。意识形态在传播的过程中，需要结合时代背景和条件、意识形态教化接受者的接受程度等因素有针对性地构建服务于具体思想政治教育实践活动的话语体系，这就需要进行话语转化。在进行话语转化的过程中，实际上也是在进行意识形态生产，从而产生新的思想政治教育资源。话语转化往往反映了现实的政治宣示。比如，邓小平通过对"实事求是""社会主义"等话语的创造性再阐释，赋予了这些话语新的内涵，从而实现了意义的再构建。通过话语转化实现意识形态生产，是思想政治教育资源开发的重要路径。

批判性资源转化。意识形态作为维护社会秩序合理性和合法性的思想体系，需要持续不断地提供适应现实变化的"说服资源"，以多层次、多样化的话语体系传达特定意识形态所内蕴的核心价值理念，为人们的社会生活提供一个规范性的解释框架并指导人们的行动。总的来说，这种解释框架需要包含两个维度，即建设性维度和批判性维度。相应地，思想政治教育的顺利开展也需要成就性资源和批判性资源。成就性资源的核心功能在于通过正向诠释、论证，不断强化特定社会秩序的合理性和合法性；而批判性资源即针对各种错误社会思潮的潜在威胁，以对错误社会思潮尤其是对立性的社会思潮进行批判而生成的资源。

转化的一种特殊方式是盘活。思想政治教育资源的盘活是指一些资源由于种种原因丧失了思想政治教育资源的功能和属性，通过盘活的开发路径，将其重新激活，并使其成为思想政治教育资源。例如，运用盘活这种思想政治教育资源开发路径，将文化遗产开发为思想政治教育资源。中华文明是世界上唯一没有间断的文明，在上下五千年的文明发展史中，中华民族积累了丰富的文化遗产。这些文化遗产具有很高的历史、艺术和科学价值，生动展现了中华民族独特的精神世界、价值追求和生活方式，是中华文化的重要载体。其中，有相当数量的文化遗产广泛分布于全国各地尚待挖掘，而已经考古发现的文化遗产，也需要对其进行整理开发。对新发现文化遗产进行整理开发，可从多角度多层次开展，其中一个角度就是可以将其开发为思想政治教育资源，以发挥文化遗产的思想政治教育功能。

思想政治教育资源的盘活性开发，往往体现为对中华优秀传统文化的复兴，当然这种复兴不是简单地"复活"或者"修复"，而是在新的历史条件下，重新激活其思想政治教育资源功能。比如，中国以礼仪之邦著称，中华文明独特的文化气质，孕育了发达的礼文化，也形成了十分可观的礼文化遗产。"礼"从本质上来说，即意识形态教化。因此，不同历史时期出于进行意识形态教化的需要，形成了丰富的资源，这些资源以文化遗产的形式传承下来。由于历史条件所限，这些资源不一定完全适用于当前的思想政治教育，但是经过开发，可以重新激活其思想政治教育功能，从而开发为可被新时代思想政治教育利用的资源。

随着各地城镇化不断推进，各地对旧城区的改造，从某种意义上来说，也是对历史遗产的一种挖掘和盘活，是开发思想政治教育资源的重要途径。比如，在对城市中的旧城区进行改造的过程中，改造原来已经废弃的厂房、民居，活化和激活旧城区所蕴含的独特历史文化，使其成为开展爱国主义教育基地、普及和传播民俗文化基地。这就为开展思想政治教育提供了丰富的思想政治教育资源。

（二）创生：思想政治教育资源的原创性开发路径

创生是原创性思想政治教育资源的开发路径，是思想政治教育资源开发主体基于组织开展思想政治教育实践的需要而形成的创新性资源。创生所开发的思想政治教育资源往往都是具有独特辨识度的资源，反映了思想政治教育的特殊性。新时代思想政治教育资源的创生，主要源于实践的创新性开展以及由此推动的理论创新，特别是在新的历史条件下在新的领域开展的思想政治教育实践，既可催生新的理论，也可开发出原创性的思想政治教育资源。

经由创生的路径而开发的思想政治教育资源，主要是思想政治教育的思想性资源的创新，比如理论资源的创新。理论资源的创新，既包括作为思想政治教育内容的理论资源的创新，也包括指导思想政治教育开展的理论的创新。关于理论创新的重要性，毛泽东指出："任何国家的共产党，任何国家的思想界，都要创造新的理论，写出新的著作，产生自己的理论家，来为当前的政治服务，单靠老祖宗是不行的。"[①] 中国共产党人立足于中国革命、建设和改革的实践，围绕中华民族伟大复兴的主题，在开辟中国特色社会主义道路、探索中国式现代化方案、构建人类文明新形态的过程中进行了一系列理论创新，形成了一系列原创性理论成果，为新时代思想政治教育提供了源

---

① 《毛泽东文集》第8卷，人民出版社，1999，第109页。

源不断的原创性理论。这些原创性理论，开辟了思想政治教育的新领域，并立足于思想政治教育的中国实践，为解决当代思想政治教育问题贡献了中国智慧和中国方案，这些都构成了原创性思想政治教育资源。

经由创生而生成的思想政治教育资源，源于无产阶级及其政党——中国共产党在探索实现中华民族伟大复兴的革命、建设和改革实践中所形成的一系列理论创新。这种理论创新，表现为中国共产党坚持守正创新，推进马克思主义中国化时代化，创立了毛泽东思想、邓小平理论，形成了"三个代表"重要思想和科学发展观，创立了习近平新时代中国特色社会主义思想，这也是思想政治教育资源原创性开发的最重要成果。从思想政治教育资源开发的视野来看，马克思主义中国化时代化的过程，也是对马克思主义基本原理这一核心资源进行创新性开发的过程。这一过程的创新性主要体现为对"中国具体实际"的创造性把握、促进中华优秀传统文化在"创造性转化与创新性发展"中实现新文化的创生以及在"两个结合"的持续深化中开辟马克思主义中国化时代化的新境界。这种理论创新所获得的成果以及实践经验的创新性总结成果，为中国共产党开展思想政治教育提供原创性的自主知识体系和鲜活的实践经验资源，从而提供了指导和支撑思想政治教育开展的最重要的核心资源。新时代，思想政治教育资源开发所取得的最重大成果就是创立了习近平新时代中国特色社会主义思想。这既是新时代思想政治教育的指导思想，也是新时代思想政治教育最重要最核心的资源，是党在新时代进行的思想政治教育资源开发所取得的最重要成果。

经由创生而形成的思想政治教育资源，源于中国共产党所开创的中国式现代化方案、所提供的关于人的现代化方案。这是中国人民在中国共产党的领导下，自己蹚出的一条独特的实现现代化的道路，为世界贡献了西方资本主义道路之外的另一条实现现代化的道路，提供了实现现代化的中国方案。这个方案既提供了实现现代化的路径，也提供了对现代化的新的理解，为世界提供了一个有别于西方现代化的中国式现代化。这个现代化的中国方案的形成，同样为思想政治教育提供了原创性资源。这种原创性资源，集中体现为提供了一整套指引和支撑"实现人的现代化"的中国资源。现代化的重要体现和关键环节是人的现代化。实现人的现代化，人的精神世界的现代化重塑是重要的环节和内容，而思想政治教育作为人的精神世界的"现代化建设"的重要方式，其使用的"建筑材料"——思想政治教育资源的重要组成部分就包括为人提供关于现代化生存方式的世界观、人生观和价值观以及关于现代化的总体性观念。这种总体性观念既是对中国式现代化的总体看法，也是对"人应该如何成为现代人""人应该成为怎样的现代人"的中国式回答。新时代，这样的问题集中体现为思想政治教育所回答的"培养什么人、怎样培养人、为谁培养人"的新时代教育之问。新时代思想政治教育资源开发的重要目标和创新性成果在于为培养德智体美劳全面发展、堪当民族复兴大任的时代新人提供资源，使人成长为体现中国式现代化方案的"现代人"。新时代思想政治教育资源开发的创新性成果在很大程度上就体现在为实现人的现代化提供了人成其为"现代人"的中国方案上。

经由创生而形成的思想政治教育资源，源于中国共产党带领中国人民所开创的人类文明新形态。人类文明新形态既是中国特色社会主义道路的文化形态，也是中国式现代化的文明形态，还是中华文明的现代形态，是党带领中国人民进行社会主义文化建设的集中体现。这种文明新形态既有别于其他文明的形态，又有别于中华文明的传统形态，反映了近现代以来中华民族在中国共产党的领导下，解决国家蒙辱、人民蒙难、文明蒙尘问题，推进中华民族伟大复兴、实现中华文明的现代转型而形成的一系列文明创新成果，是新时代思想政治教育原创性资源的重要来源。围绕新时代文化建设，习近平总书记提出了一系列新思想新观点新论断，形成了习近平文化思想。在习近平文化思想的指导下，在推进新时代文化建设、构筑人类文明新形态的过程中所形成的成果，将为开展新时代思想政治教育提供丰富的原创性资源。这些资源既包括新时代文化建设实践形成的经验，也包括由此所开创和体现的人类文明新形态。

经由创生而形成思想政治教育资源，还可以是通过采取新的开发技术和方式而获得新资源。当前，随着人工智能、大数据等新技术的迅猛发展并广泛应用于思想政治教育实践中，新时代思想政治教育资源开发也实现了技术和方式的创新，从而获得了更多具有全新形态和新功能的资源类型。比如，教育部等9部门印发《关于加快推进教育数字化的意见》中，提出要"提升平台智能化水平，增强平台开放性，创新资源新形态，增强资源交互性，实现个性化智能推荐"，要"推进资源精品化、体系化、专业化，构建高质量资源供给生态"①。随着教育数字化的快速推进，越来越多的数字化教育资源将被应用到教育实践中来，同时资源的数字化技术应用也将给思想政治教育资源开发带来更多可能。

四 整合与继承开发路径

开发思想政治教育资源是持续进行的实践活动，思想政治教育资源也由此不断得以挖掘、获取和生成，从而逐渐形成了支撑思想政治教育顺利开展的"资源库"。然而，思想政治教育资源的开发并非一劳永逸的，"资源库"里的思想政治教育资源并非无条件地一直存在，更不会一直都保持思想政治教育资源属性和功能。这就需要对新时代思想政治教育资源系统进行整合优化，以不断丰富新时代思想政治教育资源。

（一）整合：思想政治教育资源的协作性开发路径

思想政治教育资源的整合是指思想政治教育资源开发主体对不同来源、不同性质、不同形态、不同功能的资源进行系统性整合，使各类思想政治教育资源彼此衔接，充分发挥各类资源的综合性整体性功能，从而使思想政治教育资源系统的构成更加科学合理的过程。通过整合的路径来协作性开发思想政治教育资源，主要是对不同类型的资源进行系统性整理，使思想政治教育资源系统的构成发生变化，从而通过改变资源的组成结构来改变资源的形态或使思想政治教育资源形成新的功能，从而实现资源开发的目的。

通过整合来实现资源开发，主要源于思想政治教育资源的系统性构成。如前所述，思想政治教育资源是一个由思想性资源、政治性资源和保障性资

---

① 《教育部等九部门关于加快推进教育数字化的意见_国务院部门文件》，中国政府网，https://www.gov.cn/zhengce/zhengceku/202504/content_7019045.htm。

源构成的复杂系统。各个板块的资源内部又有复杂的构成，而且资源的形态也各异，其资源功能的发挥，很大程度取决于不同种类资源的构成结构。因此，在思想政治教育资源的开发过程中，要根据思想政治教育资源系统的构成，进行思想政治教育资源系统性综合开发，以激发思想政治教育资源作为一个系统的整体资源效应，从而切实发挥各类资源的整体效能。为在"大思政"工作格局下提高思想政治教育的实效性提供系统性的资源支持。运用系统思维，对各类思想政治教育资源的存在形态、存在组合、存在结构等进行整合，以实现思想政治教育资源系统的总体优化。比如，对各种思想政治教育资源进行数据化处理，建立思想政治教育大数据库和资源共享平台，以实现思想政治教育资源的协同开发和共建共享，从而更加充分有效地发挥思想政治教育资源的整体效应。

（二）继承：思想政治教育资源的传承性开发路径

通过继承的路径开发思想政治教育资源，主要是指在长时间的传承中资源发生质变，从而开发产生新的思想政治教育资源或者原来的思想政治教育资源生发出新的功能。人们在长期的思想政治教育实践中积累了大量的思想政治教育实践经验，形成了丰厚的思想政治教育经验资源，为我们在新的历史时期开发思想政治教育资源提供了基础，同时也是我们在继承的过程中应开发的宝贵资源。

对思想政治教育资源进行传承性开发，强调的是对思想政治教育的核心价值的坚守和传承，以这种方式开发形成的资源往往都是在实践中长时间积累而形成的资源。比如，中国共产党人的精神谱系，就是中国共产党在长期的革命、建设和改革实践中积累而形成的。精神谱系产生于实践，也随着实践的深入推进而不断丰富发展。精神谱系作为整体性资源而言，是一个不断积累、不断丰富的过程。在这个过程中，随着时间的推移、实践的发展和精神谱系内容的不断丰富，整体性的精神谱系不断更新和发展，其构成要素、意义内涵、表现形态等也都不断丰富。但是每一次内容的扩容，都是对精神谱系的核心价值的传承、坚守和再强化。从这个意义上而言，对精神谱系的积淀继承就是在不断地对其进行传承性开发。

对思想政治教育资源进行传承性开发，还集中体现在对中华优秀传统文化相关资源的创造性转化与创新性发展上。"文化传统"与"传统文化"是既密切联系又不能混淆的两个概念。有学者指出，"所谓传统文化，从广义的范围讲，是指历史上形成的一切，包括物质、制度和思想等层面。从狭义的范围讲，是指历史上形成的价值观念、思维方式、伦理规范、理想人格、审美情趣的总和"，"所谓文化传统，是指中华民族历史上创造的文化中具有稳定性、连续性和传承性的某种价值观念、行为方式、风俗习惯"。① 传统文化是一种基于长时间的历史传承而形成的核心文化，由各种有形有质、可见可触的文化现象所表现。文化传统则是以传统文化为载体的一系列无形无质的规则与体系，既反映了传统文化的内在特质，也反映了一个民族最深层的文化心理，具有很强的稳定性。之所以强调在传承中华优秀传统文化的过程中坚持守正创新，主要是因为思想政治教育资源的开发，既不是对传统文化的机械继承，也不是对文化传统的被动接受，而是通过传承和发扬中华优秀传统文化，在新的历史时期赋予文化传统新的时代内涵，从而使文化传统在新的历史条件下实现传承性发展，使文化传统在"接着传"的过程中不断丰富，从而为新时代思想政治教育提供"传统的新资源"。

第三节 新时代思想政治教育资源开发的技术创新

近年来，互联网新媒体、大数据、云计算、人工智能、虚拟现实等技术的迅猛发展，不仅广泛而深刻地改变了人们的生活方式，还深刻地影响了思想政治教育的实践形态，实现了思想政治教育资源开发技术的创新。各种新技术的广泛应用，既给新时代思想政治教育带来了挑战和压力，也给新时代思想政治教育资源开发的技术升级和创新提供了条件和契机。各种新技术的应用，使思想政治教育资源的开发方式发生了深刻变革，通过应用新技术来升级新时代思想政治教育资源开发技术，提高思想政治教育资源开发的成

---

① 李宗桂：《试论中国优秀传统文化的内涵》，《学术研究》2013年第11期。

效,提升思想政治教育资源的质量,有助于不断提高思想政治教育的实效性。尽管科学技术是一把"双刃剑",但技术的发展已不以人的意志为转移地给思想政治教育带来了一系列深刻影响,"自觉构建与数智时代相适应的学科新形态,将成为思想政治教育研究新发展的最为显著的特点"[①]。受其影响,新时代思想政治教育的网络化、数字化和精准化表征越发明显,逐渐呈现为"网络思政"、"数字思政"和"精准思政"的形态。新的形态要求创新和应用新时代思想政治教育资源开发技术。

一 运用新媒体技术开发网络思政资源

互联网时代,随着新媒体技术的快速发展和广泛应用,同时受到思想政治教育客体对资源需求变化的影响,为增强思想政治教育的吸引力和亲和力,教育者越来越倾向于选择主题鲜明、简洁明快、生动形象的资源来开展思想政治教育,如何发挥新媒体等技术对思想政治教育的赋能作用,成为新时代思想政治教育的重要课题。2016年,习近平总书记在全国高校思想政治工作会议上强调,"要运用新媒体新技术使工作活起来,推动思想政治工作传统优势同信息技术高度融合,增强时代感和吸引力"[②],对运用新媒体技术切实提升思想政治教育的实效提出了明确的要求和方法。2019年,在主持中共中央政治局第十二次集体学习时,习近平总书记专门剖析了网络的影响,指出"网络是一把双刃剑,一张图、一段视频经由全媒体几个小时就能形成爆发式传播,对舆论场造成很大影响。这种影响力,用好了造福国家和人民,用不好就可能带来难以预见的危害",在此基础上强调要充分发挥网络的正面效应,提出"在信息生产领域,也要进行供给侧结构性改革,通过理念、内容、形式、方法、手段等创新,使正面宣传质量和水平有一个明显提高"[③],再次强调了网络是实现思想政治教育高质量发展的重要因素,同时深

---

① 宇文利、金德楠:《党的十八大以来思想政治教育研究述评》,《思想政治工作研究》2022年第5期。
② 《习近平谈治国理政》第2卷,外文出版社,2017,第378页。
③ 《习近平关于网络强国论述摘编》,中央文献出版社,2021,第83页。

刻揭示了网络时代背景下信息生产的供给侧结构性改革给思想政治教育资源开发带来的深刻影响。

新媒体具有多维度、多载体、多模态的传播优势，新媒体技术的广泛应用，构建了一个"人人皆为自媒体""人人皆可发声"的全新网络空间。网络空间具有虚拟化、开放性的特征，也把思想政治教育置于更加复杂的教育空间中，推动思想政治教育进入以新媒体和互联网为信息传播介质的网络化时代，使思想政治教育主体与客体之间知识传授、思想交流以及社会交往的机制发生了颠覆性变革。一方面，思想政治教育所传播的主流意识形态的构建面临挑战，传统思想政治教育的资源开发和利用模式被解构，思想政治教育传递的价值观念容易被消解，这在一定程度上弱化了思想政治教育主体的权威性和引导性，使思想政治教育主导权受到一定冲击。

另一方面，新媒体技术的广泛应用，大大拓宽了思想政治教育空间，使思想政治教育空间呈现出无限延展的特点，拓宽了思想政治教育资源的来源和思想政治教育资源开发的空间场域。新媒体技术的出现和发展改变了传统思想政治教育的信息传递和资源供给模式，通过充分利用新媒体技术，思想政治教育的主客体实现了信息的自由交流以及双向沟通，主体与客体之间由单向度的灌输与接受转变为多维度多层次的互动交流，增强了思想政治教育主客体的互动性，从而使思想政治教育主体可以更全面地把握客体的认知特点、思想状况和行为倾向。微博、微信等新媒体平台推动形成的非线性、多维度的传播方式打破了传统思想政治教育中"施教—受教"的单向关系和教育主体和客体之间的时空界限，从而使主体与客体之间形成了"双向交流"的交往模式，为思想政治教育创新发展提供了新契机和新动能。2021年，中共中央、国务院印发的《关于新时代加强和改进思想政治工作的意见》指出，思想政治工作是一切工作的生命线，要推动思想政治工作传统优势与信息技术深度融合。随着我国教育信息化稳步推进，"互联网+思想政治教育"为思想政治教育实践模式的改革发展提供了创新动能。随着新媒体技术的广泛应用，思想政治教育信息的存储方式和传播方式发生了巨大变化，思想政治教育的实践场域和环境也被重新塑构，同时，思想政治教育资源开发的空间配置、运作机制也发生了深刻变化,新时代思想政治教育逐渐呈现出鲜明的"网络思政"的形态。

"网络思政"具有的鲜明特征在于充分发挥新媒体对新时代思想政治教育的赋能功能。得益于新媒体技术的支持,新时代思想政治教育资源开发可以在更广阔的空间中和平台上进行。比如,在移动互联网广泛应用的背景下,微信、抖音等新媒体平台为开展思想政治教育提供了大量的网络资源。而网络课堂的开设、慕课的制作和分享、红色资源的虚拟呈现和仿真体验平台建设、5G+云 VR 教育实验基地的建设,很大程度上打破了思想政治教育资源开发的时空界限,创新了思想政治教育空间建构机制,实现优质思想政治教育资源的实时共享与传播。将现代技术、多媒体技术嵌入思想政治教育,打造现代智慧课堂、数字化图书馆、数字资源共享系统等,优化"网络思政"背景下思想政治教育方式,最大限度融通各地区的思想政治教育资源,实现优质资源的高质量共享。网络技术日益成为思想政治教育空间构序的重要标尺。①在此基础上开发思想政治教育资源,就有助于开发线下和线上、现实与虚拟两个空间或两个类别的资源,以充足的资源构建新时代"网络思政",促使沉浸式思想政治教育的实现。

二 利用大数据技术开发数字思政资源

党的二十大报告提出要"推进教育数字化"②。数字化成为推动教育高质量发展的新赛道。在大数据时代,数据化带来的技术革新不仅给人类提供了认识世界和改造世界的"数据视角",而且深刻地改变着人们的生产方式和生活方式。习近平总书记指出:"数据作为新型生产要素,对传统生产方式变革具有重大影响。"③在主持中共中央政治局第五次集体学习时他强调:"教育数字化是我国开辟教育发展新赛道和塑造教育发展新优势的

---

① 徐业坤:《现实审视与优化策略:新时代高校思想政治教育空间研究》,《湖北社会科学》2020 年第 3 期。
② 《习近平著作选读》第 1 卷,人民出版社,2023,第 28 页。
③ 习近平:《不断做强做优做大我国数字经济》,《求是》2022 年第 2 期。

重要突破口。"① 习近平总书记的系列重要论述不仅为以数字化技术推动新时代教育高质量发展指明了方向，也为应用数字化技术推动新时代思想政治教育资源的高质量开发提供了方向和遵循。与教育数字化的发展要求和趋势相关联，大数据技术得以在思想政治教育领域广泛应用，并由此推动了新时代思想政治教育资源开发的技术创新。

2019年2月，中共中央、国务院印发的《中国教育现代化2035》指出，要加快信息化时代教育变革，创新教育服务业态，建立数字教育资源共建共享机制。2019年8月，中共中央办公厅、国务院办公厅印发《关于深化新时代学校思想政治理论课改革创新的若干意见》，对加强思政课教材体系建设提出"建设思政课网络教学资源库"的要求。有学者也指出："教育数字化转型是涉及整个教育生态要素的系统性、根本性变革。"②

数字技术推动了思想政治教育的结构性变革与功能性升级，重构了思想政治教育赖以生存的环境，驱动了思想政治教育全方位、全系统、全结构的数字化变革。③ 数字资源成为新时代思想政治教育资源开发的重要资源。对于何为"数字资源"，不同学者的理解不同，有学者认为是"采用现代数字技术和手段，将各种自然和人文资源以文字、图像、图形、声音等形式记录下来的所有信息"④。新时代思想政治教育对数字资源的开发，主要是借助技术创新推动和实现思想政治教育资源开发的数字化，从而推动新时代思想政治教育资源开发方式的数字化和开发成果的数字化。新时代思想政治教育资源开发方式的数字化，是指在思想政治教育资源开发的过程中，运用数字化工具、数字化技术对各种形态的资源进行开发，使各种数字化工具和数字化技术在新时代思想政治教育资源开发的实践中得以合理科学地应用。新时代

---

① 《习近平在中共中央政治局第五次集体学习时强调 加快建设教育强国 为中华民族伟大复兴提供有力支撑》，《人民日报》2023年5月30日，第1版。
② 杨飒：《以数字化助力教育强国建设》，《光明日报》2023年2月11日，第4版。
③ 卢岚：《思想政治教育数字化转型的现实基础与行动框架》，《思想理论教育》2023年第5期。
④ 徐青梅、陶蕊、叶继元：《数字资源与电子资源：概念辨析及术语规范探讨》，《图书情报工作》2021年第18期。

思想政治教育资源开发成果的数字化，包括对思想政治教育资源进行数字化开发和将数字资源转化为思想政治教育资源。实现思想政治教育资源数字化，是推动新时代思想政治教育资源开发数字化的重要体现。

思想政治教育资源的数字化是指将各种线上线下资源进行数字化处理，使各种类型的思想政治教育资源都获得数字化的存在形态，从而更有利于思想政治教育资源的共建共享，并实现多场景、可持续的利用。比如，借助新技术对革命遗址、重要文物等资源进行数字化处理，实现资源的数字化再现，使不同形态的思想政治教育资源具有共同的存在形态，极大地拓展了新时代思想政治教育资源的应用场域，极大地丰富了新时代思想政治教育资源的应用场景。新时代思想政治教育资源开发的数字化还包括将各种数字资源转化为思想政治教育资源。随着数字技术在人们日常生活中的应用越来越广泛，对重塑人的思想和行为的影响越来越大，人也逐渐呈现数字化的生存状态，这就使得满足人的需要的各种资源也在不同程度上呈现数字化的形态。资源的这种数字化形态也必然使得思想政治教育主体所要开发的各种政治资源、教育资源和文化资源在不同程度上呈现数字化的形态。对这些数字资源进行挖掘和整理，着重发挥其所具有的思想政治教育功能，从而将其转化为思想政治教育资源，以更好地满足思想政治教育客体对于数字化资源的需求，提高新时代思想政治教育的实效性。

大数据技术的发展与新时代思想政治教育客体的数字化生活密切相关，二者互为依托，运用大数据技术对思想政治教育客体思想行为和认知结构进行分析，以掌握他们的思想、行为、认知变化规律，建立群体认知，有助于精准识别思想政治教育对象，有针对性、分层次地推送思想政治教育资源，实现思想政治教育资源的"按需供给"。依靠数字化手段，如通过VR、AR等虚拟技术的普及应用，可以搭建思想政治教育智联化场景，搭建思想政治教育线上和线下、现实与虚拟互联互通的桥梁，让各种思想政治教育资源在思想政治教育教育过程中高集约化运用并贯穿于思想政治教育全过程。[①]

---

① 盖逸馨：《以教育数字化推动思想政治教育现代化》，《思想政治工作研究》2023年第6期。

第四章　新时代思想政治教育资源开发的策略

大数据技术的应用对于传统的思想政治教育具有革新性的意义和价值，将带来思想政治教育方法论及范式的变革，进而增强新时代思想政治教育实效性和精准性。大数据技术的发展和广泛应用为新时代思想政治教育资源开发提供技术支持和动力保障，有助于增强思想政治教育的针对性与亲和力，更好地适应新时代思想政治教育创新发展，使新时代思想政治教育的数字化创新发展成为新态势，成为驱动新时代思想政治教育高质量发展的重要引擎。

2013 年前后，对大数据技术在思想政治教育领域的应用问题的研究开始引起学界的广泛关注。就目前的研究现状而言，学界比较一致的看法是认可大数据不仅是一种技术，"更是一种价值观和方法论"，认为大数据"已然成为网络思想政治教育无法拒绝和回避的新环境"①。2015 年，国务院印发的《促进大数据发展行动纲要》指出，数据已成为国家基础性战略资源，要探索发挥大数据对变革教育方式、提升教育质量的支撑作用。2018 年，教育部在《教育信息化2.0 行动计划》中提出了以大数据、人工智能为代表的新一代信息技术与教育深度融合的重要目标，推动了大数据思想政治教育理论研究进一步发展。与理论研究逐渐深入相适应，在实践层面，新时代思想政治教育也逐渐呈现了"数字思政"这一思想政治教育新形态。所谓"数字思政"，是指"以人工智能、大数据、云计算等信息技术为基础，以数据要素为驱动，以全应用场景赋能，对教育资源进行高效整合利用，建构的精准、敏捷、有效的思想政治教育体系"②。总体而言，在推进思想政治教育高质量发展的进程中，数字技术的赋能效果持续显现，从而成为实现思想政治高质量发展的关键变量。

"数字思政"的发展首先带来新时代思想政治教育资源的数字化开发，不同形态的思想政治教育资源得以数字化呈现，实现新时代思想政治教育资源的"数字化存在"。借助于大数据技术的应用，新时代思想政治教育资源

---

① 胡树祥、谢玉进：《大数据时代的网络思想政治教育》，《思想教育研究》2013 年第 6 期。
② 汤潮、赖致远：《"数字思政"的内涵生成与实施路径》，《思想理论教育》2022 年第 10 期。

得以数字化呈现，这种呈现可以打破不同种类、不同地域和不同形态思想政治教育资源之间的界限。例如，既可以使物质形态的思想政治教育资源虚拟化呈现，也可以使精神形态的思想政治教育资源具象化呈现；既可以使历史资源当代性呈现，也可以使当下存在的资源永久性呈现，从而实现新时代思想政治教育的数字化呈现。思想政治教育的数字化呈现，还可以有效打破思想政治教育资源存在的地域局限，实现不同地域的思想政治教育资源的共享。对不同形态的思想政治教育资源进行数字化开发，赋予不同形态和不同种类的思想政治教育资源统一的"数字化面相"，使思想政治教育资源实现"数字化存在"，既是新时代思想政治教育资源开发的鲜明特点，也是显著优势。

"数字思政"的发展激发新时代思想政治教育资源开发的新动能。在大数据时代，思想政治教育主体要增强数字意识、掌握互联网运用技能，从技术和内容两个核心层面打造优质丰富的思想政治教育资源。同时，大数据技术将有力丰富新时代思想政治教育的载体，强化技术赋能，革新思想政治教育资源的传播机制。借助大数据技术，将多媒体技术、5G技术、现代智能设备应用于思想政治教育过程中，有助于实现新时代思想政治教育的智能化、集约化。大数据给新时代思想政治教育带来的最深刻的变化在于"一切皆可数据化"，大数据蕴含的数据化思维将会深刻变革传统研究范式，促进新时代思想政治教育资源的"数字化"转型。这种转型不是叠加使用，而是在数字技术融合驱动下进行教育生态的整体性重塑，是涉及全要素、全结构、全过程的数字化革新，其目的就是形成数字技术与思想政治教育相互融合、相互贯通、同频共振的育人新形态。这种转型是全局性、系统性、结构性的转型升级，主要以数字技术融合驱动为引擎，以建构人、技术、教育实践之间的平衡和谐关系为指向，是涉及全结构系统及其运行过程的革新，旨在把数字技术的赋能效应转化为推动思想政治教育高质量发展的新动能。①

---

① 刘映芳：《思想政治教育数字化转型：内涵、动力与路径——基于辩证分析视角》，《思想理论教育》2023年第10期。

"数字思政"的发展推动新时代思想政治教育资源开发理念的革新。对于思想政治教育资源开发内涵，正如前文所提到的，有一种观点曾广受认可，即认为思想政治教育资源开发就是挖掘潜在的思想政治教育资源使其成为现实资源或充分发挥思想政治教育资源的未知功能。这种观点蕴含的思想政治教育资源开发理念就是要将潜在的资源充分挖掘出来、将未知的功能充分发挥出来。而"数字思政"的发展，将有利于革新传统的思想政治教育资源开发理念，即对思想政治教育资源的开发，不再局限于这种由"潜向现"的单向路径，而是更加重视对不同种类思想政治教育资源的数字化整合。随着"数字思政"的不断发展，思想政治教育资源开发可超越"由潜向现"认识的局限，更加重视对不同种类思想政治教育资源的整合。

三 依托人工智能技术实现"精准思政"

"人工智能"这一概念是由被誉为"人工智能之父"的美国学者约翰·麦卡锡在1956年提出的。多年来，人工智能技术致力于理解人类智能、智能行为及其规律，构建智能信息处理理论，进而设计可以展现某些近似于人类智能行为的计算系统，即实现"人工智能"，人工智能的目的在于通过技术的集成创新，模拟人的思维方式和行为方式，以提高人类开展重复性工作的效率。[①] 人工智能可以大幅度提升人类的工作效率特别是大量重复性工作的效率，从而在客观上帮助人们从繁重的重复性工作中解脱出来。就思想政治教育而言，人工智能技术的突出作用在于其能够有效地化解思想政治教育主客体的资源供需矛盾，提升思想政治教育的精准度和针对性，从而切实提高新时代思想政治教育的有效性。

在"大思政"工作格局背景下，新时代思想政治教育越来越成为一项全方位、全过程都需要多维度、多主体持续协同发力的实践活动。相比较而言，传统条件下的思想政治教育在过程中很难做到全方位、全过程跟踪与记录，很难做到根据客体的实际情况开展精准的思想政治教育。但是借助人工

---

① 蔡自兴等：《人工智能及其应用》，清华大学出版社，2016，第5~9页。

智能技术，思想政治教育主体可以实现对思想政治教育活动的全方位、全过程把控，从而实现思想政治教育资源精准开发、精准投放和精准应用的"精准思政"。所谓"精准思政"是在传统教育模式供需失调、信息技术迅猛发展、人的网络化生存样态不断深化的背景下产生的，是继思政课程、课程思政之后的一种崭新教育模式。①"精准思政"的出现，有利于思想政治教育精准圈定思想政治教育客体、精准把握思想政治教育客体需求和精准投放思想政治教育资源。"精准思政"的实施，有助于实现新时代思想政治教育资源的精细化开发和个性化供给，将有效提高新时代思想政治教育的针对性和亲和力。

尽管人工智能技术的发展和应用给新时代思想政治教育带来了压力和挑战，但是切实运用人工智能技术推动思想政治教育生态变革是新时代思想政治教育发展所需。我们已经看到，传统的思想政治教育的思路、方法、举措已经不再完全适应当前思想政治教育客体的需求，尤其是思想政治教育主体作为思想政治教育资源的开发者和供应者，面对思想政治教育客体多样化、差异化的资源需求，也开始面临着思想政治教育资源"供给侧改革"的压力和挑战。"供给侧改革"不仅适用于经济领域的资源供给研究，也适用于思想政治教育资源的开发和供给研究。对思想政治教育资源"供给侧改革"的重视，凸显了对思想政治教育主体的资源开发和供给责任的重视。思想政治教育是面向人的政治实践活动，要进行思想政治教育资源的"供给侧改革"以提升其有效性，就必须把握思想政治教育客体的思想状况和行为方式，精细化分析"需求侧"对思想政治教育资源的新要求，从而通过对思想政治教育资源的"精细开发"和"精准供给"，以有效提高思想政治教育主客体对资源的供需契合度。

借助人工智能技术的广泛应用，"精准思政"可以帮助思想政治教育主体精准圈定思想政治教育客体，精准把握思想政治教育客体需求和诉求，更有针对性地开发新的思想政治教育资源，并精准供给和投放思想政治教育资

---

① 吴满意、景星维：《精准思政：内涵生成与结构演化》，《学术论坛》2019年第5期。

源，以切实提高新时代思想政治教育有效性。

第一，"精准思政"可以运用人工智能技术精准圈定教育对象。借助人工智能技术，思想政治教育主体可以根据不同类型、不同年龄、不同地域对思想政治教育客体进行分类，从而为在思想政治教育过程中实现"因材施教"奠定坚实基础。人工智能技术可以实现思想政治教育主体面向思想政治教育客体"样本"即"全体"，可以显著提升思想政治教育主体对思想政治教育客体的思想状况、行为特征等的洞察能力。同时，大数据技术可以帮助思想政治教育主体在海量的数据中努力发现和捕捉数据之间的相关性。比如，在开展高校思想政治教育的过程中，我们可以针对当代大学生行为特点、心理特征、上网习惯、舆论导向等方面收集数据、建立大数据库，并运用人工智能技术深入分析这些数据，从中揭示和总结思想政治教育实践规律，从而使新时代思想政治教育更加具有针对性和时效性，切实提高思想政治教育实效性。

第二，"精准思政"可以运用人工智能技术精准把握思想政治教育客体的需求和诉求。随着整体生活水平的提高，人民群众追求美好生活的诉求呈现多样化和个性化的趋向越发明显。反映到思想政治教育过程中来，就是其对思想政治教育资源的个性化需求越来越明显，这也增加了思想政治教育主体对思想政治教育客体的发展诉求以及对其资源需求精准把握的难度。借助人工智能技术，思想政治教育主体可以深度分析和精准把握思想政治教育客体的个性化需求和诉求，并将满足思想政治教育客体的需求诉求作为开展思想政治教育的出发点和落脚点，进而确定使用何种资源开展思想政治教育，从而提高思想政治教育有效性。

第三，"精准思政"可以借助人工智能技术开发更有针对性的新的思想政治教育资源。在虚拟现实技术、增强现实技术的加持下，更具可视性、生动性和感染力的思想政治教育资源已经出现，如虚拟现实红色旅游景点、沉浸式思想政治教育体验场景等，融合了语言、图文、视频等多种数字化资源，可以对各种形态的思想政治教育资源进行创新性重构和呈现，增强思想政治教育资源要素丰富性的同时，还具备其他载体所没有的交互性优势。

第四,"精准思政"可以运用人工智能技术精准供给和投放思想政治教育资源。借助人工智能技术精准圈定和把握思想政治教育客体及其需求和诉求,有助于开展个性化的思想政治教育。个性化的思想政治教育既是新时代思想政治教育的显著特征,也是新时代思想政治教育高质量发展的重要体现。个性化思想政治教育必然要求资源使用的个性化,也就是资源投放的个性化。在人工智能技术的支持下,新时代思想政治教育资源投放、活动开展的策略是否需要改变取决于教育成效的反馈,两者可双向互动。借助人工智能技术,新时代思想政治教育可以实现思想政治教育资源的个性化投放,从而有效提升新时代思想政治教育的针对性。

第五,"精准思政"可以借助人工智能技术在推动新时代思想政治教育资源开放共享、克服发展不平衡不充分困境上实现突破。我国经济、社会、教育等方面发展在客观上存在城乡、东西部不均衡等问题,思想政治教育资源分布的不均衡,既是这种不均衡的重要原因,也是主要体现,这影响了不同地区思想政治教育的质量。在人工智能技术的迅猛发展和广泛应用下,这些差距将有望逐步减少甚至消除,依凭人工智能的技术创新,可以将思想政治教育资源进行数据化处理,并按照思想政治教育客体的资源需求进行个性化分配和供给,从而使不同地区、部门之间资源可以共享,实现思想政治教育资源的科学均衡供给和投放,推动思想政治教育资源的共建和共享,为切实提高新时代思想政治教育的实效性,推动新时代思想政治教育高质量发展提供资源支持和保障。

结　语

　　思想政治教育资源是支撑思想政治教育顺利开展的基础性条件，是构建主客体关系的重要中介，因此是思想政治教育必不可少的构成要素。思想政治教育资源开发是思想政治教育主体履行其主体职责而必须开展的基础性工作，思想政治教育资源开发是思想政治教育过程必不可少的基础性环节。对于思想政治教育主体而言，思想政治教育资源具有满足其双重需要的属性。一方面，思想政治教育主体需要借助思想政治教育资源来组织开展思想政治教育；另一方面，向思想政治教育客体提供思想政治教育资源，满足其形成思想政治素质的需要，是思想政治教育参与者获得主体性、成其为主体的重要保障和体现。有效供给思想政治教育资源，是思想政治教育主体的重要职责和体现其主体性的重要方式。对于思想政治教育客体而言，思想政治教育资源是其接受思想政治教育、形成一定的思想政治素质进而促进其自身全面发展的重要资源。思想政治教育客体对思想政治教育资源的需求，是其"主体性"和能动性的重要体现。重视满足思想政治教育客体资源需求，是新时代思想政治教育人民性的突出体现。

　　思想政治教育既是通过教育形式开展的特殊政治活动，也是具有鲜明政治性的特殊教育活动，因此，既具有教育活动的一般属性，也具有政治活动的一般属性，这就使得支撑其顺利开展的思想政治教育资源具有教育资源和政治资源的双重属性和功能，也由此使得思想政治教育资源成为一个由多种资源构成的复杂系统。新时代，伴随着社会转型的深化、多元文化背景的形成、社会主要矛盾的变化以及当代意识形态呈现由政治化转向文化化、学术化和日常生活化的趋势①，思想政治教育面临着新的环境和有待解决的新问题，需要构建新的工作格局和新的资源系统。新时代思想政治教育资源是一个由思想性资源、政治性资源和保障性资源构成的复杂系统，既具有政治资源的属性，也具有教育资源的属性，还具有鲜明的文化资源属性。不同类型的资源各自发挥功能，共同为新时代思想政治教育的发展提供资源支撑和保障。

新时代思想政治教育资源的种类和构成与思想政治教育的目标以及思想政治教育主客体的需求息息相关，既具有支撑思想政治教育顺利开展的一般性功能和属性，也必然具有鲜明的时代性。习近平总书记在主持中共中央政治局第五次集体学习时强调，"要坚持把高质量发展作为各级各类教育的生命线，加快建设高质量教育体系"，同时指出，"加强教材建设和管理，牢牢把握正确政治方向和价值导向，用心打造培根铸魂、启智增慧的精品教材。教育数字化是我国开辟教育发展新赛道和塑造教育发展新优势的重要突破口。进一步推进数字教育，为个性化学习、终身学习、扩大优质教育资源覆盖面和教育现代化提供有效支撑"。② 习近平总书记的重要论述既体现了对新时代教育要实现高质量发展的总体要求，也蕴含着对新时代思想政治教育要实现高质量发展的要求，一方面为推动新时代思想政治教育高质量发展明确了方向和目标，另一方面也为我们科学认识思想政治教育资源开发对于支撑和推动新时代思想政治教育高质量发展的重要意义，并为优化新时代思想政治教育资源的开发方式和路径提供了明确指引。实现高质量发展，既是提升新时代思想政治教育有效性的必然要求，也是开发思想政治教育资源并构建新时代思想政治教育资源系统的目标。

要推动新时代思想政治教育高质量发展，构建与之相适应的"大思政"工作格局和高质量的思想政治教育资源支持体系是题中应有之义。这就需要加强党的领导，切实凝聚领导主体、管理主体和实施主体等各种主体的力量，形成思想政治教育资源开发的强大合力；需要不断拓宽思想政治教育资

---

① 张志丹：《意识形态功能提升新论》，人民出版社，2017，第10页。
② 《习近平在中共中央政治局第五次集体学习时强调 加快建设教育强国 为中华民族伟大复兴提供有力支撑》，《人民日报》2023年5月30日，第1版。

源开发的空间场域、历史场域和文化场域，明确新时代思想政治教育资源开发的对象范围，遵循导向性与兼容性相结合、充足性与可持续性相结合、批判性与建设性相结合、与时俱进与积淀传承相结合等原则，通过批判与建构、拓展与培植、转化与创生、整合与继承等路径，并科学运用新媒体、大数据和人工智能等新技术，实现新时代思想政治教育资源的高质量开发，从而为新时代思想政治教育高质量发展提供强大的资源支持。

新时代思想政治教育是否实现高质量发展的衡量标准，主要看担当民族复兴大任的时代新人培养得"好不好"、是否培养了合格的社会主义建设者和接班人，这不仅涉及推动思想政治教育高质量发展的目标和方向，也提出了如何推动思想政治教育高质量发展的时代课题。只有高质量的思想政治教育资源开发为思想政治教育提供高质量的资源支持，才能保证新时代思想政治教育满足受教育者的需求和期待，才能为进一步开展思想政治教育活动提供良好的资源支持，在推进新时代思想政治教育质量提升过程中培育一代代担当民族复兴大任的时代新人。

当前，我国正处于全面建成社会主义现代化强国、实现第二个百年奋斗目标，以中国式现代化全面推进中华民族伟大复兴的关键时期，这也是党的二十大确定的当前和今后一个时期中国共产党的中心任务。推进中国式现代化，赋予了思想政治教育发挥正确价值引领作用、提供强大精神激励和提供持续人才支撑的新使命和新目标。要完成新使命、实现新目标，有赖于构建新的思想政治教育资源体系。本书围绕构建支撑新时代思想政治教育高质量发展的资源体系的有关问题作了较为系统的阐述，以期为推动新时代思想政治教育高质量发展提供有效的策略和实现路径。希望本书的研究工作有助于构建支撑思想政治教育高质量发展的新时代思想政治教育资源体系。

受学识水平所限，在思想政治教育资源开发方面仍然有很多有待解答的问题，比如，思想政治教育资源开发历史经验的总结、新时代思想政治教育资源开发的具体案例分析、"两个结合"视域下思想政治教育资源开发的策略选择和思想政治教育资源生成机制研究、新时代思想政治教育资源开发的世界意义等。这些问题有待在以后的研究中进行更加深入的探究。

参考文献

一 马克思主义经典著作

[1]《马克思恩格斯文集》第1~10卷，人民出版社，2009。

[2]《马克思恩格斯选集》第1~4卷，人民出版社，2012。

[3]《列宁选集》第1~4卷，人民出版社，1972。

[4]《毛泽东选集》第1~4卷，人民出版社，1991。

[5]《毛泽东文集》第1~2卷，人民出版社，1993。

[6]《毛泽东文集》第3~5卷，人民出版社，1996。

[7]《毛泽东文集》第6~8卷，人民出版社，1999。

[8]《邓小平文选》第1~2卷，人民出版社，1994。

[9]《邓小平文选》第3卷，人民出版社，1993。

[10]《习近平谈治国理政》第1卷，外文出版社，2018。

[11]《习近平谈治国理政》第2卷，外文出版社，2017。

[12]《习近平谈治国理政》第3卷，外文出版社，2020。

[13]《习近平谈治国理政》第4卷，外文出版社，2022。

二 中文著作

[1] 郑永廷等：《社会主义意识形态发展研究》，人民出版社，2002。

[2] 陶德麟、何萍主编《马克思主义哲学中国化的理论与历史研究》，北京

师范大学出版社，2011。

[3] 中共广东省委宣传部编《马克思主义中国化一百年》，广东人民出版社，2021。

[4] 姜辉：《新时代马克思主义中国化新的飞跃》，人民出版社，2022。

[5] 郭湛：《主体性哲学：人的存在及其意义》，中国人民大学出版社，2011。

[6] 王子平、冯百侠、徐静珍：《资源论》，河北科学技术出版社，2001。

[7] 石玉林主编《资源科学》，高等教育出版社，2006。

[8] 肖安宝：《资源创造论：新时代的资源哲学》，光明日报出版社，2011。

[9] 刘先春：《中国共产党执政资源研究》，高等教育出版社，2008。

[10] 蒯正明、杨新宇：《中国共产党执政资源建设研究》，同济大学出版社，2010。

[11] 徐昕：《执政资源论》，中共中央党校出版社，2009。

[12] 赵中源：《民生与执政资源开发研究》，人民出版社，2014。

[13] 陈世润：《中国特色社会主义道路与红色资源开发利用研究》，人民出版社，2015。

[14] 张泰城等：《红色资源教育教学的理论建构研究》，社会科学文献出版社，2022。

[15] 郑忆石：《社会发展动力论：从马克思到西方马克思主义》，重庆出版社，2012。

[16] 骆郁廷：《精神动力论》，武汉大学出版社，2003。

[17] 赵洁：《基于"精神生产"视角的马克思思想政治教育理论研究》，中央编译出版社，2022。

[18] 陈万柏：《思想政治教育载体论》，湖北人民出版社，2003。

[19] 项久雨：《思想政治教育价值论》，中国社会科学出版社，2003。

[20] 秦在东：《思想政治教育管理论》，湖北人民出版社，2003。

[21] 石书臣：《现代思想政治教育主导性研究》，学林出版社，2004。

[22] 沈壮海：《思想政治教育的文化视野》，人民出版社，2005。

[23] 罗洪铁主编《思想政治教育研究》，四川人民出版社，2002。

[24] 罗洪铁、董娅主编《思想政治教育原理与方法：基础理论研究》，人民出版社，2005。

[25] 罗洪铁、周琪主编《思想政治教育学理论的形成和发展研究》，中国文史出版社，2014。

[26] 张耀灿等：《现代思想政治教育学》，人民出版社，2006。

[27] 陈秉公：《思想政治教育学原理》，高等教育出版社，2006。

[28] 陈万柏、张耀灿主编《思想政治教育学原理》，高等教育出版社，2015。

[29] 万美容：《思想政治教育方法发展研究》，中国社会科学出版社，2007。

[30] 李合亮：《思想政治教育探本——关于其源起及本质的研究》，人民出版社，2007。

[31] 李合亮：《解构与诠释：思想政治教育的基本问题研究》，人民出版社，2015。

[32] 平章起、梁禹祥：《思想政治教育基本理论问题研究》，南开大学出版社，2010。

[33] 熊建生：《思想政治教育内容结构论》，中国社会科学出版社，2012。

[34] 廖志诚：《思想政治教育创新动力论》，社会科学文献出版社，2012。

[35] 倪愫襄主编《思想政治教育元问题研究》，中国社会科学出版社，2014。

[36] 沈壮海：《思想政治教育有效性研究》，武汉大学出版社，2016。

[37] 夏锋：《新时代思想政治教育的文化生态构建研究》，中国社会科学出版社，2020。

[38] 王学俭等：《新时代思想政治教育基本问题研究》，人民出版社，2021。

[39] 沈壮海主编《新编思想政治教育学原理》，中国人民大学出版社，2022。

[40] 邱仁富：《新时代思想政治教育引论》，中国社会科学出版社，2022。

[41] 顾友仁：《我国思想政治教育文化生态的历史变迁及当代建构研究》，人民出版社，2021。

[42] 陈华洲：《思想政治教育资源论》，中国社会科学出版社，2007。

[43] 陈清：《思想政治工作资源论》，光明日报出版社，2011。

[44] 张其娟：《现代思想政治教育精神资源开发与利用》，知识产权出版社，

2013。

[45] 张艳红:《德育资源论》,中国社会科学出版社,2013。

[46] 李霞:《红色资源与思想政治教育》,人民出版社,2015。

[47] 王刚:《思想政治教育资源研究》,西南师范大学出版社,2017。

[48] 陈先达:《"两个结合"十二讲》,东方出版社,2023。

[49] 徐魁峰:《中华优秀传统文化融入思想政治教育研究》,光明日报出版社,2023。

[50] 黄俊、李超:《布尔迪厄文化再生产理论导论》,社会科学文献出版社,2019。

三 译著

[1] 〔瑞士〕皮亚杰:《发生认识论原理》,王宪钿等译,商务印书馆,1981。

[2] 〔英〕伯特兰·罗素:《权力论》,吴友三译,商务印书馆,1991。

[3] 〔美〕西摩·马丁·李普塞特:《政治人——政治的社会基础》,张绍宗译,上海人民出版社,1997。

[4] 〔美〕斯蒂文·贝斯特、道·凯尔纳:《后现代理论:批判性的质疑》,张志斌译,中央编译出版社,1999。

[5] 〔古希腊〕亚里士多德:《政治学》,颜一、秦典华译,中国人民大学出版社,2003。

[6] 〔德〕马克斯·韦伯:《新教伦理与资本主义精神》,李修建、张云江译,九州出版社,2007。

[7] 〔美〕塞缪尔·亨廷顿:《文明的冲突与世界秩序的重建》,周琪等译,新华出版社,2010。

[8] 〔英〕汤普森:《意识形态理论研究》,郭世平等译,社会科学文献出版社,2013。

[9] 〔德〕查尔斯·霍顿·库利:《人类本性与社会秩序》,包凡一、王㳥译,华夏出版社,2015。

[10] 〔美〕德内拉·梅多斯、乔根·兰德斯、丹尼斯·梅多斯:《增长的极

限》，李涛、王智勇译，机械工业出版社，2015。

[11]〔法〕路易·阿尔都塞：《论再生产》，吴子枫译，西北大学出版社，2019。

[12]〔法〕亨利·列斐伏尔：《空间的生产》，刘怀玉等译，商务印书馆，2022。

[13]〔法〕皮埃尔·布尔迪厄、J.-C.帕斯隆：《再生产——一种教育系统理论的要点》，邢克超译，商务印书馆，2021。

[14]〔美〕亨利·基辛格、〔美〕埃里克·施密特、〔美〕丹尼尔·胡滕洛赫尔：《人工智能时代与人类未来》，胡利平、风君译，中信出版集团，2023。

四　中文期刊论文

[1] 汤一介：《再论创建中国解释学问题》，《中国社会科学》2000年第1期。

[2] 张二勋、秦耀辰：《20世纪资源观述评》，《史学月刊》2002年第12期。

[3] 奉晓政：《资源利用冲突解决机制研究》，《资源科学》2008年第4期。

[4] 王沪宁：《市场发育和权威基础：保护和开发政治资源》，《复旦学报》（社会科学版）1995年第2期。

[5] 傅菊辉：《论国际政治资源——兼谈社会主义中国开发与利用国际政治资源的几个问题》，《当代世界与社会主义》2005年第5期。

[6] 尹德慈：《执政党开发运用执政资源的行为选择》，《广东社会科学》2006年第3期。

[7] 王蔚：《论中国共产党合法性资源的挑战及应对》，《当代世界与社会主义》2008年第6期。

[8] 陈文新：《从政治资源研究到资源政治学——一项新的政治分析范式的探讨》，《深圳大学学报》（人文社会科学版）2009年第6期。

[9] 陈文新：《资源配置与阶层变迁——政治资源配置与社会阶层关系的一个分析框架》，《社会主义研究》2012年第4期。

[10] 李霞：《中国共产党执政合法性资源的历史考察》，《中国特色社会主义研究》2012年第5期。

[11] 魏则胜：《论社会主义意识形态的发展逻辑》，《科学社会主义》2009年第2期。

[12] 张华：《论思想政治教育的意识形态性》，《思想理论教育导刊》2009年第11期。

[13] 胡伯项、刘东浩：《论当代中国意识形态理论的文化话语转换》，《马克思主义研究》2013年第4期。

[14] 郑永廷：《论社会意识形态与思想政治教育的内在联系》，《中国高校社会科学》2015年第6期。

[15] 胡潇：《马克思恩格斯关于意识形态的多视角解释》，《中国社会科学》2010年第4期。

[16] 胡潇：《精神生产方式的变革与意识形态建设》，《马克思主义与现实》2017年第2期。

[17] 侯惠勤：《意识形态话语权初探》，《马克思主义研究》2014年第12期。

[18] 樊浩：《中国社会价值共识的意识形态期待》，《中国社会科学》2014年第7期。

[19] 臧峰宇：《马克思的现代性思想与中国式现代化的实践逻辑》，《中国社会科学》2022年第7期。

[20] 唐正东：《马克思意识形态理论的双重维度：政治的及历史观的》，《哲学研究》2015年第8期。

[21] 张卫良、薛菁：《新时代中国共产党意识形态生产的逻辑理路》，《河海大学学报》（哲学社会科学版）2021年第3期。

[22] 骆郁廷：《论思想政治教育主体、客体及其相互关系》，《思想理论教育导刊》2002年第4期。

[23] 祖嘉合：《试析"双主体说"的理论困境及化解途径》，《思想政治教育研究》2012年第1期。

[24] 项久雨：《思想政治教育主客体关系的马克思主义逻辑》，《教学与研究》2017年第7期。

[25] 张业振：《思想政治教育主客体关系的论争、症结及其解决的"可能方案"》，《湖北社会科学》2017年第12期。

[26] 罗洪铁：《思想政治教育过程的构成要素再探》，《学校党建与思想教育》2011年第8期。

[27] 王晶：《思想政治教育资源的要素结构及特性解读》，《学校党建与思想教育》2015年第5期。

[28] 梁德友：《思想政治教育主体三题：身份、属性及其角色强化》，《思想教育研究》2020年第10期。

[29] 傅安洲、阮一帆、王兴：《高度重视和加强思想政治教育资源体系建设》，《学校党建和思想教育》2005年第7期。

[30] 刘定平、申覃：《论大学生思想政治教育社会资源的整合与开发》，《湖南社会科学》2006年第6期。

[31] 曲洪志：《我国传统文化是思想政治教育的重要资源》，《山东社会科学》2006年第4期。

[32] 刘梅：《思想政治教育史的研究路径与方法》，《马克思主义与现实》2008年第2期。

[33] 陈万柏、张冬利：《高校思想政治教育资源配置现状及其对策思考》，《思想教育研究》2008年第10期。

[34] 黄光云：《高校隐性思想政治教育资源的优化与整合》，《思想政治教育研究》2009年第3期。

[35] 许冲：《〈解放日报〉的思想政治教育资源及其特色》，《重庆社会科学》2009年第2期。

[36] 张其娟、罗洪铁：《思想政治教育资源研究综述》，《学校党建与思想教育》2009年第1期。

[37] 周琪、夏兰：《当代思想政治教育文化资源建设的路径》，《学校党建与思想教育》2009年第1期。

[38] 陈华洲、朱冰：《关于思想政治教育资源综合利用的方法论思考》，《湖北社会科学》2009年第6期。

[39] 陈华洲：《思想政治教育现代资源观研究》，《思想教育研究》2009年第5期。

[40] 陈华洲：《思想政治教育资源共建共享模式建构研究》，《南京社会科学》2009年第6期。

[41] 刘飞凤：《浅论思想政治教育时间资源的开发与利用》，《教学与管理》2011年第33期。

[42] 袁莉莉：《论高校思想政治教育资源的有效供给》，《思想理论教育》2011年第21期。

[43] 张国启：《论思想政治教育资源整合的方法论维度》，《思想理论教育》2011年第19期。

[44] 王刚：《对思想政治教育资源内涵的再认识》，《思想教育研究》2013年第10期。

[45] 王刚：《正确处理思想政治教育资源开发与利用的关系》，《思想教育研究》2015年第5期。

[46] 何祥林、张振兴：《网络环境下思想政治教育信息资源建设问题研究》，《思想教育研究》2013年第9期。

[47] 苑博：《关于构建大学生思想政治教育数据资源共享平台的思考》，《思想理论教育》2014年第8期。

[48] 巴玉玺：《民族思想政治教育资源开发利用策略探析》，《中南民族大学学报》（人文社会科学版）2015年第2期。

[49] 戴安良：《中国共产党进行思想政治教育的资源及其应用探析》，《理论与改革》2012年第5期。

[50] 王春霞：《论红色文化资源在大学生思想政治教育中的功能定位及实现路径》，《思想理论教育导刊》2018年第5期。

[51] 刘经纬、高博文：《大学生思想政治教育红色资源利用研究》，《思想政治教育研究》2020年第5期。

[52] 卢黎歌、吴凯丽：《课程思政中思想政治教育资源挖掘的三重逻辑》，《思想教育研究》2020年第5期。

[53] 黄世虎、张子悦：《社区思想政治教育主体资源：概念、特征与开发》，《思想政治教育研究》2020年第2期。

[54] 蓝波涛、陈淑丽：《高校自然科学类课程中蕴含的思想政治教育资源及其功能发挥》，《教学与研究》2020年第4期。

[55] 胡洪彬：《系统思维与新时代思想政治教育资源的整合优化》，《思想理论教育》2021年第12期。

[56] 刘建军、邱安琪：《论新时代思想政治教育的高质量发展》，《思想教育研究》2021年第4期。

[57] 刘松、唐亚阳：《论高校思想政治教育的隐性资源及其整合路径》，《思想教育研究》2022年第12期。

[58] 梅萍、向荣：《思想政治教育文化资源与文化载体之辨》，《思想教育研究》2022年第9期。

[59] 张国启、刘亚敏：《新时代思想政治教育高质量发展的逻辑内涵与实践理路》，《思想理论教育》2021年第5期。

[60] 韩俊、金伟：《数字技术融合下思想政治教育智能转型探赜》，《思想教育研究》2022年第6期。

[61] 翟乐、李建森：《大数据时代思想政治教育的演进理路、现实困境及实践策略》，《思想教育研究》2022年第7期。

[62] 吴文珑：《"两个结合"的理论逻辑、历史逻辑和实践逻辑》，《马克思主义研究》2023年第5期。

[63] 刘书林：《新时代中华文明魅力的新展示与"两个结合"研究的新境界》，《毛泽东邓小平理论研究》2023年第7期。

[64] 彭庆红：《数字化推动"大思政课"建设的依据、原则与路径》，《思想理论教育导刊》2023年第11期。

[65] 黄蓉生、刘云彬：《"第二个结合"与思想政治教育高质量发展论略》，《思想教育研究》2023年第11期。

五 学位论文

[1] 李霞:《论红色资源在思想政治教育中的应用》,博士学位论文,中南大学,2013。

[2] 张哲:《思想政治教育空间论》,博士学位论文,兰州大学,2015。

[3] 郭勤艺:《思想政治教育传统文化资源开发研究》,博士学位论文,武汉大学,2016。

[4] 宋天阳:《儒家文化中的思想政治教育资源研究》,博士学位论文,东北林业大学,2021。

[5] 张珊:《思想政治教育红色文化资源研究》,博士学位论文,西南大学,2021。

[6] 孙文倩:《新时代思想政治教育社会整合作用研究》,博士学位论文,东北师范大学,2022。

[7] 冯瑞芝:《数字技术赋能思想政治教育高质量发展研究》,博士学位论文,兰州大学,2023。

六 外文文献

[1] Hans Noel, *Political Ideologies and Political Parties in America*, New York: Cambridge University Press, 2013.

[2] Michael Freeden, *The Meaning of Ideology: Cross-Disciplinary Perspectives*, London: Routledge, 2007.

[3] Robert L. Burgess and Kevin Maedonald, *Evolutionary Perspectives On Human Development Calif*, Sage Publications, 2005.

[4] David Hawkes, *Ideology*, London and New York: Routledge, 2003.

[5] Stephen Macedo and Yael Tamir, *Moral and Political Education*, New York: New York University Press, 2002.

[6] Michel Freeden, *Ideologies and Political Theory: A Conceptual Approach*, Oxford: Oxford University Press, 1996.

[7] David McLellan, *Ideology (Concepts in Social Thought)*, Minneapolis: University of Minnesota Press, 1995.

[8] Christopher L. Pines, *Ideology and False Consciousness: Marx and His Historical Progenitors*, Albany: State University of New York Press, 1993.

[9] Goran Therborn, *The Ideology of Power and The Power of Ideology*, London: Verso, 1999.

[10] Ernesto Laclau, Politics and Ideology in Marxist Theory: Capitalism, Fascism, Populism, London: NLB Press, 1977.

[11] Robert F. Durant, "Whither Power in Public Administration? Attainment, Dissipation, and Loss," *Public Administration Review*, Vol. 75, No. 2, 2015.

[12] George Markus, "Concepts of Ideology in Marx," *Canadian Journal of Politics and Social Theory*, 1983, Vol. 7, No. 1-2.

后　记

　　本书是笔者博士学习期间围绕新时代思想政治教育资源开发问题开展研究所取得的成果。读博期间，在导师刘同舫教授的悉心指导下，我认真研读了马克思主义经典著作和有关思想政治教育基础理论的重要著作，不断夯实思想政治教育专业知识基础，并结合工作实践进行了一些思考。得益于导师的悉心指导，我对思想政治教育本质的理解、对近现代以来中华民族伟大复兴征程的体悟、对一百多年来中国共产党奋斗史的感悟，都有了进一步的深化和提升。思想的升华和淬炼，是读博期间最大的收获。

　　一路走来，有太多的人需要感谢。

　　我要首先感谢导师刘同舫教授。承蒙刘老师厚爱，我才有机会开启读博历程。入学后，无论是在学习上还是在生活和工作上，刘老师和师母都给予我悉心的指导和暖心的关怀。特别是在撰写博士学位论文的过程中，大到论文框架的敲定，小到标点符号和排版格式的修改，刘老师都给予我"永远在线"式的指导。刘老师严谨的治学态度和乐于成人之美的胸怀，是我永远学习的榜样；师恩如山，是激励我不懈求索的重要动力。能遇到刘老师，并能得到刘老师的悉心指导，是我此生的大幸！

　　我要感谢王宏维教授、陈金龙教授、刘卓红教授、关锋教授、胡国胜教授、魏则胜教授、刘梅教授、张青兰教授、王京跃教授、刘旺教授、霍新宾教授、吴靖教授、王鹏教授、胡敏教授、刘传广教授、董海军教授、魏传光教授、陈联俊教授、谢迪斌教授、林楠教授、唐土红教授等老师。感谢各位老师在求学之路上对我的指导和鼓励,老师们的严格要求饱含着对学生的好,让我深受感动;老师们的博学多识、严谨治学、宽厚友善是我为学做人行事的榜样!

我要感谢在我兼顾工作和学业的艰难时期给予鼎力相助和温暖鼓励的领导和同事。工作单位的党委书记、校长卢景辉等领导,一直很关心我的工作和学习,在求学期间给予我宝贵的支持和鼓励。在外派挂职期间,需东莞和广州两地跑,谢锦群等领导和同事给予我很多帮助。还有学校团委、医学技术学院一起共事的诸位领导和同事,在工作中给予我真诚的支持。这些领导和同事,都是我生命中的贵人,这份恩情我将永远铭记心中。

我要感谢这些年一直给予我理解、包容、照顾和支持的家人。感谢妻子和岳父岳母,在我求学期间承担了照顾孩子的重任,让我没有后顾之忧,甚是辛苦。感谢孩子,为我坚持求学提供了最大动力。无论多艰难,只要想到为两个孩子做个永不言弃的榜样,心底就涌现无穷的力量。感谢我的父母和兄弟姐妹,是他们给予我的精神支持和托举,支撑我走过很多艰难的时刻。其中一个场景时常在脑海浮现。那是母亲动手术住院的一天晚上,我在医院陪护。等她睡着后我在病床边打开电脑处理工作事宜和写论文。写着写着,无意中发现她并没有睡着,而是用充满歉疚又有些许无奈的眼神默默地看着我。她对我说:阿妈知道你的不容易,等我可以下床,你回学校去写,不要等我出院。当时面对母亲,我久久说不出话来。回首过往那些带有泪点的时刻,为了兼顾工作和学业,这些年对家人亏欠太多。

我要感谢晓玲、国华、李娟等博士同学们,感谢他们一直以来的鼓励和帮助,在读博的这段时光让我收获了弥足珍贵的同学情谊。感谢华南师范大学马克思主义学院的师弟师妹们,在我求学期间提供了诸多帮助。

我还要感谢社会科学文献出版社的王小艳、赵一琳编辑,感谢她们为本书的顺利出版提供了专业而严谨的指导和帮助。

本书参考借鉴了诸多前辈学者、同行专家的有关研究成果,在此一并表达诚挚的谢意。本人深知学识水平有限,书中难免有不妥之处,恳请各位专家和广大读者批评指正。

后 记

在本书即将出版之际，回首近些年来所走过的路，点点滴滴涌上心头，几年前自作的一首题为《山村雨夜题记》的小诗正好切合了此刻的心境。写这首小诗的时候，正是新冠疫情期间，也正值我倍感茫然焦虑之际。当时为了安静写作，趁着寒假在过年前搬回农村老家小住了一段时间。写诗的当晚，恰逢一场久旱之后的夜雨，望着窗外的一片漆黑，听着窗外的雨声和鸟啼声，心中涌起的无限感慨，至今依然记忆犹新。

庚子岁末，回村过年，久旱逢雨，夜色中闻归鸟几啼声，得诗一首，别鼠，迎牛。
夜色苍茫不见晴，倦鸟归巢传欢声。
久未逢雨青山在，洗尽沧桑便是景。

本书的出版标志着一段求学历程的结束，也激励着我在人生征程的新起点上再出发。求知治学之路漫漫，我将一直在路上。

吴笑韬
2025 年 7 月 于东莞松山湖畔

图书在版编目(CIP)数据

新时代思想政治教育资源开发：理论阐释与路径／
吴笑韬著.--北京：社会科学文献出版社，2025.7.
ISBN 978-7-5228-5439-7

Ⅰ.D64

中国国家版本馆 CIP 数据核字第 202517DB99 号

新时代思想政治教育资源开发：理论阐释与路径

著　　者 / 吴笑韬

出 版 人 / 冀祥德
责任编辑 / 王小艳
文稿编辑 / 赵一琳
责任印制 / 岳　阳

出　　版 / 社会科学文献出版社·马克思主义分社（010）59367126
　　　　　 地址：北京市北三环中路甲 29 号院华龙大厦　邮编：100029
　　　　　 网址：www.ssap.com.cn

发　　行 / 社会科学文献出版社（010）59367028
印　　装 / 三河市龙林印务有限公司

规　　格 / 开　本：787mm×1092mm　1/16
　　　　　 印　张：13.25　字　数：205 千字

版　　次 / 2025 年 7 月第 1 版　2025 年 7 月第 1 次印刷
书　　号 / ISBN 978-7-5228-5439-7
定　　价 / 98.00 元

读者服务电话：4008918866

版权所有 翻印必究